Georg Schön

Somos Viento

[Wir sind der Wind]

Globalisierte Bewegungswelten in Lateinamerika

UNRAST

Bibliographische Information der Deutschen Bibliothek
Die Deutsche Bibliothek verzeichnet diese Publikation in der Deutschen Nationalbibliografie; detaillierte bibliographische Daten sind im Internet über http://dnb.ddb.de abrufbar.

Schön, Georg – Somos Viento
1. Auflage, September 2008
ISBN 978-3-89771-033-7

Postfach 8020, 48043 Münster – Tel. (0251) 66 62 93
info@unrast-verlag.de
www.unrast-verlag.de
Mitglied in der *assoziation Linker Verlage* (aLiVe)

Umschlag: Klaus Viehmann
Photo: Petra Raith
Satz: Unrast Verlag
Druck: Interpress, Budapest

Inhalt

Für Petra und Fridolin

Vorwort

> *»Wir wollen der ganzen Welt sagen, dass wir, die Indígenas, hier sind. Trotz der totalen Militarisierung unserer Gemeinden widerstehen wir. Nicht einmal mit ihren Kriegsflugzeugen konnten sie das Herz unseres Volkes zerstören, da wir dem Rat unserer Großeltern folgen und so sind wie der Wind. Ik'Otik« (FZLN 1998).*

Das Zitat ist einer Meldung der Unterstützungsbasen der EZLN (Zapatistisches Heer der Nationalen Befreiung) entnommen, die im Südosten Mexikos für indigene Rechte und die Vertiefung der Demokratie kämpft. Die Phrase *Ik'Otik* bedeutet in der Mayasprache Tzeltal »Wir sind der Wind«. Sie charakterisiert die Überlebensstrategie der ZapatistInnen im Lakandonischen Urwald und ihre nationalen wie »intergalaktischen« Mobilisierungsversuche. So wie der Wind mit der Erde verbunden ist, benötigt die Bewegung Ruhe und die Energie konkrete Formen, um sich in der Welt zu entfalten und nicht abzuheben. Deswegen ist *Ik'Otik* an physischen Orten verwurzelt – »Hier sind wir«. Wir sind hier trotz offener militärischer Angriffe und der Militarisierung unserer Territorien – »Aqui estamos. Somos viento«.

Ik'Otik steht paradigmatisch für die Essenz dieses Buches, das globalisierte Bewegungswelten in Lateinamerika einzufangen versucht. Lokale Basisbewegungen und zivilgesellschaftliche Initiativen sind zunehmend in globale Dynamiken eingebunden, interagieren mit internationalen Entwicklungsagenturen oder transnationalen NGO Netzwerken, tauschen sich über Sozialforen mit Basisbewegungen aus anderen Teilen der Erde aus, formieren transnationale Aktionsnetzwerke und identifizieren sich als Teil *einer* globalisierungskritischen Bewegung. Trotz transnationaler Kommunikations-, Artikulations- und Organisationsprozessen bleiben die lokale Verwurzelung und der physische Ort das Fundament für Widerstand und gesellschaftspolitische Alternativprojekte. Diese Grenzen überschreitenden Interaktionsdynamiken und Transferprozesse darzustellen, wurde zum sozialwissenschaftlichen Experiment dieser Arbeit. Die in diesem Buch aufgearbeiteten und miteinander verwobenen Kampagnen, Netzwerke, Allianzen und Sozialforen offenbaren das Gerüst einer Graswurzelglobalisierung. Die Perspektive der BewegungsteilnehmerInnen und die Framingprozesse der sozialen Bewegungen stehen im Zentrum des Forschungsinteresses. Die Stärke dieses Buches liegt in der teilnehmenden Beobachtung an sozialen Prozessen in Mexiko, Guatemala und Costa Rica sowie in der analytischen Integration von Diskussionen und Interviews mit AktivistInnen aus nahezu allen Ländern Lateinamerikas bei Sozialforen, Netzwerktreffen wie kollektiven Aktionen in der Region. Das Erfahrene unterliegt meiner Interpretation, die ich bis zu einem gewissen Maß in aktuellen akademischen Debatten wieder gefunden habe und in diesem Buch zusammen reflektiere. Mein Fokus richtet sich auf die *cultural politics* der Betroffenen von neoliberalen Entwicklungsprojekten, also wie Menschen unter Herrschaftsbedingungen ihre Situation wahrnehmen, Perspektiven formen, die Welt interpretieren, Bedeutungen generieren, Feindbilder auf- oder abbauen, kollektive Identitäten entwickeln, Organisations- wie Vernetzungsprozesse initiieren, für eine gerechtere Welt mobilisieren und Alternativprojekte aufbauen. Mit diesem Buch soll der Analyse institutionell verankerter Politikarenen die bewegte Welt sozialer AkteurInnen mit ihren fragilen Institutionen entgegen gehalten werden – nicht um zu polarisieren, sondern um den Diskurs zu erweitern, Verständnis zu fördern und Annäherung zu ermöglichen. Auch wenn in Lateinamerika die politischen und sozialen Fronten verhärtet sind, bleibt die Herausforderung bestehen, die Menschlichkeit aller AkteurInnen hoch zu halten und Versuche, neue Brücken zu bauen, ins Zentrum der Betrachtung zu rücken. Ganz nach einem friedensjournalistischen Ansatz soll das Buch vermittelnd und verbindend wirken, indem Verständnis für die Anliegen von BewegungsteilnehmerInnen durch die Thematisierung ihrer Anstrengungen und Perspektiven geschaffen wird. Denn wie die Geschichte zeigt, führen Dämonisierung und Ausgrenzung nur selten zu nachhaltigen Lösungen.

Im Herbst 2006, ein paar Monate nach meiner letzten Rückkehr aus Mexiko, sollte ich bei einem Symposium über die Quintessenz meines sozialen Engagements für eine Region erzählen, die fernab von meiner Wiener Lebensrealität liegt. Was als Einladung galt, über quantifizierbare Erfolge zu berichten, nahm ich zum Anlass, um vor kritischem Publikum über persönliche Erkenntnisse zu reflektieren. Den Dreh- und Angelpunkt für mein Engagement entdeckte ich im Namen des Vereins, den wir am Jahresende 2002 zur Unterstützung zivilgesellschaftlicher Initiativen in Mexiko gründeten (und der mittlerweile seine Pforten wieder geschlossen hat) – »Nos-Otr@s« – »Wir, die Anderen«:

> *»Wenn die Seele mit der Realität kollidiert, entsteht Leidenschaft. Leidenschaft ist notwendig, um mein Herz zu öffnen, um Menschen zu hören, die keine Stimme haben, um Menschen zu erkennen, die Masken tragen müssen, um gesehen zu werden. Die Stimmlosen und Ausgeschlossenen haben die Fähigkeit, die Welt mit anderen Augen zu betrachten, und die Kreativität, Alternativen aufzubauen. Vor Jahren beschloss ich, diese Menschen zu suchen, von ihnen zu lernen, und mit ihnen an einer anderen Welt zu arbeiten. Das Ziel: uns hier wie dort zu begegnen, zusammenzuarbeiten und zu erkennen, dass wir alle Teil eines menschlichen Kampfes sind. Nos-Otr@s – Wir erkennen uns in den Augen der Anderen. Meine Erfahrung: Verschiedenheit wird mit Repression bestraft. Die Welt ist nicht so, wie ich sie mir einst erträumt habe. Es ist aber möglich, alles zu jeder Zeit anders zu tun. Listen!«*

Listen! war der Wegruf für das damalige Publikum und die Essenz meiner Reflexion über Methoden der Gesellschaftsveränderung. Zuhören. Die eigenen Grenzen der Wahrnehmung transzendieren. Offenheit gegenüber dem Leben. Eigentlich hat sich seither nicht viel an dem Ergebnis meiner Reflexion geändert – deswegen kann *Listen!* auch als politische Botschaft für dieses Buch gelten, um EntscheidungsträgerInnen auf die theoretische, reflexive und analytische Produktion der Graswurzelglobalisierung hinzuweisen. Ein Bewusstseinssprung hat sich bei mir trotzdem eingestellt. Leidenschaft – *passion* – als persönlicher Motor für soziales Engagement und Commitment hat sich mit ihrem englischen Wortrahmen vermählt – *compassion.* Mitgefühl hilft mir, das Schicksal ungezügelter Leidenschaft abzufedern – soll es nicht darin bestehen, blind und taub zu machen? Compassion und passion sind ineinander verwoben. Passion hilft, das Feuer im Herzen zu entflammen und die Energie für Gesellschaftsveränderung aufzubringen. Compassion ist notwendig, um im Wirbelwind der Aktivitäten die Menschlichkeit der Anderen wahrzunehmen und über den eigenen Schatten zu springen. Zusammen sind sie das Fundament für friedensbildende Ansätze. Ich habe versucht, beide Dynamiken in dieses Buch einfließen zu lassen. Es ist das Ergebnis einer langen Auseinandersetzung mit mir selbst und den Anderen.

Das Buch soll Perspektiven und Wahrnehmungen öffnen, Gedanken anstoßen, zu Reflexionen einladen und Forschungsmöglichkeiten aufzeigen. Trotz der Untermauerung der Empirie durch theoretische Verallgemeinerungen, Vergleiche und die Einbettung in Makrodynamiken steht der Mensch im Mittelpunkt dieser Arbeit. Damit greife ich die Worte von Subcommandante Marcos auf, dem Sprachrohr der EZLN, der im Dezember 2007 während seines Beitrages am internationalen Kolloquium »Planet Erde: Bewegungen gegen das System« in *San Cristóbal de las Casas, Chiapas, Mexiko, sagte:* »Es ist nicht möglich zu verstehen, was wir sagen, tun und tun werden, wenn man unser Wort nicht fühlt. Ich weiß, dass Gefühle in der Theorie keinen Platz haben, zumindest nicht in jener, die heute den Takt angibt. Dass es sehr schwierig ist, mit dem Kopf zu fühlen und mit dem Herz zu denken. Wir wissen es, und wir verstehen es. Aber wir beharren darauf, dass der Ansatz richtig ist... Denn für uns Zapatisten ist das theoretische Problem ein praktisches Problem« (Marcos 2007).

Tiefer Dank gilt meinen WeggefährtInnen in Mexiko und Zentralamerika. Die Begegnungen, Abenteuer und Freundschaften mit wunderbaren Menschen haben mein Leben verändert und zutiefst inspiriert. Ihre Leidenschaft, ihre Hingabe und ihr Mut sind für mich unermessliche Kraftquellen. Dank gilt dem gesamten Team von CIEPAC und meinen langjährigen *Compas* von Smaliyel für ihr Vertrauen und ihre Unterstützung. Ich danke den Compas der Anti-Staudammbewegung CECOP. Sie haben den Inhalt des Buches inspiriert. Stellvertretend für alle Gespräche, Diskussionen und Interviews mit AktivistInnen und SozialwissenschaftlerInnen aus Lateinamerika, die in diese Arbeit eingeflossen sind, danke ich den ChronistInnen des Buches für ihre Stimmen: Ana Deysi Coreas, Alma Estela Orellana, Maude Barlow, Miguel Pickard, Felipe Flores Hernandez, César Cárdenas, Ulises Chávez, Feliciano Martínez, Onesimo Hidalgo Dominguez, Carlos Soza, Ricardo Alverde, Juan Pablo Orrego, Renato Di Nicola, Ricardo Navarro, Javier Mugante, Marco Antonio Suástegiu und Oscar Olivera. Spezieller Dank gilt meinen MitbewohnerInnen aus der Casa Castillo in San Cristóbal de las Casas für die unvergessliche Zeit. In Österreich danke ich der Mexiko-Plattform, über die mir der Zapatismus erstmals erfahrbar wurde, meinen Compas von NosOtr@s, die zum träumen, fühlen und schwitzen animierten, und der Gruppe Libertad für die gemeinsamen Erfahrungen. Großen Dank schulde ich Magdalena Wiesmüller, Christine Swoboda und Rogelio Jímenez Jacinto, die mich Anfang des Jahres 2002 zum ersten Mal nach Mexiko einluden. Darüber hinaus danke ich Christof Kössler und Paul Friedrich für den langjährigen Austausch. Zudem haben die wertvollen Kommentare von Paul das Kapitel über den zivilen Zapatismus bereichert. Ich danke René Kuppe und Jens Kastner, die mir das Vertrauen gaben, eine Publikation zu riskieren.

Mein grenzenloser Dank geht an meine Lebensgefährtin Petra Raith. Ohne ihre Liebe hätte ich das Buch nicht vollenden können. Zudem hat sie mit ihrem Photo dazu beigetragen, dem Buch ein Gesicht zu verleihen. Ich danke und umarme meinen Sohn Fridolin, der mich geduldig lehrt, was es heißt, Mensch zu sein. Abschließend danke ich meiner Mutter Christa und meinem verstorbenen Vater Dieter, die mir Eigensinn, Kreativität und Konsequenz in die Wiege gelegt haben – essentielle Eigenschaften für die Bewältigung des Buches. Ich danke meiner Mutter für ihr Vertrauen und ihren Rückhalt und meinem Bruder Oliver für die vielen schönen Stunden, die wir miteinander erlebt haben, während wir das Büro teilten.

Ich freue mich über Kritik, Kommentare und Rückmeldungen unter somosviento@gmx.at.

Comenzar es dificil
pero vamos dando los pasos
por un futuro, que los hijos puedan celebrar
somos el viento, que baila que canta
si estamos juntos, somos huracan

(Amparanoia 2002)[1]

---

[1] Auszug aus dem Lied *Somos viento* der spanischen Band Amparanoia. Erschienen 2002 auf der gleichnamigen Platte.

1. Einleitung

> *»52% der Bevölkerung hat in der Stadt Guayaquil [Anm. Ekuador] keinen Zugang zur Wasserversorgung. Daher kämpfen wir für diesen Zugang... Leider ist die Wasserversorgung mit der herrschenden politischen Macht in Guayaquil verbunden und diese hat kein Interesse, das Unternehmen zu kontrollieren und zu bestrafen, das nicht ansatzweise den Konzessionsvertrag erfüllt... Wir glauben, dass wir in Kürze dieses Unternehmen aus der Stadt herausdrängen. Gleichzeitig arbeiten wir auch an einem alternativen Vorschlag für eine kommunitäre und öffentliche Handhabung der Wasserversorgung. Genau deswegen sind wir zu diesem Treffen gekommen, um Informationen zu sammeln, Erfahrungen über die öffentliche Verwaltung der Wasserversorgung kennen zu lernen und zu erfahren, mit welchen Protestmethoden die sozialen Kämpfe in anderen Ländern arbeiten... Und wir werden ab Mai eine Kampagne starten, um das Wasser als öffentliches Gut zu deklarieren... Da wir komplett damit übereinstimmen, dass Wasser ein Allgemeingut und Recht für alle ist« (Cárdenas 2006).*[1]

Das Zitat steckt in aller Kürze das Terrain dieses Buches ab. Ich traf César Cárdenas aus Ekuador, Repräsentant der sozialen Bewegung *Mi Cometa*, im März 2006 auf dem Gegengipfel zum offiziellen Weltwasserforum in Mexiko Stadt. Er erzählte mir, einem Österreicher und sagen wir einmal »activist beyond borders« (Keck/Sikkink 1998), die Geschichte seiner Initiative, die in der ekuadorianischen Stadt Guayaquil um den Zugang zur Wasserversorgung kämpft. Treten wir einen Schritt zurück, denken abstrakter und nehmen dieses Beispiel stellvertretend für eine Unzahl von Erfahrungen in Lateinamerika, erhalten wir das Ergebnis dieses Buches, das versucht einen methodischen Werkzeugkasten zur Analyse der aktuellen sozialen und politischen Prozesse in Lateinamerika aus der Perspektive einer interdisziplinären Bewegungsforschung bereitzustellen. Im Brennpunkt lateinamerikanischer sozialer Prozesse stehen ökologische und kulturelle Verteilungskämpfe, die den Lebensunterhalt von Millionen Menschen gefährden. Durch die steigenden Anforderungen an Rohmaterial für die Produktion

---

[1] Interview mit César Cárdenas, Repräsentant der sozialen Bewegung *Mi Cometa*, Guayaquil, Ekuador, am 14.03.2006 während des Internationalen Forums zur Verteidigung des Wassers (FIDA) in Mexiko Stadt (freie Übersetzung des Autors).

von Konsumgütern in einem wachsenden globalen Markt verlagern sich die Grenzen der Ressourcenausbeutung zunehmend in neue Territorien, die bislang vom kapitalistischen Verwertungszwang verschont geblieben sind (siehe ÖSFK 2006). Die Auswirkungen dieser Dynamik gehen zu Lasten der lokalen Bevölkerungen, die angespornt von vernetzten negativen Erfahrungen zunehmend Widerstand gegen Vertreibung und Enteignung leisten (siehe Guha/Martinez-Alier 2000). Im Zuge der neoliberalen Globalisierung erlebt Lateinamerika ein rasches Anwachsen wirtschaftlicher Operationen transnationaler Konzerne. Gestützt von Krediten internationaler Finanzinstitutionen verwandeln sich ihre Investitionen in Mega-Projekte wie Staudämme, Zellulosefabriken, Bergbau oder Erdölförderung und so zur Quelle von ökologischen Verteilungskämpfen und weitreichenden Umweltzerstörungen (siehe Villarroel 2006). Dabei müssen sich die betroffenen Communities nicht nur gegen multinationale Konzerne zur Wehr setzen, sondern durch die Kriminalisierung des sozialen Protests geraten soziale Bewegungen auch in direkte Konfrontation mit dem staatlichen Gewaltmonopol eines ausgehöhlten Rechtsstaates.

Die *cultural politics* von neuen sozialen Bewegungen in Lateinamerika offenbaren daher vielerorts die Zurückweisung der dominanten politischen Kultur. Damit gesellen sich zu ökonomischen und ökologischen auch kulturelle Verteilungskämpfe. In diesen Konflikten äußern sich das Aufeinanderprallen von unterschiedlichen Weltanschauungen und die Negation kultureller Verschiedenheit. *Cultural politics* betonen, dass Kämpfe sozialer Bewegungen um Bedürfnisse und Ressourcen zumeist mit alternativen kulturellen Projekten einher-, oft über ökonomische und institutionelle Zugewinne hinausgehen und an den Grundmauern des dominanten Gesellschaftsgefüges rütteln. Die *cultural politics* sozialer Bewegungen stellen die Frage, was als politisch gesehen werden darf, und erschüttern die offiziellen Modi kultureller und politischer Repräsentation und sozialer Praktiken. Für eine nachhaltige Konfliktlösung steht daher die Veränderung der dominanten politischen Kultur auf dem Spiel (siehe Alvarez/Dagnino/Escobar 2004; Kaltmeier/Kastner/Truider 2004). Als Paradebeispiel für diesen Prozess wird hier der zivile Zapatismus in Mexiko aus der Perspektive einer interdisziplinären Bewegungsforschung analysiert. Anders als in Südamerika, wo soziale Bewegungen durch den Linksruck in Regierungskreisen neue Perspektiven erhalten und Partizipation am politischen Mainstream möglich wird, finden sich die neuen sozialen Bewegungen in Mexiko in radikaler Opposition zur staatlichen Politik, in politischer Marginalisierung und im Aufbau von gesellschaftlichen Parallelsystemen wieder.

Indigene soziale Bewegungen sind im Zuge der letzten dreißig Jahre zu einem Big Player der Bewegungsszene geworden und haben entscheidende Impulse zur Belebung der Zivilgesellschaften und Demokratien in Lateinamerika gegeben (siehe Nash 2005a). Sie stehen an der vorderster Front globaler Verteilungskonflikte und sind gleichzeitig Chronistinnen alternativer und kollektiver Lebensprojekte, die von anderen Welten träumen lassen. Indigene Mobilisierungsprozesse haben die Öffnung nationaler politischer Räume provoziert und ihren Niederschlag im internationalen Rechtssystem gefunden. Durch die stetige Ausformulierung ihrer politischen und kulturellen Projekte von Autonomie, Partizipation und Selbstbestimmung haben sie sich breite öffentliche Räume erkämpft, Erfolge gefeiert und fanden Rezeptionen in popularen Kämpfen verschiedenster subalterner AkteurInnen auf dem ganzen Kontinent. Yashar spricht von »indigenen Bewegungen der 2. Generation«, die den ersten erfolgreichen Bewegungen gefolgt sind, von ihnen gelernt und ihre Sprache und Strategien angenommen wie reproduziert haben (Yashar 2005: 81). Diese Rezeptionen nehmen einerseits die Form von praktischen Strategien zur Erlangung territorialer Landrechte von indigenen Gruppen an. Andererseits formulieren sie eine praktisch politische Ethik, eine Ideologie der sozialen Gerechtigkeit, die in einer ideologischen Einbettung von subalternem Widerstand mündet und den Prozess der Re-Ethnisierung und Kulturalisierung sozialer Bewegungen in Lateinamerika dynamisiert. Überdies hinaus werden indigene soziale Bewegungen zum Referenzrahmen des politischen Engagements der globalisierungskritischen Bewegung. Diese »internationalen ideologischen Möglichkeitsstrukturen« münden in panindigenen Diskursen und Praktiken am Bankett der globalisierungskritischen Bühne (Gómez Suárez 2003: 14).

Neue Informations- und Kommunikationstechnologien transformieren die Kommunikations- und Artikulationsprozesse sozialer Bewegungen. Die weltweite Umverteilung der Informations- und Kommunikationstechnologien seit den 1990er Jahren ermöglicht lokalen Widerständen miteinander in globaler Kommunikation zu stehen. Die globale Vernetzung verbindet lokale Verteilungskämpfe mit globalen Kampagnen und Dynamiken der internationalen Entwicklungszusammenarbeit (siehe Brysk 2000). Suchen in Europa soziale Bewegungen die Aufmerksamkeit der konventionellen Massenmedien, motivieren Zugangsbeschränkungen in Lateinamerika die Entstehung von breiten subalternen Gegenöffentlichkeiten. Die Aneignung und Konstruktion von multiplen öffentlichen Räumen durch (Alternativ-)Medien, die Entstehung von (virtuellen) Netzwerken und imaginierten Gemeinschaften und die Auswirkungen auf reale Aktions- und Protestformen werden in diesem Buch anhand des zivilen Zapatismus in Mexiko analysiert. Auch hier gilt das Plädoyer für eine integrative Betrachtungsweise rund um das »Virtualitätsprinzip«. Es betont, dass einer virtuellen Welt im Internet eine reale Welt im Offline-Bereich gegenüber steht (Bräuchler 2006: 87). Online- und Offline-Welten sind Bestandteile einer Wirklichkeit. Deswegen müssen Analysen von Onlinephänomenen immer beide Seiten betrachten, sonst besteht die Gefahr einer »Virtualisierung« von Online-Gemeinschaften (Bräuchler 2006: 88).

Die virtuellen Verschmelzungen lokaler, nationaler und transnationaler Manifestationen sozialer Bewegungen spiegeln sich eben auch an konkreten Orten des

Zusammentreffens wider. Lateinamerika erlebt seit zehn Jahren einen Boom an Sozialforen, Netzwerktreffen und transnationalen zivilgesellschaftlichen Allianzen. Sie werden in Opposition zu Wasserprivatisierung, Bergbau, Staudämmen, Freihandelszonen und regionalen Entwicklungsplänen einberufen. Sie übernehmen die Funktion des »In-Bewegung-Bleibens« und repräsentieren einen Ort der Begegnung, eine Tür zu globalen Netzwerkprozessen, einen Bildungsraum für Erfahrungs- und Informationsaustausch und einen Ort der strategischen Planung und Erarbeitung von Kampagnen und Aktionsplänen. Darüber hinaus findet ein intensiver Diskussionsprozess über das Sozialforum als Ort der Konstruktion eines neuen politischen Subjekts statt. Das Wechselspiel von lokalen Basisinitiativen, nationalen zivilgesellschaftlichen Netzwerken, NGOs und globalisierungskritischen BewegungsakteurInnen an konkreten Orten des Zusammentreffens ergeben soziale Experimente, die in der Bildung von kompakten Bewegungen, durch die konzeptionelle und politische Integration unterschiedlicher Perspektiven in ein Gesamtkonzept, ihre größte Herausforderung erkennen. In diesem Prozess werden imaginierte virtuelle Communities auf die Probe gestellt. Eine wesentliche Eigenschaft von (virtuellen) Netzwerken im Gegensatz zu Organisationen ist es, dass sie nicht auf eine Homogenisierung der Interessen abzielen, sondern auf den Erhalt der Vielfalt (vgl. Boehme/Walk 2002: 19). Und dies ist in der menschlichen Realität von Face-to-Face Kommunikation und im Angesicht der Notwendigkeit konkreter kollektiver Aktionen ein herausforderndes Unterfangen. Damit entsteht ein Spannungsverhältnis, das gerade für Kultur- und SozialanthropologInnen im postkolonialen Zeitalter von Interesse sein kann. Insofern werden Netzwerke als hilfreiche (virtuelle) Räume und Gemeinschaften wahrgenommen, die zum Erfahrungsaustausch und zur gegenseitigen Solidaritätsbekundung dienen. Die große Herausforderung besteht aber darin, gemeinsame kollektive Aktionen und Projekte zu realisieren, die auf lokaler und alltäglicher Ebene spürbar, erlebbar, genießbar und fassbar sind. Denn wie Lins Ribeiro es formuliert: »In spite of virtual reality's growing importance in the contemporary world, power is, in the last instance, defined by social, economic, and political relationships that are played out in the real world« (Lins Ribeiro 1998: 345).

1.2. Gliederung

Das zweite Kapitel beleuchtet multiple Perspektiven auf soziale Bewegungen und erläutert die theoretischen Eckpfeiler dieser Arbeit. Die Paradigmen der Bewegungsforschung (Hellmann 1999) werden dabei um den *cultural-politics*-Ansatz erweitert, der betont, dass sich soziale Kämpfe um die Definitionsmacht von Bedeutungen drehen (Kastner 2004: 261). Es wird ein Vergleich zwischen alten und neuen sozialen Bewegungen gezogen, die Rolle von Bewegungsorganisationen und NGOs in sozialen Prozessen thematisiert, der zivilgesellschaftliche Bereich abgesteckt und für lateinamerikanische Verhältnisse interpretiert und Globalisierungs- wie Transnationalisierungsprozesse charakterisiert um eine Welt-In-Bewegung einzufangen.

Das dritte Kapitel untersucht die von der neoliberalen Globalisierung provozierten strukturellen Spannungen in Lateinamerika mit dem Ziel, die Framingprozesse sozialer AkteurInnen nachzuzeichnen. Damit soll gleichzeitig der Notwendigkeit entsprochen werden, lokale Dynamiken in Resonanz mit ihrer nationalstaatlichen Eingebundenheit in ein globales kapitalistisches Bezugssystem zu reflektieren. Im Zentrum der strukturellen Spannungen stehen ökonomische und ökologische Verteilungskämpfe, die nicht ohne ihre kulturelle Komponente betrachtet werden sollten. Denn Kämpfe über Ressourcen waren und sind auch Kämpfe um Bedeutungen und Wertesysteme. Dies eröffnet einen wichtigen Raum für konstruktive Kritik am vorherrschenden Entwicklungsparadigma im Angesicht des Endes des fossilen Energiezeitalters und drohender Klimakatastrophen, da nicht nur wirtschaftliche Faktoren und ökologische Bedingungen, sondern auch kulturelle Bedeutungen bestimmen, wie Natur angeeignet und verwendet wird. Und genau die *cultural politics* sozialer Bewegungen bemühen sich um die Erosion dieser dominanten politischen Kultur.

Das vierte Kapitel versucht diese »[movements]world-in-motion« (Appadurai 2001: 6) abzulichten und ist ein Herzstück dieser Arbeit. Es werden die Konturen transnationaler Bewegungsnetzwerke skizziert, die Wege einer transnationalen Protestkulturentwicklung nachgezeichnet und die aktuellen Herausforderungen und Paradoxien zentralamerikanischer Sozialforenprozesse beleuchtet. Die AkteurInnenperspektive offenbart sich in diesem Kapitel verstärkt durch die Positionierung von Bewegungsorganisationen und NGOs in Netzwerkprozessen, den *Interacionalismo de hecho* von transnationalen Advocacy Netzwerken und das Scale Jumping der Anti-Staudammbewegung CECOP. Wer genau hinschaut, erkennt die verschachtelten, vernetzten und immer wieder zusammenführenden Wege der hier erwähnten sozialen AkteurInnen, wie dem mexikanischen Forschungszentrum CIEPAC, der Anti-Staudammprojektbewegung CECOP, der EZLN, der kanadischen Bürgerrechtsaktivistin Maude Barlow, dem internationalen Wasseraktivisten Oscar Olivera aus Bolivien, und Netzwerken, wie der mexikanischen Anti-Staudammbewegung (MAPDER), der mexikanischen Vereinigung gegen Wasserprivatisierung (COMDA) oder der mexikanischen Allianz gegen den Puebla-Panama-Plan (AMAP) mit ihren transnationalen Pendants.

Das fünfte Kapitel analysierte die neuen indigenen sozialen Bewegungen. Sie sind aus lateinamerikanischen Bewegungslandschaften nicht wegzudenken und vielerorts Initiatorinnen für Demokratisierungsprozesse. Die erfolgreichen indigene Organisations- und Mobilisierungsprozesse der vergangenen dreißig Jahre wirken in unterschiedlicher Weise auf die neuen sozialen Bewegungen in Lateinamerika ein. Sie bieten »indigenen Bewegungen der 2. Generation« praktische Strategien zur Erlangung territorialer Landrechte, formulieren eine Ideologie der sozialen Gerechtigkeit, die zum ideologischen Referenzrahmen für subalternem Widerstand in Lateinamerika geworden ist, und regen panindigene Diskurse und Praktiken am Bankett der globalisierungskritischen Bühne an. Auf methodischer Ebene stehen daher die transnationale Protestkulturentwicklung und die Politisierung von Ethnizität im Rampenlicht, da kollektive Identitäten einen diskursiven Prozess der Essentialisierung bedingen, der sich mit der strategischen Notwendigkeit trifft, als politisches Subjekt fassbar sein zu müssen, um in Kommunikationsprozesse mit dem Bezugssystem eintreten zu können.

Darauf aufbauend analysiert das sechste Kapitel den zivilen Zapatismus aus der Perspektive einer interdisziplinären Bewegungsforschung. Die EZLN als indigene Akteurin leitet durch die »Sechste Erklärung aus dem Lakandonischen Urwald« einen subalternen Identifikationsprozess ein, der indigene und nicht-indigene sowie ländliche und urbane AkteurInnen umfasst, mit dem Ziel ein nationales Programm des linken und antikapitalistischen Kampfes ins Leben zu rufen. Am Beispiel Mexikos wird auf die politischen Möglichkeitsstrukturen und Erfolgschancen einer undogmatischen zivilgesellschaftlichen Bewegung eingegangen und mit europäischen wie lateinamerikanischen Bewegungsperspektiven kontrastiert

Das siebte Kapitel verdeutlicht die Auswirkungen der neuen Informations- und Kommunikationstechnologien auf die Kommunikations- und Artikulationsprozesse sozialer Bewegungen. Es werden Überlegungen zu den Öffentlichkeits- und Kommunikationsstrategien sozialer Bewegungen in Lateinamerika angestellt und die Verbindungslinie zwischen (Alternativ-)Medien, virtuellen Netzwerken und Globalisierung gezogen. In Lateinamerika motivieren Zugangsbeschränkungen die Entstehung von breiten subalternen Gegenöffentlichkeiten. Der »digitale Zapatismus« gilt als wichtiges Beispiel für die erfolgreiche politische Nutzung des Internets und steht in diesem Kapitel im Zentrum des Interesses (Kastner 2008: 13). Das letzte Kapitel fasst die Lektionen aus diesem Buch zusammen und vernetzt die gewonnenen Erkenntnisse, um Wahrnehmungsräume in der Bewegungsforschung zu öffnen.

1.2. Verortung und Methoden

Diese Arbeit steht im Zeichen des diskursiven Paradigmenwechsels in der Kultur- und Sozialanthropologie. Dieser Paradigmenwechsel wird durch eine dialogische, interaktive und kommunikative Forschung gekennzeichnet. Dabei unterliegen ihm zwei Intentionen. Einerseits wird versucht, die Subjektivität und den »Eigen-Sinn« sozialer AkteurInnen zu erhaschen und andererseits die »[...] interaktiven Entstehungsbedingungen von Texten in den Blick zu nehmen« (Wernhart/Zips 2001: 27). Der Praxis- und Performancebegriff rückt ins Scheinwerferlicht der Analyse. Das praxeologische Forschungsinteresse bezieht sich auf die in Praktiken ausgedrückten Realitäten, die zwischen Struktur und Praxis, objektiven Machtfaktoren und subjektiven Einstellungen sowie Geschichte und Gegenwart oszillieren. Die Arbeit durchzieht eine Kritik am modernen Entwicklungsparadigma und ist bemüht, den »Mythos der Moderne« sichtbar zu machen (Dussel 1989, 1993). Die Moderne verkörpert nach Dussel neben ihrem rationalen Emanzipationsprozess den »entwicklungslogischen Fehlschluss«, wonach sich Eurozentrismus in einen zivilisatorischen Erziehungsimperativ verwandelt, der eine irrationale Gewaltpraxis rechtfertigt. Damit liefert dieses Projekt einen Beitrag zur Anthropologie der Gerechtigkeit (Zips 2002), indem die Rationalität des Anderen aufgedeckt wird, eine Graswurzelglobalisierung ins Blickfeld gerät und ein prozeduraler Gerechtigkeitsbegriff ins Feld geführt wird, welcher aus »[...] der diskursiven Meinungs- und Willensbildung gleichberechtigter Staatsbürger hervorgeht« (Zips 2002: 26).

Diese Arbeit bietet einen methodischen Werkzeugkasten zur Erforschung sozialer Bewegungen in Lateinamerika. Jedes Kapitel verkörpert eine eigene methodische Herangehensweise. Zusammengewürfelt ergeben sie ein Gesamtkonstrukt und eröffnen die Welt der interdisziplinären Bewegungsforschung. Das sozialwissenschaftliche Ziel dieses Projekts ist die Relevanz der Kultur- und Sozialanthropologie für die Bewegungsforschung darzustellen. Es bietet einen umfassenden methodischen Beitrag für eine zeitgenössische politische Anthropologie und versucht, das Feld sozialer Bewegungen für die deutschsprachige Kultur- und Sozialanthropologie zugänglich zu machen.

Aktionsforschung wurde zu einem wichtigen Zugang zum Feld. In Gruppen- und PartnerInneninterviews, informellen Gesprächsrunden und innerhalb von Diskussionsgruppen bei Netzwerktreffen eröffnete sich mir die Welt der interaktiven, kommunikativen und prozeduralen Forschung. In Diskussionen wurden die Essentialismen von Schlüsselbegriffen dekonstruiert und diskursiv erfahrbar wie anfechtbar gemacht. Ein besonderes Anliegen dieser Arbeit ist es daher, die Spannungen zwischen politischer Identitätsbildung als interner Prozess der Verhandlung von Differenz und als Notwendigkeit, im Außen als einheitliches politisches Subjekt aufzutreten, zu thematisieren. Durch meinen Versuch, aus der Zusammenarbeit mit benachteiligten Gruppen relevante Erkenntnisse für die Kultur- und Sozialanthropologie zu filtern, ist dieser Beitrag im Rahmen einer kritischen *Action Anthropology* zu reflektieren. Dabei wurde das Experiment unternommen, die Forschung mit dem lebensweltlichen Widerstand sozialer Bewegungen zu verbinden (vgl. Zips 2002: 234). Trotz meiner emotionalen Verbundenheit zum Thema habe ich versucht, eine kritische Perspektive einzunehmen, die Erfahrungen zu abstrahieren und theoretisch aufzubreiten.

»Pilgern bedeutet, sich selbst und Anderen zu begegnen, bedeutet, sich innerlich zu reinigen. Der Pilger tritt in sich selbst hinein, um der Fußspur seiner Wanderung in Raum und Zeit Sinn zu geben« (Unbekannt).

Dieses Zitat begegnete mir 1999 auf einer einmonatigen Pilgerwanderung auf dem spanischen Jakobsweg. Es begleitet mich seither und dient auch heute, neun Jahre danach, als Metapher für das Ende eines langen Reflexionsprozesses. Das Herzstück dieser Arbeit sind die unzählbaren Begegnungen, Erfahrungen und Abenteuer mit RepräsentantInnen sozialer Bewegungen, AktivistInnen, SozialwissenschaftlerInnen und NGO-MitarbeiterInnen an den möglichsten und unmöglichsten Orten dieser Bewegungslandschaften. Ihre Geschichten sind der Stoff für dieses Buch. Es ist das Ergebnis eines langen, persönlichen Reflexionsprozesses über das Erfahrene. In den vergangenen sechs Jahren konnte ich an die fünfzig Interviews mit BewegungsteilnehmerInnen aus einem Großteil der Länder Lateinamerikas führen, auf digitalen Tonträgern und mit der Kameralinse aufnehmen und als Analyseanker im Strudel der von Vergessenheit bedrohten Reflexion auf externer Festplatte abspeichern. In den Jahren 2002 und 2003 verbrachte ich mehrmonatige Aufenthalte in mexikanischen Bewegungswelten und von 2005 auf 2006 ein dreiviertel Jahr als freiwilliger Mitarbeiter beim mexikanischen Forschungszentrum CIEPAC in San Cristóbal de las Casas im Bundesstaat Chiapas. Als ich Ende September 2005 chiapanekischen Boden betrat, waren die »Sechste Erklärung aus dem Lakandonischen Urwald« und die Vorbereitungstreffen zu der *Anderen Kampagne*, die im Monat zuvor stattgefunden hatten, in aller Munde. Es herrschte Aufbruchsstimmung in AktivistInnenkreisen, die sich mit Bedenken und Unsicherheit bezüglich neuer militärischer Offensiven in diesem »Krieg niederer Intensität« vereinte. Im Folgenden kreuzte ich die Wege der Anderen Kampagne bis zu den Vorfällen von Atenco und dem Ausbruch der Bürgerrevolte in Oaxaca an diversen Bewegungsorten in Chiapas und Mexiko Stadt. Daher liegt auch ein Fokus des Buches auf dem neuen politischen Projekt des zivilen Zapatismus. CIEPAC bot mir den geeigneten Nährboden, um Erkenntnis- und Verständnistrieb mit Bewegungsarbeit zu kombinieren, hautnah an den aktuellen sozialen Prozessen teilzuhaben, zwischen unterschiedlichsten Realitäten, Wahrnehmungen und Orten zu switchen und eine globale Perspektive über multiple Bewegungslandschaften in Mexiko und Zentralamerika zu entwickeln. In dieser Zeit konnte ich ein Dutzend Sozialforen und Netzwerktreffen abfilmen, als multimedialer Friedensjournalist bei zahlreichen kollektiven Aktionen, Mobilisierungen und Demonstrationen dabei sein und eine Handvoll zivilgesellschaftliche Initiativen audiovisuell portraitieren. Meine Erfahrungen theoretisch aufzuarbeiten und zu reflektieren wurde zum Experiment dieser Arbeit. Im Zusammenspiel von persönlichen Erfahrungen, Interviews, Vorträgen, Reden, Diskussionsrunden, informellen Gesprächen, Mailinglisten, Zeitungsartikeln, Flugzetteln, Infobroschüren und Newslettern in Kombination mit der vorgefundenen Bibliographie entwickelten sich die Akzentuierungen und Schwerpunkte dieser Arbeit. Zur Literaturrecherche dienten zahlreiche universitäre Einrichtungen diverser wissenschaftlicher Disziplinen in Österreich und Mexiko. Während meines letzten Aufenthaltes befand ich mich zudem in regem Austausch mit Sozial- und PolitikwissenschaftlerInnen aus diversen europäischen und amerikanischen Ländern. Ihr Input hat diese Arbeit inspiriert. Die Kultur- und Sozialanthropologie wird als Wissenschaft vom Menschen für den Menschen bezeichnet. In diesem Sinn sind die Stimmen der BewegungsteilnehmerInnen das Herzstück dieser Arbeit. Zwölf Interviews und vier Mitschnitte von Vorträgen bei Sozialforen führen als Leitfaden durch dieses Buch.

2. Perspektiven auf soziale Bewegungen, NGOs und Globalisierung

Ausgehend von der deutschen Bewegungsforschung werden in diesem Kapitel die theoretischen Eckpfeiler des Buches behandelt und mit den inhaltlichen Kapiteln in Beziehung gesetzt. Der Bedeutung von komparativen Studien innerhalb der Bewegungsforschung soll damit Beachtung geschenkt werden. Sie können Differenzen und Besonderheiten der jeweiligen gesellschaftlichen und politischen Funktion sozialer Bewegungen erschließen (vgl. Rucht 1994). Ich betrete das Terrain der deutschen Bewegungsforschung mit der Absicht, durch den Blick auf »das Eigene« »das Fremde« besser verstehen und einschätzen zu können. Dabei wird der Versuch unternommen, »das Fremde« im »Eigenen« zu erkennen und zu spiegeln. Gleichzeitig soll darauf hingewiesen werden, dass ich hier Vertrautheit (als Gegensatz zur Fremdheit) als prozesshaften Begriff ansehe, der sich nicht auf eingezäunte Räume mit klar definierten ökologischen, linguistischen oder soziokulturellen Eigenschaften bezieht, sondern im Sinn von Appadurai (2001) durch Aktivitäten, Interaktionen, Transfers und Bewegungen entlang bestimmter Themen entsteht (was nebenbei angemerkt das Fundament für *eine* globalisierungskritischen Bewegung ist).

2.1. Alte und neue soziale Bewegungen

Raschke unterbreitet folgende Definition von sozialer Bewegung: »Soziale Bewegung ist ein mobilisierender kollektiver Akteur, der mit einer gewissen Kontinuität auf der Grundlage hoher symbolischer Integration und geringer Rollenspezifikation mittels variabler Organisations- und Aktionsformen das Ziel verfolgt, grundlegenderen sozialen Wandel herbeizuführen, zu verhindern oder rückgängig zu machen« (Raschke 1991:32; Raschke 1985: 76). Der Begriff *kollektiver Akteur* verweist dabei auf soziale Bewegung als ein die Individuen einbindender kollektiver Handlungszusammenhang. Das Handeln ist immer darauf gerichtet, relevante Strukturen der Gesellschaft zu verändern und – im Fall von Gegenbewegungen – deren Veränderung zu verhindern. Die Reichweite der Ziele korreliert mit der Dauerhaftigkeit der Bewegung. »Die größere Reichweite führt im Laufe der Zeit zu einer Systematisierung der Ziele, zu einer wie immer rudimentären Ideologie. Das Unfertige, der Suchcharakter ist Kennzeichen der meisten Bewegungen« (Raschke 1991: 33). Die Mobilisierung von Unterstützung wird zur Existenzbedingung, da soziale Bewegungen auf keine institutionelle Machtbasis zurückgreifen können. Das »In-Bewegung-Bleiben« ist daher ein wesentliches Merkmal sozialer Bewegungen. Die in der Definition erwähnte »hohe symbolische Integration« verweist auf die kollektive Identität einer Bewegung, die sich in einem Wir-Gefühl manifestiert und vom Bewusstsein der Zusammengehörigkeit lebt. Die geringe Ausdifferenzierung und Festschreibung von Rollen unterscheidet soziale Bewegungen von formalen und stark strukturierten Organisationen. Soziale Bewegungen sind selber keine Organisationen (vgl. Rucht/Neidhardt 2001: 540). Die Rollenspezifikation wächst aber mit dem Organisationsgrad der Bewegung. Oft kommt es dabei zum Auftreten von Schlüsselfiguren, und Entscheidungsstrukturen können durch charismatische Führerschaft bestimmt sein (Rucht/Neidhardt 2001: 541). Andererseits findet sich eine starke Dezentralisierung. Die einzelnen Gruppen einer Bewegung sind in hohem Maße autonom und weisen kein organisatorisches Zentrum auf, »[...] das verbindlich über Programmatik und Strategie entscheiden könnte« (Rucht/Neidhardt 2001: 541). Die Verbindung von individuellem Motiv und kollektivem Zweck bildet das konstitutive Handlungspotenzial. Das Engagement der AktivistInnen und TeilnehmerInnen leitet sich von persönlichem *commitment* ab und nicht von monetären Ressourcen. Im Bewegungsmilieu entfalten sich Argumentationslinien, Zielperspektiven, Protesthintergründe und Interessen einer Bewegung. Es wird durch soziale Gruppen, Nachbarschaften, persönliche Beziehungen und Freundschaften gebildet. Hier setzt sich das dynamische »Lebenselixier« der Bewegung zusammen, ihre Gemeinsamkeiten, Identitäten und Solidarität (Boehme/Walk 2002: 14). Rucht/Neidhardt liefern zusammenfassend folgende Beschreibung: »Soziale Bewegung. Mobilisiertes, auf eine kollektive Identität gestütztes Netzwerk von Gruppen und Organisationen, das sozialen Wandel überwiegend mit Mitteln des Protests herbeiführen oder verhindern will« (Rucht/Neidhardt 2001: 556). Dabei besitzen soziale Bewegungen eine Affinität zu unkonventionellen Aktionsformen (vgl. Raschke 1991: 33-34).[1]

---

[1] Generell erscheinen kollektive Aktionen »[...] als Mittel zur Erreichung bestimmter Ziele« (Rucht/Neidhardt 2001: 539). Kollektive Aktionen sind ein besonderer Fall *sozialen Handelns*, sind in soziale Kontexte eingebettet und unterliegen variablen Interaktionsdynamiken. Handlungsabläufe beruhen dabei auf Zielsetzungen und Orientierungen sozialer AkteurInnen und werden von Elementen der Kultur mitbestimmt (vgl. Rucht/Neidhardt 2001: 537-538). Der kollektive Wille, eingefasst in Kritik, Widerspruch und politische Anliegen, wird dabei mittels unkonventioneller Protestakte ausgedrückt, die sich von institutionalisiertem Protestverhalten absetzen. Eine Vielzahl von Aktionsformen kommt dabei zur Anwendung. Sie werden von den »[...] Zielen, Erfahrungen, organisatorischen Voraussetzungen und der Zusammensetzung der Teilnehmer, vor allem der Initiatoren bzw. Organisatoren des Protests« bestimmt (Rucht/Neidhardt 2001: 538). Darüber hinaus entscheiden Randbedingungen und Interaktionsdynamiken während des Protests (z.B. der Härte von Polizeieinsätzen) und historische, politische wie kulturelle Faktoren über die Wahl der Protestform und den Protestverlauf (siehe Tarrow 1998). Protestformen unterscheiden sich nach Intensität des Engagements, Institutionalisierung, Originalität, Spontaneität und Dauerhaftigkeit des Protests (vgl. Rucht/Neidhardt 2001: 538). Kommunikationsmittel spielen immer wichtigere Rollen bei der Vorbereitung und Durchführung von kollektiven Aktionen, verändern Protestformen und erweitern das Protestrepertoire. Durch die neuen sozialen Bewegungen erfahren die Aktionsformen eine »Ästhetisierung des Protests« in Straßentheatern, öffentlichen

Generell lassen sich alte und neue soziale Bewegungen voneinander unterscheiden. Der alte Referenzpunkt im Falle der neuen sozialen Bewegungen ist die traditionelle Arbeiterbewegung, die »[...] im Verständnis des ausgehenden 19. und beginnenden 20. Jahrhunderts schlechthin als *die* soziale Bewegung galt« (Roth/Rucht 1991: 19). Daher ist eine klare Abgrenzung zu den institutionalisierten, zentralistisch organisierten, in neokorporatistische Politikmuster eingebundenen Formen der Arbeiterbewegung wie sozialistische und kommunistische Gewerkschaften und Parteien zu ziehen (Brand 1991). Darüber hinaus fehlt der neuen sozialen Bewegung im Vergleich zur revisionistisch und reformerischen Arbeiterbewegung die Bereitschaft zur Hinnahme hierarchisierter und bürokratisierter Interessensvertretungen und das Vertrauen auf die Funktionsweise einer repräsentativen Politik. Im Vergleich zum radikalen sozialistischen Flügel der Arbeiterbewegung fehlt der neuen sozialen Bewegung die strikte klassenspezifische Deutung der Geschichte, der revolutionäre Antrieb und die Idee eines einheitlichen kollektiven Subjekts (vgl. Roth/Rucht 1991: 19).

Das Neue an der neuen sozialen Bewegung ist ihre veränderte Wahrnehmung in der Öffentlichkeit. In den 1980er Jahren wird sie langsam zu einem gesellschaftlichen »Normalphänomen« (Roth/Rucht 1991: 12). Aus »institutioneller Perspektive« wird die Phase der achtziger Jahre in Westeuropa weithin als Phase des Niedergangs, als Ende einer langen Mobilisierungswelle gedeutet (Roth/Rucht: 22). Das Neue bei den sozialen Bewegungen ist auch der gesellschaftliche und politische Stellenwert der emanzipativen und modernisierungskritischen Themen in der Bewegung. Der emanzipative Protest thematisiert das neue Spannungsfeld der gegenläufigen Entwicklung »[...] von fortschreitender Pluralisierung und Individualisierung, von wachsenden Selbstbestimmungsbedürfnissen auf der einen, und verstärkter technokratischer Regulierung und Kontrolle des gesellschaftlichen Prozesses auf der anderen Seite« (Brand 1991: 51). Charakteristikum der neuen sozialen Bewegung ist zudem ihre segmentierte, dezentral und autonom organisierte netzwerkartige Struktur. Autonomie wird hier als Ausdrucks- und Entfaltungsmöglichkeit des Individuums in der Gruppe, für Gruppen und Organisationen innerhalb einer Bewegung und für Teilbewegungen innerhalb einer Allianz unterschiedlicher Bewegungen verstanden. Brand spricht von einem locker gefügten Verbund und der Durchlässigkeit der Grenzen zwischen Gruppen und Teilbewegungen (Brand 1991). Roth/Rucht erkennen amöbenhaft wandelnde Konturen, ideologische Diffusivität, heterogene sozialstrukturelle Kompositionen und variable Kombinationen verschiedener Aktionsformen (Roth/Rucht 1991). Neidhardt spricht von neuen sozialen Bewegungen als »mobilisierte Netzwerke von Netzwerken« (Neidhardt 1985: 197), und Boehme/Walk betonen die Bedeutung

---

Happenings, expressiven und phantasievollen Demonstrationen mit begrenzten Regelverletzungen (vgl. Brand 1991: 47). Ein neues Aktionsrepertoire unkonventioneller Partizipationsformen wird in die politische Kultur eingeführt.

einer anspruchsvollen Binnenkommunikation innerhalb der Segmente (vgl. Boehme/Walk 2002: 14). Brand verzeichnet ein asymmetrisches Verhältnis zur Politik und die Hervorhebung des Kulturellen innerhalb der Bestrebungen der neuen sozialen Bewegungen. Der Abwendung von der politischen Sphäre folgte die Hinwendung zur soziokulturellen Sphäre, zum Aufbau gegenkultureller Netzwerke und zur Praxis einer neuen Lebensweise. Der »neue Kult der Unmittelbarkeit« verändert auch das Verständnis des Politischen. Der »unmittelbare Bedürfnisbezug«, die persönliche Betroffenheit, ist nunmehr Maßstab authentischer Politik (Brand 1991: 45). Es folgt die Politisierung des Alltags – »[...] die Verbindung subjektiver Emanzipation mit dem Kampf um gesellschaftliche Veränderung« (Brand 1991: 46). Primäres Ziel ist nun die Veränderung des alltäglichen Lebens. In den 1970er Jahren verschmelzen gegenkulturelle Lebensentwürfe, Formen der Wachstums- und Modernisierungskritik und Kritik an der Dominanz einer universell gewordenen technokratisch-industriellen Rationalität. Diese Fusion gewinnt durch das Aufblühen der »Ökologie- und Alternativbewegung« an öffentlicher Bedeutung (Brand 1991: 46). In diesem Zeitraum entwickelt sich die Ahnung, »[...] dass all diese Strömungen und Einzelbewegungen Teile eines größeren Ganzen sein könnten« (Roth/Rucht 1991: 13). Damit verstärken sich die Einsichten in die inneren Zusammenhänge der unterschiedlichen Bewegungsstränge. Eine gemeinsame kollektive Identität, eine langfristige und strategische Ausrichtung wie Ressourcenmobilisierung kann aber nicht aufgebaut werden.

Die Zukunftsbilder sozialer Bewegungen bewegen sich zwischen ihrer Institutionalisierung, der Ausbildung eines Bewegungssektors und dem Aufkommen der Zivilgesellschaft. Die »institutionelle Perspektive« wird als klassischer Blick auf die Zukunftsaussichten sozialer Bewegungen gesehen (Roth/Rucht 1991: 22). Dabei markieren thematische Ausdifferenzierung, Organisationsbildung und Professionalisierung, aber auch erfolgreiches Agenda-Setting einen Prozess der Institutionalisierung (vgl. Klein/Leif 1999: 10). Es wird davon ausgegangen, dass soziale Bewegungen zyklischen Veränderungen unterliegen, die in Institutionalisierungen münden. Festgefügte institutionelle Systeme wie die Bundesrepublik Deutschland provozieren dabei Protestbewegungen, die als Jungbrunnen wirken, vernachlässigte Themen hervorbringen und Personal bereitstellen. Soziale Bewegungen werden demgemäß als Töchter künftiger Institutionalisierungen geboren und verlieren bei erfolgreicher Initiation ins Erwachsenenleben ihre Existenzgrundlage. Das Konzept des Bewegungssektors besagt, dass sich sporadische Proteste durch den Aufbau von Bewegungsnetzwerken und -infrastruktur verstetigen und dauerhafte Mobilisierungen und Aktionen ermöglichen (vgl. Roth/Rucht 1991: 23). Normalisierung und Institutionalisierung sozialer Bewegungen werden nicht als deren Ende, sondern als »Bestandsgarantien von Bewegungspolitik«, also der Ausbildung eines lebendigen Bewegungssektors mit andauernder Mobilisierungskraft gesehen (Roth/Rucht 1991: 24). Die Bewegungssektor-Interpretation betont somit die Stabilisierung von Bewegungspolitik durch eigene Institutionen. Eine daran anknüpfende These besagt, dass wir mit den neuen sozialen Bewegungen die Herausbildung eines neuen sozialen Milieus und eine grundlegende Veränderung der gesellschaftlichen Sozialstruktur erleben (vgl. Roth/Rucht 1991: 24). Die Dauerhaftigkeit von neuen sozialen Bewegungen ist somit in die Gesellschaftsstruktur eingeschrieben.

Der dominierende Diskurs bezieht sich auf Konzepte der Zivil- und BürgerInnengesellschaft. Darin wird die Möglichkeit diskutiert, dass zwischen Protest und institutioneller Politik »ein neues Feld selbstbestimmter gesellschaftlicher Aktivitäten« entsteht (Roth/Rucht 1991: 26). Konzepte der Zivil- oder BürgerInnengesellschaft erkennen eine gesellschaftliche Sphäre, die es gegen Politikmonopole von Parteien, Bürokratien und organisationsabhängigen ExpertInnen zu erobern gilt. Individuelle Teilhabe an Gesellschaftsveränderung lässt sich weder in Großorganisationen noch durch den Protest auf der Straße nachhaltig realisieren. Kleine, nichthierarchische Organisationsformen bieten die Möglichkeit »[...] den gewachsenen Ressourcen, Kenntnissen, Betroffenheiten und Erfahrungen der Bürger eine Chance geben« (Roth/Rucht 1991: 25).

2.2. Bewegungsorganisationen und NGOs

Ohne die Vielfalt vergessen zu wollen, richtet sich der Fokus in dieser Arbeit auf Organisationen, die zum direkten Bezugssystem sozialer Bewegungen gehören. Ich unterscheide hier im Sinn von Edelman zwischen popularen Bewegungsorganisationen, Bewegungsorganisationen und NGOs (siehe Edelman 2005). Populare Bewegungsorganisationen sind von sozialen Bewegungen selbst hervorgebrachte Kompetenzzentren des sozialen Protests und können »Entscheidungs- und Handlungszentrum einer Bewegung« sein (Hellmann 1999: 103). Sie sind fixer Bestandteil einer konkreten sozialen Bewegung und werden oft von externen SolidaritätsaktivistInnen und MitarbeiterInnen von NGOs unterstützt, die wiederum für die globale Einbettung des Projekts sorgen. Sie weisen einen hohen Grad an Autonomie auf, haben flexible Strukturen und hängen aufgrund finanzieller Unabhängigkeit überwiegend vom persönlichen *commitment* der BewegungsteilnehmerInnen ab. Im Zentrum von popularen Bewegungsorganisationen stehen charismatische Führungspersönlichkeiten, die aufgrund ihrer Eingebundenheit in translokale und transnationale Netzwerke über organisatorische Kompetenzen und persönliche Kontaktnetzwerke verfügen, um Bewegungen bilden und zusammenhalten zu können (siehe Yashar 2005). Netzwerke liefern die organisatorischen Voraussetzungen zur Mobilisierung. Sie schaffen Räume in denen Führungspersönlichkeiten Leadership-Qualitäten erwerben, Vertrauen entwickeln, Bündnisse schließen und neue Ideen formen. Für Basisbewegungen vollzieht sich der Eintritt ins transnationale soziale Bewegungsnetzwerk über BewegungsunternehmerInnen, professionalisierte BewegungsmanagerInnen oder sogenannte *political entrepreneurs* (Brysk 2000). Sie sind personifizierte Schnittstelle zwischen Lokalem und Globalem und eröffnen den Raum zu weltweiten, oft virtuellen, AktivistInnennetzwerken. Bewegungsorganisationen sind nach Rucht/Neidhardt Gruppen und Organisationen informeller wie formeller Art, die einer sozialen Bewegung zugehören, Ressourcen mobilisieren und kollektives Handeln vorbereiten und durchführen (vgl. Rucht/Neidhardt 2001: 556). Der Zweck von Bewegungsorganisationen ist die kollektive Mobilisierung und die Unterstützung der zahlreichen, aber lose vernetzten Basisbewegungen und lokalen Gruppierungen. Auch hier sollte den neuen Kommunikationstechnologien besonderes Interesse gewidmet werden, da sie die Möglichkeiten kleinerer Organisationseinheiten erhöhen, »[...] ein großes Netzwerk von Anhängern zusammenzuhalten und gegebenenfalls zu mobilisieren« (Rucht/Neidhardt 2001: 552). Bewegungsorganisationen sind also externe Organisationen, die mit sozialen Bewegungen auf horizontaler Ebene zusammenarbeiten, selbst Anhänger von sozialen Bewegungen sein können, sich in lokale soziale Prozesse inkorporieren, aber nicht direkt aus ihnen entstanden sind. Bewegungsorganisationen operieren auf lokalen, regionalen, nationalen und transnationalen Aktionsebenen. Sie werden als politische Nichtregierungsorganisationen (NGOs) bezeichnet, sollen in diesem Buch aber vom NGO-Business –in einem *emerging market* der ausgelagerten sozialen Verantwortung – abgegrenzt werden. NGOs sind Organisationen die in starker Abhängigkeit zu externen, oft internationalen Dynamiken stehen und in ihrer Handlungsautonomie relativ eingeschränkt sind. NGOs stehen oft in symmetrischer Beziehung zum neoliberalen Staat. Mit dem Abbau des Wohlfahrtsstaates werden sie zur kostengünstigen Verwaltungseinheit und zu einem Dienstleister und Umsetzer von Regierungsprogrammen. Eine zunehmende Marktförmigkeit sozialer Prozesse im Zeitalter des Neoliberalismus ist zu verzeichnen. Daher betonen Boehme/Walk, »[...] dass NGOs nicht mehr nur als politische Akteure anzusehen sind« (2002: 15). Dies macht klar, dass NGOs nicht Teil einer sozialen Bewegung sind, sondern von außen kommen und entsprechend wahrgenommen werden.

Diese drei Formen stehen in einem dynamischen Verhältnis zueinander und sind Referenzpunkte, zwischen denen Organisationsformen oszillieren. Sie sollen dem entsprechend nicht als statische Konstrukte verstanden werden. Alle drei Formen können unterschiedliche Grade der Institutionalisierung und Professionalisierung aufweisen. Der Institutionalisierungsgrad nimmt aber typischerweise von popularen Bewegungsorganisationen Richtung NGOs zu. Im lateinamerikanischen Kontext erhält das Phänomen der »NGO-ization of popular organisations« an Bedeutung (Edelman 2005: 34). Dabei kommt es zu einer Professionalisierung von popularen Bewegungsorganisationen, zu zunehmenden Abhängigkeiten von externen GeldgeberInnen und zur Entfernung von der eigenen Bewegungsbasis. Der Ökonomisierungs- und Anpassungsdruck bei NGOs wird durch die Akquisition von staatlichen Geldern gefördert und führt zur marktgerechten Kommerzialisierung ihrer Dienstleistungen. Das mag für *social entrepreneurs* kein Hindernis sein, für *political entrepreneurs,* die im Schatten sozialer Bewegungen agieren, kann dies aber in Konflikt mit ihrem Ziel stehen, »grundlegenderen sozialen Wandel herbeizuführen, zu verhindern oder rückgängig zu machen« (Raschke 1991: 32). Die Interaktion mit den Dynamiken der internationalen Entwicklungszusammenarbeit bringt eine Restrukturierung des Arbeitsalltages mit sich. Das Agenda-Setting wird zunehmend von kurzlebigen entwicklungspolitischen Trends bestimmt. Aufkommende Projektmentalität, Zeitfenster und vorstrukturierte Betätigungsfelder integrieren Bewegungsorganisationen in die Sachzwänge globaler entwicklungspolitischer Dynamiken, Spielregeln und Diskurse (vgl. Welge/Al-Laham 1999; ÖFSE 1996; Nuscheler 2004). Im Zuge der *NGO-ization* übernehmen Bewegungsorganisationen die Funktionen von Entwicklungsagenturen. Interessenkonflikte aufgrund ihrer Rolle als Auftragsnehmerin und Entwicklungspartnerin einerseits und als anwaltschaftlich Agierende andererseits führen zu Spannungen und werfen Fragen der Repräsentation auf.

Im Gefüge von Bewegungslandschaften entstehen mannigfaltige Beziehungskonstellationen zwischen Bewegungen, Bewegungsorganisationen und NGOs. Nach meinen Erfahrungen werden die Erfolgschancen von NGOs größer je stärker sie mit lokalen sozialen Prozessen in Resonanz gehen und sich der Bewegungslandschaften bewusst sind, in denen sie agieren. So können sich regionale NGO Netzwerke zur Aufgabe nehmen, soziale AkteurInnen aus unterschiedlichen gesellschaftlichen Bereichen durch Foren, Diskussionsveranstaltungen, Netzwerkmeetings und andere Bridge-building-Initiativen zusammenzubringen. Damit spielen NGOs eine wichtige Rolle in der Formierung von Arbeitsbeziehungen zwischen lokalen Führungspersönlichkeiten, (nationalen oder internationalen) AktivistInnen und NGO MitarbeiterInnen. Ihre Funktion kann daher nach Albro als ein »networked forum« bezeichnet werden – mit dem Ziel populare Partizipationsprozesse zu unterstützen (Albro 2005: 258).

Wie im Kapitel 5.6. beschrieben, sind transnationale Advocacy Netzwerke eine Subgruppe von NGOs, die trotz aller Limitierungen wichtige AkteurInnen im Bereich *global governance* geworden sind.[2] Sie fordern in transnationalen

---

[2] Global governance Konzepte verweisen auf die multilateralen Diskussions-, Entscheidungsfindungs- und Steuerungsprozesse von globalen Problemfeldern. Der internationale Organisations- und Regelungsbedarf fördert die Schaffung von neuen politischen Strukturen zur Lösung von grenzüberschreitenden Herausforderungen. Neben nationalstaatlichen Institutionen und internationalen Organisationen gewinnen zivilgesellschaftliche (also nichtstaatliche) Initiativen zunehmend an Bedeutung für transnationale Problemlösungsprozesse (für eine ausführliche Diskussion zum Verhältnis von global governance und neoliberaler Globalisierung siehe Brand/Brunnengräber/Schrader 2000). Transnationale Advocacy Netzwerke sind anwaltschaftlich agierende Allianzen von Lobbygruppen die sich zu Advokaten grenzüberschreitender Anliegen machen.

Politikarenen die negativen Auswirkungen der ökonomischen Globalisierung heraus und zeigen mit ihren *cultural politics* auf, dass die Schlagwörter der Globalisierung nicht mehr nur allein von staatlichen und korporativen Institutionen geprägt werden (siehe Appadurai 2001).

2.3. Soziale AkteurInnen und Zivilgesellschaft

Die Minimalbedeutung von Zivilgesellschaft verweist auf eine gesellschaftliche Sphäre, die Formen der organisierten und zweckgerichteten Zusammenarbeit annimmt und deren Ziel die Durchsetzung sozialer Interessen ist. Selbstorganisierte AkteurInnengruppen vertreten innerhalb eines rechtlichen Rahmens Interessen, Werte und Forderungen gegenüber den staatlichen Institutionen. Damit wird ein Bereich innerhalb der Gesellschaft bezeichnet, der zwischen staatlicher, wirtschaftlicher und privater Sphäre entstanden ist und nach Portantiero als »öffentlicher Raum« gekennzeichnet werden kann. Das organisierte zivilgesellschaftliche Engagement materialisiert sich in NGOs und NPOs, die sich in Form von Vereinen, Verbänden und Initiativen organisieren (vgl. Portantiero 2000: 34). Soziale Bewegungen mit ihren netzwerkartigen Organisationsstrukturen sind zentraler Bestandteil der AkteurInnengruppen. Eine belebte Zivilgesellschaft wird als Voraussetzung und Hauptakteurin eines demokratischen Wandels gesehen. Bürgerschaftliches Engagement konzentriert sich auf die Partizipation aller BürgerInnen an gesellschaftlichen Entscheidungsprozessen und entwickelt mit Formen der partizipativen und direkten Demokratie repräsentative Demokratiemodelle weiter (vgl. Salazar 2000: 23). Zivilgesellschaft auch als eine analytische Kategorie zu betrachten, hilft, die beiden Extreme des Konzepts, die autonome Organisation der Gesellschaft außerhalb des autoritären Staates und einer von staatlichen Institutionen vorstrukturierten öffentlichen Sphäre, kritisch zu reflektieren.[3] Besonders in Mexiko, wo die dominante politische Kultur den Aufbau von Parallelsystemen mit dem langfristigen Ziel der Substituierung des traditionellen politischen Systems fördert, sind Reflexionen über zivilgesellschaftliches Engagement als Einforderung von bürgerlichen Rechten innerhalb des institutionellen Rahmens *und* als Recht zum Widerstand und Aufbau von gesellschaftspolitischen Alternativen

---

[3] Der Begriff Zivilgesellschaft wurde stark vom italienischen Politiker und Philosophen Antonio Gramsci geprägt, der ihn als eine analytische Kategorie zur Beschreibung von Verschränkungen unterschiedlicher Herrschaftssphären innerhalb der nationalstaatlichen Gemeinschaft verstand. Demnach stellt sich Herrschaft nicht nur im engeren politischen System her, sondern strahlt durch institutionelle Beziehungen, Normen und Diskurse auf den Alltag der BürgerInnen aus und strukturiert jenen (vgl. Blank 2004: 192). Aufgrund dieser Verschachtelungen zwischen staatlichem und nicht-staatlichem Bereich, dem Überschwappen der dominanten politischen Kultur auf die Alltagswelten der Bürger, werden die oft romantisierten und idealisierten Vorstellungen von Zivilgesellschaft als eine dem Staat entgegengestellte emanzipatorische Sphäre in Frage gestellt.

außerhalb des politischen Systems zu denken. Das generelle Ziel von sozialen Bewegungen, die Transformation öffentlicher Politik, bekommt somit eine ergänzende Perspektive. Schließen sich die Pforten der Einflussnahme auf das dominante politische System, bleibt der Aufbau von subalternen, alternativen Gegenöffentlichkeiten durch die Aneignung öffentlicher Räume (vgl. Alvarez/Dagnino/Escobar 2004: 46-49). Autonomie bezeichnet häufig die Unabhängigkeit neuer sozialer Bewegungen von staatlichen Institutionen und traditionellen politischen AkteurInnen (Blank 2004: 187). Sie wird an konkreten Orten gelebt, die Experimentierfelder für wirtschaftliche, soziale, kulturelle und politische Alternativeprojekte sind und von denen aus mit anderen politischen Räumen – wie dem Staat – in Beziehung getreten wird.

> *»Soziale Bewegungen müssen nicht ihre Führer erschaffen, um sie in die Regierung zu bringen. Ich glaube, dass man hier die Dinge andersrum machen muss. Mir erscheint, dass die Basisbewegungen das organisierte Volk darstellen. Und das Volk für sich ist eine Macht. Das Volk muss nicht an die Macht kommen... Die reale Macht ist die Macht des Volkes, die Macht der Zivilgesellschaft. Und wenn diese Macht strukturiert und organisiert ist, ist sie fähig zu befehlen, ohne in der Regierung zu sein... Der Wandel ist ein Wandel, der von der Basis herrührt. Aber es ist auch ein Wandel des Denkens. Und eine Sichtweise besagt, dass die reale Macht unten ist, dass die reale Macht im Volk liegt. Die Macht von oben ist eine andere Macht. Die Macht des Volkes muss sich von der anderen Macht nicht einfach nur befreien, sondern sich auch als strukturierte und organisierte Macht fühlen, in dieser Logik des* gehorchend befehlen. *Es ist egal, wer in der Regierung sitzt. Das Wichtige ist: Um zu regieren, muss man nach unten schauen. Wer befiehlt? Und es ist hier wo die Demokratie verlangt wird« (Hidalgo 2006).*[4]

Im Fall der mexikanischen Bewegungslandschaft wird mit Zivilgesellschaft eher die kollektive Fähigkeit der BürgerInnen assoziiert, gegenhegemoniale Diskurse und Praktiken politikfähig zu machen – mit dem Ziel, dominante Strukturen zu substituieren (vgl. Kastner 2004: 8). Soziale Konstruktionen von *citizenship* (BürgerInnenschaft, BürgerInnenrecht) können somit unterschiedlichen Konzeptualisierungen unterworfen und dennoch pluraler Treffpunkt von lokaler Bewegung und globalem Aktivismus sein. »Most obvious is a potential contradiction between the citizen as ›consumer‹ (with the further assumption of private, individual, rights) and citizenship as ›ownership‹ (with the assumption of a collective and ancestral patrimony)« (Albro 2005: 265). In beiden Fällen ist die Forderung nach Demokratisierung zentraler Bezugspunkt der Bewegungen. Alternative Entwürfe für Demokratie entfalten sich im Raum der Zivilgesellschaft. Die Transformation des Staates geschieht über die demokratische Praxis von Graswurzelinitiativen auf lokaler Ebene und ihren vernetzten

---

[4] Interview mit Onesimo Hidalgo Dominguez, ehemaliger Mitarbeiter von CIEPAC, am 03.05.2006 in San Christóbal de las Casas, Chiapas, Mexiko (freie Übersetzung des Autors).

Initiativen und nicht durch Staatsstreich und Übernahme der Staatsmacht. Dieser Wechsel von alten zu neuen sozialen Organisationsprozessen fordert autoritäre Methoden der Gesellschaftsveränderung geradezu heraus. Neue soziale Bewegungen in Mexiko richten sich mit ihren *cultural politics* gegen universalistische und exklusive Lösungsansätze ohne dabei die strukturelle Dimension ihres Tätigseins aus den Augen zu verlieren.[5]

Onesimo Hidalgo verweist im Interview auf einen zentralen Begriff in lateinamerikanischen Bewegungslandschaften – den der »poder popular«: »Das Volk für sich ist eine Macht. Das Volk muss nicht an die Macht kommen... Die reale Macht ist die Macht des Volkes, die Macht der Zivilgesellschaft.« Anders als in Europa, wo der Begriff »Volksmacht« eine reaktionäre, faschistische und nationalsozialistische Konnotation hat und politisch nicht mehr zu gebrauchen ist, wird er im lateinamerikanischen Kontext als oppositioneller Begriff verwendet, der sich auf die zu erreichende Entscheidungsgewalt der subalternen Multitude über ihr Leben bezieht (siehe Sergi/Tari 2006). Der Begriff »popular« (»Volks-«) kann mithilfe des britischen Soziologen John Fiske und seinem Beitrag zur *Theorie der Populärkultur* ins richtige Licht gerückt werden. Nach Fiske ist Populärkultur ein lebendiger und aktiver Prozess, der im Herzen immer politisch ist, da populäre Kultur unter den alltäglichen Bedingungen von Unterordnung agieren muss. »All popular culture is a process of struggle, of struggle over the meanings of social experience, of one's personhood and its relations to the social order and of the texts and commodities of that order« (Fiske 2006: 28). Albro schlägt vor, anstatt das »Populare« mit einer bestimmten Identitätspolitik, einem kulturellen Gehalt oder einer speziellen Community gleichzusetzen, nach kulturellen Schnittstellen zwischen Communities, Klassen und gesellschaftlichen Sektoren zu suchen, die Artikulationsprozesse zulassen. Populare Identität ist somit im Sinne von Laclau und Mouffe am besten als »[...] the meeting point for a multiplicity of articulatory practices« begreifbar (Laclau/Mouffe 1985: 138; zitiert nach Albro 2005: 255). Das »plurale Populare« ist weniger eine Identität als vielmehr ein pragmatisch orientierter Identifikationsprozess, der gegenseitig überlappende Netzwerke zu gemeinsamen Aktionen katalysiert. Neben der Alltagsebene muss »popular« auch in Verbindung mit Nationalismus und Geschichte gesehen werden. So wie die Verteidigungskämpfe der jungen mexikanischen Nation unter dem damaligen Präsidenten Benito Juárez gegen den ausländischen Impe-

[5] In dem Sinne, wie sozialistische Avantgarde durch inklusive und undogmatische zivilgesellschaftliche Organisationsprozesse innerhalb von Bewegungslandschaften zunehmend abgelöst wurde, hat sich auch die Bewegungsforschung an die veränderten Rahmenbedingungen angepasst. »In the past few decades, both the theory and practice of social movements have undergone a notable and much discussed transformation, tuning away from an earlier engagement with socialist politics and the discourse of class in favour of a politics of democratization couched in terms of civil society« (Doane 2005: 188).

rialismus (von Napoleon III. und dem gebürtigen Habsburger Maximilian, Kaiser Maximilian von Mexiko) zu machtvollen nationalistischen Mythen geworden sind, so wurden die Auswirkungen der liberalen Modernisierungsprojekte unter Diktator Porfirio Díaz zum Motor für die mexikanische Revolution und zu negativen Referenzpunkten zeitgenössischer sozialer Bewegungen. Der Schluss von liberaler zu neoliberaler Entwicklung und vom Aufstand Emiliano Zapatas zur Rebellion der Zapatistas benötigt aber einen erweiterten Analyserahmen. Bezog sich der »revolutionäre Nationalismus« der mexikanischen Revolution auf agrarsozialistische Ideale und Ideen, muss der Nationalismus als wichtiges ideologisches Werkzeug im Kampf gegen den Neoliberalismus in Begriffen von Demokratisierung und Zivilgesellschaft gedacht werden. »Nationalism, a statist ideology useful for creating relatively homogeneous identities, is recast as pluralistic, local, and culture-bearing. Nationalism this rescaled to inhabit a space beneath the reach of the transnational state itself« (Doane 2005: 195-196). Für »popular« als kontextbezogenen, ethnohistorischen Identifikationsprozess wird deswegen in diesem Buch die spanische Schreibweise beibehalten. In diesem Sinn kann *comunicación popular* (also populare Kommunikation) als Kommunikationsmedium, -methode und -strategie subalterner AkteurInnen verstanden werden, miteinander zu kommunizieren und nach Außen *cultural politics* zu betreiben, um Demokratisierungsprozesse zu vertiefen. *Educación popular* wird entsprechend als Bildungsmethode, -strategie und -maßnahme subalterner AkteurInnen verstanden, mit dem Ziel, Bewusstsein über ihre Situation und Werkzeuge für deren Veränderung zu erlangen. Wie Alvarez/Dagnino/Escobar herausstreichen, bleibt die Zivilgesellschaft oft die einzig verfügbare und gleichzeitig wichtigste Sphäre für Organisation und Vernetzung von kulturellen und politischen Projekten. Da ein ausdrückliches Ziel sozialer Bewegungen in Lateinamerika die »Demokratisierung der sozialen und kulturellen Beziehungen« auf Mikro- wie Makroebene ist, wird die Zivilgesellschaft zu dem bevorzugten Terrain für die Umsetzung ihrer Ziele (Alvarez/Dagnino/Escobar 2004: 46). Zivilgesellschaft muss aber selbst Gegenstand von kritischer und reflexiver Betrachtung sein. Alvarez/Dagnino/Escobar (2004) betonen, dass Zivilgesellschaft kein harmonischer Ort, sondern eine von Machtstrukturen, Zugangsbeschränkungen und fortdauernden Problemen durchzogene Landschaft ist. Insbesondere die wachsende Vorherrschaft von NGOs, ihre konfliktiven Beziehungen zu Basisbewegungen und ihre komplexe Einbettung in internationale Dynamiken sind zu hinterfragen.

2.4. Globalisierung und Transnationalismus

In dieser Arbeit werden zwei Aspekte von Globalisierung betont. Auf der einen Seite wird Globalisierung mit der Wirtschaftsdoktrin des Neoliberalismus verbunden. In dessen Zentrum steht die Aushöhlung des Rechtsstaates durch die grenzenlose Hypermobilität des Kapitals. Andererseits wird Globalisierung als soziokulturelles Phänomen behandelt, das eine »world-in-motion« charakterisiert (Appadurai 2001: 6). Unter neoliberaler Globalisierung wird hier »[...] die Durchsetzung neuer Formen der Internationalisierung der Produktion verstanden, die sich aus einer neuen Liberalisierung der Waren-, Dienstleistungs-, Finanz- und Kapitalmärkte sowie aus einer Ausweitung grenzüberschreitender Kommunikations-, Transport- und Informationssysteme ableitet. In der Folge dieser Entwicklungen kommt es zu einer Einschränkung der politischen Spielräume von Nationalstaaten, wodurch wiederum die Fähigkeit der Staaten zu einer kohärenten und integrativen Steuerung gesellschaftlicher Entwicklungen vermindert wird« (Boehme/Walk 2002: 23). Diese Perspektive auf Globalisierung verweist auf den »Neoliberalismus« als wirtschaftspolitische Doktrin wie auch auf den »Neoliberalismus« als Masterframe für die globalisierungskritische Bewegung. Darüber hinaus hat eine »neue Phase« der Globalisierung aller Lebensbereiche eingesetzt, die unter dem Stichwort »commodification« (Kommodifizierung) bekannt ist (Gingrich 1999: 263). Neben den ökonomischen Implikationen und deren gewaltsamen Durchsetzung findet eine umfassende Ökonomisierung des Sozialen statt. Die Globalisierung hat auch ein »sozial-kulturelles Programm« (Kaltmeier/Kastner/Tuider 2004: 14), das durch den Transfer von Werten, Bedeutungen, Einstellungen und Lebensweisen Lokalkulturen formt, beeinflusst und herausfordert. June Nash erkennt von Globalisierungsprozessen provozierte Spannungen, auf die soziale Bewegungen reagieren und die gleichzeitig die kultur- und sozialanthropologische Forschung über Globalisierung charakterisieren. Auf gesellschaftliche Fragmentierung, Säkularisierung, Deterritorialisierung, Privatisierung und Individualisierung wird weltweit mit alternativen Lebensprojekten geantwortet. Fragmentierung provoziert Projekte der Wiederherstellung von sozialer Ordnung, Säkularisierung fördert fundamentalistische Reaktionen. Auf Deterritorialisierung wird mit einer *politics of place* geantwortet, und Privatisierung wie Individualisierung erzeugen einen globalen Kosmopolitismus (siehe Nash 2005a). Die Projekte der sozialen Bewegungen stehen im Zeichen von vier bestimmenden Werten: Menschenrechte, Umweltschutz, Autonomie und Gerechtigkeit. »These values provide an ever-changing frame of reference that animate social movements and serve to validate the changes they institute or the revitalization of an imagined past without conflict« (Nash 2005a: 13).

Globalisierung als soziokulturelles Phänomen verweist auf eine »world-in-motion« (Appadurai 2001: 6). Die Welt wird durch Dinge bestimmt, die in Bewegung sind und in globalen Flüssen zirkulieren. Diese Dinge umfassen nach Appadurai Ideen, Ideologien, Diskurse, Menschen, Waren, Bilder, Botschaften, Technologien oder Techniken. Diese Flüsse sind aber nicht linear, zusammenlaufend, gleichmäßig und räumlich definierbar. Sie verlaufen sich in Sumpflandschaften, münden in Ozeane, werden zu reißenden Strömen und verebben in Wüstengegenden. Sie haben unterschiedliche Geschwindigkeiten, Ausgangs- und Ankunftsorte, transformieren sich durch das In-Beziehung-Gehen mit lokalen, regionalen oder nationalen Institutionen und verändern ihre Richtung im Zusammentreffen mit lokalen Strukturen und Realitäten. Diese Risse, Trennungen und Gegensätze charakterisieren eine »Welt-in-Bewegung« und produzieren auf lokaler Ebene fundamentale Spannungen im sozialen Gefüge. Wie Nash zusammenfasst, provozieren diese Fragmentierungsprozesse Projekte der Wiederherstellung von sozialer Ordnung. Appadurai hebt bei diesem Prozess die menschliche Fähigkeit der Imagination hervor, die für die Gestaltung des gesellschaftlichen Lebens und besonders für die Intensivierung weltweiter sozialer Beziehungen und die Realisierung kollektiver Aktionen an Bedeutung gewinnt. »It is a faculty that informs the daily lives of ordinary people in myriad ways: It allows people to consider migration, resist state violence, seek social redress, and design new forms of civic association and collaboration, often across national boundaries« (Appadurai 2001: 7). Imagination als »social force« legt das Fundament für *eine* internationale Zivilgesellschaft (Appadurai 2001: 8). Aus ihr gehen kollektive Aktions- und Protestmuster und neue kollektive Lebensentwürfe hervor. Imaginationsprozesse werden durch die neuen Informations- und Kommunikationstechnologien gefördert. Sie bilden die technologische Basis, um Kommunikations- und Artikulationsflüsse sozialer Bewegungen zu einer imaginierten Gegenglobalisierung zu vernetzen, ermöglichen die Entstehung von subalternen Gegenöffentlichkeiten und (virtuellen) Netzwerken und haben direkte Auswirkungen auf reale Aktions- und Protestformen (siehe Kaptitel 7.). Gleichzeitig werden Imaginationsprozesse auf Netzwerktreffen und Sozialforen herausgefordert (siehe Kapitel 4.). Netzwerktreffen und Sozialforen können im Sinn von Fiske als Marktplätze verstanden werden, auf denen unterschiedliche kulturelle Vorstellungen ge- und verhandelt werden. Innerhalb dieser Marktplätze zirkulieren statt Geldflüssen Bedeutungen, die von einzelnen AkteurInnen unter verschiedenen Voraussetzungen konstruiert und eingebracht werden. Durch Angebot, Nachfrage, Machtgefälle und Bezugsgruppenkonstellationen bilden sich gemeinsam geteilte Framingprozesse und grenzüberschreitende »ideologies of social justice« heraus (Guha/Martinez-Alier 2000: 119). Es kommt zu einer *transnationalen Protestkulturentwicklung*, die als herausgeforderter Bedeutungsproduktions- und -zirkulationsprozess gedeutet werden kann. In diesem Sinn wird Transnationalismus als aktiver und Grenzen überschreitender Prozess aufgefasst, bei dem Bedeutungen erzeugt werden und innerhalb eines sozialen Systems zirkulieren. In diesem System werden Identitäten (re-)formuliert, Beziehungen zwischen privaten und öffentlichen Sphären neu ausverhandelt, dominante Institutionen herausgefordert und virtuelle Organisationen konstituiert (vgl. Fiske 2006: 23). Boehme/Walk erweitern diese Charakterisierung von transnationalen Prozessen um die handlungsorientierte Ebene: »Die Transnationalisierung zeigt sich darin, dass *erstens* die nationalstaatliche Handlungsebene um die globale ergänzt wird, dass dabei *zweitens* eine stärkere Verknüpfung verschiedener Politikfelder bewältigt wird und *drittens* eine Ausweitung des Akteursumfeldes stattfindet« (Boehme/Walk 2002: 19). Diese Globalisierungs- und Transnationalisierungsprozesse ermöglichen die Imagination *einer* internationalen Zivilgesellschaft und *einer* globalisierungskritischen Bewegung. Diesbezüglich ist auch die Imagination von Räumlichkeit hervorzuheben. Die in dieser Arbeit verwendeten regionalen Bezeichnungen »Lateinamerika«, »Zentralamerika« oder »Mesoamerika« sollen nach Appadurai prozesshaft verstanden werden. Es handelt sich hier nicht um eingezäunte Räume mit klar definierten ökologischen, linguistischen oder soziokulturellen Eigenschaften. Nach Appadurai entstehen Räume durch Aktivitäten, Interaktionen, Transfers und Bewegungen entlang bestimmter Themen.[6] Sie sind durchlässig, wandelbar und offenbaren kollektive Framingprozesse. Da die Fähigkeit der Imagination von Regionen und Welten selbst zum globalisierten Phänomen geworden ist, müssen wir den räumlichen Perspektiven der AkteurInnen Tribut zollen und den Fokus auf die Geographie der Welt nach ihren Imaginationen neu justieren (vgl. Appadurai 2001: 8-9).

Dies öffnet die Perspektive auf eine Globalisierung von unten. Sie steht im Mittelpunkt dieses Buches. Während das globale Kapital und die nationalstaatlich organisierte internationale Politik die Prämissen der Weltordnung ausverhandeln und die Spielregeln für eine globale politische Kultur bestimmen, entstand in dessen Schatten die »grassroots globalization« oder »globalization from below« (Appadurai 2001: 18). Ihre tragenden Säulen sind soziale Bewegungen, Basisinitiativen, lokal und regional agierende NGOs und transnationale Advocacy Netzwerke. Sie leisten gegen die negativen Auswirkungen der neoliberalen Globalisierung Widerstand, federn die zunehmenden sozialen Ungleichheiten ab, beeinflussen die dominante politische Kultur, initiieren lokale Demokratisierungsprozesse, verorten sich in transnationalen Politikarenen und arbeiten vernetzt an alternativen sozialen Integrations- Globalisierungs- und Gesellschaftsmodellen.

2.5. Multiple Sichtweisen

Hellmann (1999) charakterisiert in seinem Aufsatz »Paradigmen der Bewegungsforschung« die multiplen Perspektiven auf soziale Bewegungen. Seine Systematik dient als Ausgangspunkt für dieses Kapitel. Die Bewegungsanalyse benötigt eine integrale Perspektive um die unterschiedlichen Prozesse einzufangen, die kollektives Handeln konstituieren. Strukturelle Spannungen provozieren die Entstehung von Bewegungen, und politische Möglichkeitsstrukturen können ihre

---

[6] »Regions are best viewed as initial contexts for themes that generate variable geographies, rather than as fixed geographies marked by pregiven themes. These themes are equally ›real‹, equally coherent, but are results of our interests and not their causes« (Appadurai 2001: 8).

Entwicklung hemmen oder beflügeln. Eine kollektive Identität formt sich durch die Verhandlung von Differenz im Inneren der Bewegung. Sie beruht auf kollektiven Definitions- und Imaginationsprozessen, die den Deutungsrahmen festlegen, der Handlungsfähigkeit ermöglicht und das Vokabular der Bewegung bestimmt. Gleichzeitig bewegen sich die AnhängerInnen in globalisierten Bewegungslandschaften, gründen Organisationen, knüpfen Allianzen, treffen sich auf Sozialforen und organisieren kollektive Aktionen. Knappe Ressourcen, individuelle Kompetenzen, Kontaktnetzwerke und persönliche Erfahrungen prägen gleichzeitig die Organisationsprozesse. Daher sind soziale Bewegungsprozesse mit einem Erklärungsansatz alleine nicht einzufangen. In der Konzentration auf das Kleine sind die Gesamtzusammenhänge und die Makro-Perspektive nicht zu vernachlässigen (Hellmann 1999). Gefordert sind demnach paradigmenübergreifende Ansätze, die Anwendung unterschiedlicher Theorien und methodischer Werkzeuge aus diversen Disziplinen, um »[...] sich einem höchst fluiden, kaum dingfest zu machenden Phänomen anzunähern, das sich einer letzten, endgültigen Bestimmung immer wieder entzieht« (Hellmann 1999: 107).

2.5.1. Structural Strains

Dieser Ansatz untersucht die Entstehung von sozialen Bewegungen als Folge von gesamtgesellschaftlichen Spannungsverhältnissen. Modernisierungsprojekte, Urbanisierung, ein abrupter Anstieg von Arbeitslosigkeit oder starke Preiserhöhungen fördern kollektive Aktionen und die Formierung kollektiver AkteurInnen. Wie Nash hervorhebt (2005a), provozieren Fragmentierungsprozesse Projekte der Wiederherstellung von sozialer Ordnung. Durch Modernisierungsschübe treten neue soziale Bewegungen auf, die aufgrund ihrer eigenen Ordnungsvorstellungen das gesellschaftliche und politische Gefüge nachhaltig verschieben (vgl. Rucht 1994: 123). Diese globalen Rahmenbedingungen für den Protest fließen in diesem Buch konstant in die Bewegungsanalyse ein, wobei sich das Kapitel 3. explizit mit den negativen Auswirkungen der neoliberalen Globalisierung in Lateinamerika auseinandersetzt. Darüber hinaus beschäftig sich der Ansatz mit der Sozialstruktur der Bewegungslandschaft im Sinne der Sozialstrukturanalyse (vgl. Hellmann 1999: 96). Damit rücken auch die persönliche Geschichte der BewegungsteilnehmerInnen sowie sozialpsychologische Aspekte in den Fokus der Analyse. Von zentraler Bedeutung ist die Sichtbarwerdung von Kontakt-Netzwerken oder »recruitment networks« (Melucci 1989: 31), die durch Freundescliquen, Szenebekanntschaften oder subkulturelle Zugehörigkeit konstituiert werden (Hellmann 1999: 99). Informelle Netzwerke strukturieren die Bewegung vor. Dazu gehören Beziehungsgeflechte von Führungspersönlichkeiten, die Bewegungsszenen entstehen lassen. Ihre persönlichen Netzwerke können für marginalisierte AkteurInnen Eintrittskarten in Bewegungslandschaften sein, die trotz inklusiver Rhetorik unsichtbare Schranken und Türen aufweisen. Bewegungs- und Versammlungsfreiheit und das Vorhandensein von bereits existierenden Netzwerken sind darüber hinaus Voraussetzung für das Entstehen von sozialen Bewegungen. Sie ermöglichen die Entwicklung einer gemeinsamen Definition der Situation, die Voraussetzung für die Organisation gemeinsamen Handelns ist. Dadurch erst kann das Protestpotenzial, das durch die Diskrepanz zwischen gesellschaftlichen Erwartungen und Enttäuschungen genährt wurde, in manifesten Protest umschlagen (vgl. Hellmann 1999: 95, Rucht/Neidhardt 2001: 550). Auf diese Dynamiken wird in diesem Buch ebenfalls konstant hingewiesen, insbesondere in den Kapiteln 4. und 5.

2.5.2. Political Opportunity Structures

Die politischen Möglichkeitsstrukturen verweisen auf die äußeren Umstände und die soziale Umwelt, welche die Entwicklung von sozialen Bewegungen beeinflussen. Dabei werden die »Umweltrestriktionen von Bewegungsakteuren als Quelle von Handlungsdispositionen und sozialen Prozessen« untersucht (vgl. Kitschelt 1999: 148). Externe Bedingungen strukturieren die Handlungssituation kollektiver AkteurInnen und determinieren den Handlungshorizont sozialer Bewegungen (Kitschelt 1999: 148). Rucht streicht heraus, dass soziale Bewegungen innerhalb eines Bezugsrahmens agieren. Die darin existenten Bezugsgruppen, jene Gruppen und Institutionen, auf die sich soziale Bewegungen in erster Linie beziehen, sind für ihre Erfolgschancen besonders wichtig (vgl. Rucht/Neidhardt 2001: 554). Dazu gehören Parteien und Interessenverbände, Massenmedien, Institutionen des politischen Systems, Kontrollagenturen[7] und die Öffentlichkeit, welche sich aus den unterstützenden Bewegungen, dem Publikum und den Gegenbewegungen zusammensetzt. Damit tritt der Protest aus dem Schatten der Selbstbezüglichkeit in das Licht der Öffentlichkeit und Politik (Hellmann 1999). Der politische Möglichkeitsstrukturenansatz geht der Frage nach, inwieweit die Gegebenheiten des politischen Systems günstig oder ungünstig für Protest und Mobilisierung sind. Die Stabilisierungsmöglichkeiten und Erfolgschancen innerhalb des Handlungsfeldes sozialer Bewegungen ergeben sich somit in Abhängigkeit von deren Bezugsgruppenkonstellationen (vgl. Rucht/Neidhardt 2001: 554). Dabei ist die Möglichkeitsstruktur sozialer Bewegungen von folgenden Variablen bestimmt: formal-institutionellen Zugangsbedingungen für AkteurInnen zum politischen System (Ausmaß an Offenheit oder Geschlossenheit) sowie ihr Grad an Demokratisierung und Dezentralisierung; Stabilität oder Instabilität der

---

[7] Kitschelt bezeichnet diese Variabel in gegebenen Möglichkeitsstrukturen als organisatorisch-administrative Verfahrensbedingungen (Kitschelt 1999: 147). Sie ermöglichen AkteurInnen, Verletzungen ihrer Ansprüche durch die Implementation von offiziellen Politiken innerhalb des politischen Systems anzufechten und durchzusetzen.

politischen Strukturen; Zusammenhalt oder interne Fragmentierung und damit die Durchsetzungsstärke von Eliten; Repressionsressourcen der »*Status-quo*-Eliten« (Kitschelt 1999: 147); Verfügbarkeit von bzw. Mangel an BündnispartnerInnen, Allianzen und Unterstützungsgruppen im politischen Prozess; Muster der politischen Kultur; temporale Entwicklung des Bewegungssektors und das internationale Klima für neue Forderungen, um Allianzen außerhalb der eigenen sozialen Umwelt zu bilden (Rucht/Neidhardt 2001; Kitschelt 1999; Hellmann 1999; Tarrow 1998). Die Analyse der Möglichkeitsstrukturen bedient sich *rational-choice*-Ansätzen. Sie gehen davon aus, dass symbolisch-normative AkteurInnenpräferenzen und -orientierungen durch externe Bedingungen vorgezeichnet sind. BewegungsakteurInnen reagieren sozusagen auf äußere Handlungsrestriktionen in instrumentell-zweckrationaler Weise (vgl. Kitschelt 1999: 150). Dieser Ansatz wird insbesondere im 6. Kapitel berücksichtigt, wo die politischen Möglichkeitsstrukturen für den zivilen Zapatismus in Mexiko nachgezeichnet werden.

2.5.3. Ressource Mobilisation

Der Ressourcenmobilisierungsansatz untersucht die organisatorischen Voraussetzungen für kollektives Handeln. Was passiert im Vorfeld von Sozialforen, Kampagnen, Besetzungen oder Demonstrationszügen? Hinter jeder punktuellen Aktion stehen Organisationen, werden Koordinationsbüros und Arbeitsausschüsse aufgebaut, um die Ereignisse vorzubereiten. Im Mittelpunkt des Ressourcenmobilisierungsansatzes stehen Bewegungsorganisationen und BewegungsunternehmerInnen und damit die Annahme, »[…] dass Bewegungsaktionen dieser Art strategisch geplant und von quasi-professionalisierten Bewegungsmanagern zweckrational kalkuliert und gestaltet werden« (Rucht/Neidhardt 2001: 553). Der Ansatz widmet sich den organisationstechnischen Strukturen, die erkennbare kollektive Aktionen erzeugen. Bewegungsorganisationen und charismatische BewegungsunternehmerInnen stellen für soziale Bewegungen eine wichtige Ressource dar. Sie können zum Machtinstrument werden, indem sie politische wie ökonomische Ressourcen von einer großen Anzahl von Menschen koordinieren und strategisch einsetzen. Dieser Ansatz untersucht die Eigenaktivitäten der Protestsubjekte sowie die instrumentellen Ressourcen, welche die AkteurInnen für ihre Aktionen nutzen (vgl. Kitschelt 1999: 150). Obwohl Hellmann die Bewegungsorganisationen als »Entscheidungs- und Handlungszentrum einer Bewegung« charakterisiert und den Mobilisierungserfolg von sozialen Bewegungen als in hohem Maße ressourcenabhängig sieht (vgl. Hellmann 1999: 103), warnt Raschke davor, Bewegungsorganisationen nicht zu überschätzen und ihre internen Möglichkeitsstrukturen kritisch zu beleuchten (Raschke 1991). Organisation garantiert einerseits Kontinuität, Koordination und Initiative; andererseits muss bedacht werden, dass sie ohne die aktive Anhängerschaft außerhalb der Organisation keine soziale Bewegung wäre. Deswegen ist eine

Besonderheit von sozialen Bewegungen ihre Wechselwirkung zwischen Bewegungsorganisationen und den fluiden Teilen der Bewegung (vgl. Raschke 1991: 39). In den Kapiteln 4. und 6. wird versucht, den *political entrepreneurs* oder BewegungsunternehmerInnen und ihren Organisationsstrukturen Aufmerksamkeit zu schenken.

2.5.4. Collective Identity

Das kollektive Identitäts-Paradigma in der Bewegungsforschung (Hellman 1999) untersucht den Innenbezug einer Bewegung, den Prozess, indem ein kollektiver Akteur sich selbst und andere als »konstruierte Kategorien« positioniert (Ferree/ Roth 1999: 132). Darüber hinaus steht ihr Identitätsaspekt als Mobilisierungsressource im Zentrum der Analyse (Hellmann 1999). Ersteres betrachtet kollektive Identität als »interaktive Definition« (Melucci 1999: 17), die von den diversen miteinander vernetzten und interagierenden AkteurInnen produziert wird. Diese konstruierte Einheit ist das Resultat eines konstanten Prozesses von Verhandlungen und Einflussnahmen der beteiligten AkteurInnen, »[…] die ebenso mit der Orientierung ihrer Handlungen wie den Gegebenheiten jenes Feldes beschäftigt sind, innerhalb dessen ihre Handlungen stattfinden« (Melucci 1999: 117). Während beim kollektiven Identitäts-Ansatz der Innenbezug der Bewegung im Mittelpunkt der Betrachtungen steht, fokussiert die *Framing*-Perspektive den Außenbezug der Bewegung, die »diskursive Situierung der Bewegung in der Gesellschaft« (Hellmann 1999: 100), also die Selbstdarstellung, Positionierung und Vermarktung der Bewegung im Feld des Politischen. Hellmann betont die Konstruktions- und Kommunikationsleistungen innerhalb einer Bewegung, die dem Zweck dienen, nach außen den Eindruck von Einheit entstehen zu lassen. »Denn eine Bewegung existiert als Bewegung nur, sofern es ihr gelingt auch Fluide, Unorganisierte, Auseinanderstrebende auf ein Ziel hin auszurichten, was dann einheitliches Auftreten nach außen erlaubt« (Hellmann 1999: 99). Melucci bezeichnet das Ergebnis der Konstruktion eines Handlungssystems als kollektive Identität (Melucci 1999). Kollektive Handlungsfähigkeit einer Bewegung wird durch sie geschaffen und macht sie zu einem kollektiven Akteur, der wieder durch kollektive Aktionen in seiner Position gestärkt wird (Melucci 1995, vgl. Hellmann 1999: 100). In diesem Buch ist die kollektive Identitätsentwicklung als Strategie zur Erreichung politischer Ziele ein Fokus in der Bewegungsanalyse. Kollektive Identitäten bedingen geradezu einen diskursiven Prozess der Essentialisierung und Homogenisierung, da sich unterschiedliche AkteurInnen auf gemeinsame Prämissen einigen müssen. Diese Perspektive erhält eine brisante Dynamik, wenn es um Landrechtsforderungen und Autonomiebestrebungen der neuen indigenen sozialen Bewegungen in Lateinamerika geht. Das 5. Kapitel geht darauf ausführlich ein. Der kollektive Identitäts-Ansatz ist aber auch zentraler Bestandteil der Analyse des zivilen Zapatismus in Mexiko. Die »Sechste Deklaration aus dem

Lakandonischen Urwald« formuliert den Gründungsmythos für eine neue nationale soziale Bewegung. Sie ist der kleinste gemeinsame Nenner bzw. das größte gemeinsame Vielfache, auf deren Basis »für eine andere Politik, für ein linkes Programm und eine neue Verfassung« gekämpft wird (CCRI-CG 2005b). Im Prozess der Anderen Kampagne bleibt die größte Herausforderung, trotz aller Vielfalt als ein politisches Subjekt aufzutreten und die Verbindung zwischen internen Gruppendynamiken und der externen Positionierung in der Gesellschaft herzustellen (siehe Kapitel 6.).

2.5.5. Framing

Der *Framing*-Ansatz nimmt Bezug auf Sprache und Grundbegriffe, mit der eine Bewegung ihren analytischen Bezugsrahmen charakterisiert. Der *Frame* ist ein Deutungs- und Interpretationsrahmen, der Ursachen eines Problems, die Gründe zum Handeln und die Richtung wie auch Träger der Problemlösung benennt (vgl. Rucht/Neidhardt 2001: 556). Auf welches Vokabular und welche Grundbegriffe einigen sich die diversen Bewegungssegmente? Was für eine Sprache wählt die Bewegung, um in der Welt Gehör zu finden? Inwieweit passt sie sich an den analytischen Bezugsrahmen an? Den analytischen Bezugsrahmen gilt es zu diagnostizieren und zu gebrauchen. Daraus entsteht das Marketing einer Bewegung. Framing ist ein konstruktivistischer Ansatz, insofern er die Konstruktion eines Deutungsrahmens zur Legitimation des eigenen Handelns sowie der Rechtfertigung gegenüber der Gesellschaft untersucht (vgl. Rucht/Neidhardt 2001: 551). Dieser Ansatz bedeutet nach Kitschelt eine »subjektivistisch-diskursorientierte Wende« für die Bewegungsforschung (vgl. Kitschelt 1999: 155). Gelegenheitsstrukturen werden zu einem Diskurs, der von den AkteurInnen subjektiv bestimmt und reproduziert wird, ohne dass die interpretierten Möglichkeitsstrukturen mit den politischen Realitäten zwangsweise korrelieren müssen.

Interpretationsprozesse unterliegen normativen Orientierungen und kognitiven Erfahrungen, welche aus einem kulturellen Repertoire von Symbolen und Argumenten hervorgehen (vgl. Kitschelt 1999: 156). BewegungsunternehmerInnen und Intellektuellen kommt bei Framingprozessen wieder eine spezielle Rolle zu. Sie transformieren diesen kulturellen Grundstock, dieses Stammvokabular in anschlussfähige Interpretationsrahmen für die Ziele und Aktionsformen sozialer Bewegungen. Damit konstruieren sie die »Rhetorik sozialer Mobilisierung« (Kitschelt 1999: 156).

Die AkteurIn steht im Mittelpunkt des Framing-Ansatzes, »[…] aber weniger als Lokus des Verfügens über materiell-instrumentelle Ressourcen denn als Zentrum von symbolisch-expressiven und normativen Fähigkeiten zur Konstruktion sozialer Wirklichkeit und damit zur Imagination von Bewegungszielen (›stakes‹) und ihrer kulturellen Begründung« (Kitschelt 1999: 149). Framing betont, dass kollektives Handeln durch Sinnkonstruktionen der Teilnehmenden bestimmt wird, »[…] mit denen Gründe, Strategien und Zielsetzungen festgelegt und strukturiert werden« (Rucht/

Neidhardt 2001: 551). Somit gehen kollektiven Aktionen kollektive Definitionsprozesse unter den AkteurInnen zuvor, die erst gemeinsames Handelns ermöglichen. Das *Masterframe* bzw. Mobilisierungsframe ist der verbindende Deckmantel, unter den sich diverse AkteurInnen mit verschiedenen thematischen Ausrichtungen subsumieren lassen (z.B. Neoliberalismus). *Diagnostic frames* skizzieren eine Problemkonstellation, ein Übel, das den Protest legitimiert und notwendig macht (z.B. die Machenschaften von Weltbank und Internationalem Währungsfonds). Die vorgestellten Lösungsmuster werden in *prognostic frames* behandelt. Mit diesen *frames* werden Ziele, Taktiken und Strategien, also die »Utopie eigener Möglichkeiten« entworfen (Rucht/Neidhardt 2001: 551). Die *motivational frames* suchen Engagement und Mobilisierungsbereitschaft bei den Betroffenen und TeilnehmerInnen kollektiver Aktionen zu fördern (siehe Snow/Benford 1988). Mit *frame bridging* wird der Prozess bezeichnet, bei dem die spezifischen Themen von unterschiedlichen kollektiven AkteurInnen (UmweltschützerInnen, Frauengruppen, Dritte-Welt-Initiativen, Menschenrechts- und Bürgerrechtsgruppen, kirchlichen Institutionen) durch einen *master frame* verbunden werden (z.B. Kritik an der neoliberalen Globalisierung) (vgl. Rucht 2002: 58). Der AkteurInnenperspektive wird in diesem Buch viel Raum gegeben. Die dynamische Konstruktion von Masterframingprozessen wird anhand von Sozialforenprozessen in Zentralamerika nachgezeichnet (siehe Kapitel 4.). Framingprozesse von konkreten sozialen Bewegungen und Bewegungsorganisationen werden anhand der Anderen Kampagne, dem Forschungszentrum CIEPAC oder der Anti-Staudammbewegung CECOP in Mexiko beschrieben (siehe Kapitel 4. und 6.). Die AkteurInnenperspektive manifestiert sich in dieser Arbeit darüber hinaus durch die Stimmen zahlreicher InterviewpartnerInnen und Hinweise auf Abschlusserklärungen von Netzwerktreffen. Sie charakterisieren die Umrisse einer Graswurzelglobalisierung, deren Herausforderungen in der Übersetzung lokaler Widerstände in globale Diskurse und in der Systematisierung und Strukturierung ihrer Anliegen, Ziele und Methoden liegt. »The single greatest obstacle to grassroots globalization – in relation to the global power of capital – is the lack of a clear picture among their key actors of the political, economic, and pedagogic advantages of counterglobalization« (Appadurai 2001: 20).

2.6. Cultural Politics

> *»Es ist essenziell, dass wir eine Alternative der Völker aufbauen. Wir müssen in kollektiver Form einen Vorschlag erarbeiten, der eine andere Form des sozialen Zusammenlebens beinhaltet« (Olivera 2006).*[8]

[8] Ausschnitt aus der Aufzeichnung des Eröffnungsvortrags von Oscar Olivera, internationaler Wasseraktivist und Sprachrohr der *Coordinadora*, Bolivien, am 17.03.2006 während des

Soziale Bewegungen können nicht unabhängig von der Aneignung und Besetzung neuer kulturell-politischer Räume und der Konstitution oppositioneller Identitäten betrachtet werden (vgl. Kaltmeier/Kastner/Truider 2004a: 11). Soziale Bewegungen zeigen an, dass ein fundamentales Problem in einem gesellschaftspolitischen Bereich existiert. Sie bekommen eine steigende symbolische Funktion als gesellschaftliche Alarmanlagen, wobei sie vielerorts verschiedene Kunststücke gleichzeitig meistern müssen: kulturelle Innovationen, Überlebenstechniken und Methoden der sozialen und wirtschaftlichen Transformation (vgl. Escobar 1992: 409). Sie verbinden wirtschaftliche, soziale und politische Problematiken innerhalb eines allumfassenden kulturellen Feldes. Neue soziale Praktiken bewirken die Entstehung von autonomen Räumen, in denen Bedeutungen konstruiert, modifiziert und instrumentalisiert werden. Interaktive Beziehungen zwischen Alltagsleben, kulturellem Widerstand und kollektiven politischen Aktionen strukturieren soziale Handlungsstrategien. Zeitgenössische kollektive Aktionen von sozialen Bewegungen basieren auf im Alltagsleben untergetauchten Netzwerken. Diese Netzwerke bilden einen alternativen Rahmen für Bedeutungskonstruktionen, mit denen dominante soziale Codes herausgefordert werden.

Das *cultural-politics*-Paradigma betont, dass sich soziale Kämpfe um die Definitionsmacht von Bedeutungen drehen.[9] Ausschließende Diskurse werden destabilisiert, verändert und neue Diskursfelder erschlossen (Kastner 2004: 261). Bedeutungen werden in der alltäglichen Praxis konstruiert, umkämpft, herausgefordert, internalisiert und formen die Identität des Individuums. Populare AkteurInnen mobilisieren auf Grundlage lokaler Bedeutungssysteme. Die unterschiedlichen individuellen Perspektiven fügen sich durch einen gemeinsamen Verhandlungsprozess zu einer kollektiven Identität. Diese Plattform der Differenz ist Voraussetzung für kollektive Aktionen und die Manifestation von politischen Forderungen. *Cultural politics* sind immer das Ergebnis diskursiver Artikulation und Kommunikation: Die Artikulation der eigenen Identität und Position innerhalb von sozialen Bewegungen und sozialen AkteurInnen, die Kommunikation der Bewegungen miteinander und die Kommunikation der Bewegungen mit ihrem Bezugssystem.

Der *cultural-politics*-Ansatz geht davon aus, dass Kultur a priori politisch ist, »[...] weil Bedeutungen grundlegender Bestandteil von Prozessen sind, die implizit oder explizit danach streben, soziale Macht zu redefinieren« (Alvarez/Dagnino/Escobar 2004: 36). Bewegungen, die alternative Konzepte von Demokratie, Globalisierung, Wirtschaft oder Natur propagieren, betreiben somit *cultural politics*, da sie

Internationalen Forums zur Verteidigung des Wassers (FIDA) in Mexiko Stadt (freie Übersetzung des Autors).

9 Wir können nach Kastner (2004: 261) *cultural politics* als Vertreterin der »subjektivistisch-diskurstheoretischen Wende« in der Bewegungsforschung ansehen (Kitschelt 1999: 155), wobei diese Richtung nicht gänzlich dem Framing-Ansatz zuzurechnen ist.

dominante kulturelle Bedeutungen erschüttern. Kämpfe sozialer Bewegungen um Bedürfnisse und Ressourcen gehen zumeist mit alternativen kulturellen Projekten einher. Der einseitige Blick auf Kultur und Politik hat vielerorts dazu geführt, komplexe Kämpfe um Bedeutungen als rein ökonomische und politische Projekte darzustellen, die das Ziel verfolgen, am dominanten Diskurs zu partizipieren. Es geht aber zumeist auch darum »[...] dominante kulturelle Interpretationen von Politiken umzudeuten oder vorherrschende politische Praktiken herauszufordern« (Kastner 2004: 261).

Soziale Bewegungen agieren an der Schnittstelle von Alltagsleben und breiten sozio-politischen Prozessen. Demokratie wird innerhalb der sozialen Beziehungen des täglichen Lebens konstruiert und liegt in den eigenen kulturellen Systemen und Bedeutungen eingebettet (Escobar 1992). Im Alltag werden gegenkulturelle Konzepte, Systematiken, Netzwerke und Lebensweisen aufgebaut und herausgefordert, die zum Maßstab des Politischen werden und eine veränderte Wahrnehmung auf das Politische erlauben. Erst eine Veränderung der dominanten politischen Kultur wird in Lateinamerika als Voraussetzung für nachhaltige Konfliktlösungsprozesse und sozialen Frieden gesehen. Deswegen versuchen die *cultural politics* sozialer Bewegungen in Lateinamerika die dominante politische Kultur in Frage zu stellen und zu erschüttern (vgl. Alvarez/Dagnino/Escobar 2004: 37). Wir finden hier einen weiteren Unterschied zu europäischen Bewegungslandschaften. Während die europäischen neuen sozialen Bewegungen immer mehr vom politischen Bereich abprallten und einzige Zuflucht und Entfaltungsmöglichkeit im kulturellen Bereich fanden (vgl. Roth/Rucht 1991: 12), revitalisiert die Andere Kampagne den politischen Einflussbereich der mexikanischen neuen sozialen Bewegungen (siehe Kapitel 6.). Das »asymmetrische Verhältnis« zur offiziellen Politik drängt die TeilnehmerInnen der Anderen Kampagne nicht in die kulturelle Ecke, sondern verleitet sie dazu, eigene Subsysteme der Macht aufzubauen (Brand 1991: 44). Der Abwendung von der formalen politischen Sphäre folgt die Hinwendung zur soziokulturellen Sphäre, die wiederum zum Ausgangspunkt und Labor für neue politische Projekte wird. Das Ziel ist in vielen Fällen nicht, die formale Macht zu übernehmen, sondern in der zivilgesellschaftlichen Sphäre die eigene »populare« Macht zu entfalten und in vernetzter Form zu potenzieren, um Parallelsysteme entstehen zu lassen, von denen aus mit ihrem Bezugssystem in Beziehung getreten werden kann.

2.6.1. Political Culture

Soziale Bewegungen lassen sich nach Alvarez/Dagnino/Escobar (2004) in Beziehung zu ihren Auswirkungen auf die dominante *political culture* einer Gesellschaft analysieren. Die dominante politische Kultur wird als die in jeder Gesellschaft spezifische soziale Konstruktion dessen, was als politisch gilt, definiert. Sie ist das Terrain von Praktiken und Institutionen, die sich aus sozialen Realitäten herausgeformt und im Lauf der Geschichte Geltung als politisch im eigentlichen Sinn erlangt haben (vgl. Alvarez/Dagnino/Escobar 2004: 37). Die *cultural politics* sozialer Bewegungen stellen die Frage, was als politisch gesehen werden darf, und erschüttern die offiziellen Funktionsweisen kultureller und politischer Repräsentation und sozialer Praktiken. Damit gehen diesen Konflikten kulturelle Unterschiede und unterschiedliche kulturelle Praktiken und Interpretationen voran. Escobar meint, dass für soziale Bewegungen die Veränderung der dominanten politischen Kultur auf dem Spiel steht. Einerseits gilt es sich in ihr zu bewegen, andererseits ist ihre Veränderung Voraussetzung für eine nachhaltige Umsetzung ihrer Forderungen (Escobar 1992). Es ist wichtig anzumerken, dass *political culture* nicht als homogene Einheit betrachtet werden kann. »*Political culture* charakterisiert eine heterogene und desartikulierte Reihe von Werten, Einstellungen und Aktionen, auf deren Basis soziale AkteurInnen Vorstellungen von Machtstrukturen konstruieren und politische Aktionen realisieren« (Gaona 2000: 13).[10] Die politische Kultur eines Staates oder einer sozialen Bewegung unterliegt einem konstanten Verhandlungsprozess. »Sie ist eine heterogene und manchmal widersprüchliche Synthese aus Werten, Wissen, Meinungen, Glaube und Erwartungen von BürgerInnen, sozialen Gruppen und politischen Organisationen« (Gaona 2000: 14).[11] Nach Varela (2000: 51) kann politische Kultur als die Gesamtheit von Zeichen und Symbolen angesehen werden, die Machtstrukturen bestimmen. Dementsprechend liegt die Aufgabe der Kultur- und Sozialanthropologie »[...] im Aufsuchen der symbolischen Elemente, die bei der Machtausübung innerhalb von und zwischen sozialen Gruppen und ihren Beziehungen zu institutionellen Strukturen auftreten. Das Politische beschränkt sich nicht auf die Institutionen, wo die formale Politik ausgeübt wird. Tatsächlich drückt sich die kulturelle Praktik vom Politischen in multiplen und diversen Räumen des sozialen Lebens aus« (Gaona 2000: 15).[12]

2.6.2. Rekonzeptualisierung des Politischen in der Bewegungsforschung[13]

Der Kampf sozialer Bewegungen um die Parameter von Demokratie geht selbst um die Definition dessen, was das Politische ausmacht. Die Erfolge sozialer Bewegungen spiegeln sich nicht nur in der institutionellen Umsetzung ihrer Forderungen innerhalb der Repräsentationspolitik wider, sondern auch durch die Destabilisierung

[10] Freie Übersetzung aus dem Spanischen durch den Autor.

[11] Freie Übersetzung aus dem Spanischen durch den Autor.

[12] Freie Übersetzung aus dem Spanischen durch den Autor.

[13] Die Bezeichnung des Unterkapitels lehnt sich an das Subkapitel in Alvarez/Dagnino/Escobar (2004: 40-43) mit dem Namen »Rekonzeptualisierung des Politischen in der Forschung zu Sozialen Bewegungen in Lateinamerika« an.

ausschließender Diskurse und die Eröffnung neuer Diskursfelder (vgl. Kastner 2004: 261). Das Konzept der politischen Kultur bleibt oft auf das eingegrenzte politische System fokussiert und das Politische wird unhinterfragt als gegeben anerkannt. Die Diskussion der lateinamerikanischen Demokratien konzentriert sich folglich »[...] auf die Stabilität formaler, repräsentativer politischer Institutionen und Prozesse« (Alvarez/Dagnino/Escobar 2004: 42). Alternative politische Kulturen und Projekte, die in der Praxis sozialer Bewegungen aufgebaut und über multiple (Gegen-)Öffentlichkeiten transportiert werden, finden in vielen politikwissenschaftlichen Analysen keinen Niederschlag. Alvarez/Dagnino/Escobar streichen demgegenüber heraus, wie eine auf Eliten basierende repräsentative Demokratie sozialen Autoritarismus schürt, soziale Ungleichheit fördert und »[...] die Ausübung einer sinnvollen demokratischen *citizenship* für nicht-elitäre Bürger behindert« (Alvarez/Dagnino/Escobar 2004: 41).[14] Damit gewinnen nicht-regierungs oder außer-institutionelle öffentliche Schauplätze für die Ausübung von Bürgerrechten an Bedeutung und sind ausschlaggebend für die Entwicklung einer »popularen« staatsbürgerlichen Identität. Der Erforschung von Beziehungen zwischen sozialen Bewegungen und Parteien wie staatlichen Institutionen soll damit nicht der Wert abgesprochen werden. Sie erweitern vielmehr die Perspektive auf das gesellschaftliche Veränderungspotenzial sozialer Bewegungen. »Indem sie in Frage stellt und neu deutet, was als politisch zählt und wer – neben der ›demokratischen Elite‹ – das Recht hat, die Regeln des politischen Spiels festzulegen, können die *cultural politics* Sozialer Bewegungen unserer Ansicht nach für die Förderung alternativer politischer Kulturen und möglicherweise für die Ausweitung und Vertiefung der Demokratie in Lateinamerika entscheidend sein« (Alvarez/Dagnino/Escobar 2004: 41).

---

14 »Sozialer Autoritarismus bringt Formen der Gesellschaftlichkeit und eine autoritäre Kultur der Ausgrenzung hervor, die den gesamten sozialen Praktiken zugrunde liegt und Ungleichheit in Sozialen Beziehungen auf allen Ebenen reproduziert. In diesem Sinne stellt seine Abschaffung eine grundlegende Herausforderung für die effektive Demokratisierung der Gesellschaft dar. Eine Überlegung dieser Dimension impliziert notwendigerweise eine Neudefinition dessen, was normalerweise als das Terrain der Politik gesehen wird, und der Machtbeziehungen, die es zu ändern gilt. Und im Grunde erfordert dies eine Ausweitung und Vertiefung des Verständnisses von Demokratie, das alle sozialen und kulturellen Praktiken umfasst. Ein Verständnis von Demokratie, das über die formelle, institutionelle Ebene hinausgeht und sich in alle sozialen Beziehungen erstreckt, die von sozialem Autoritarismus und nicht nur von politischer Ausgrenzung im engeren Sinne durchdrungen sind« (Dagnino 1994a: 104-105; zitiert nach Alvarez/Dagnino/Escobar 2004: 42).

3. Ökonomie, Ökologie und Kultur: Multiple Verteilungskonflikte in Lateinamerika

> *»Zu allererst widerstehen die Menschen gegen die Auferlegung des neoliberalen Wirtschaftsmodells. Sie widerstehen gegen die Modifikation der sozialen, wirtschaftlichen, politischen und militärischen Struktur in jedem Land. Sie widerstehen gegen die Verschuldungspolitiken als Kontrollmechanismus für die einzelnen Länder. Sie widerstehen gegen Strukturanpassungsprogramme und Militarisierung. Die Menschen widerstehen gegen die Akzeptierung von diesem neoliberalen Wirtschaftsmodell... Du kannst aber nicht nur im Widerstand verweilen. Man muss den Widerstand transzendieren. Und Alternativen aufzubauen, ist eine Logik des Widerstandes. Während du Alternativen erschaffst, hältst du trotzdem den Widerstand aufrecht. Aber darüber hinaus errichtest du ein neues Lebensmodell. Und ich glaube, hier verortet sich der Widerstand der Völker, nicht nur in Zentralamerika, nein, in Lateinamerika und der Welt« (Hidalgo 2006).*[1]

Im Brennpunkt lateinamerikanischer sozialer Prozesse stehen ökonomische, ökologische und kulturelle Verteilungskämpfe, die den Lebensunterhalt von Millionen Menschen gefährden. Durch die steigenden Anforderungen an Rohmaterial für die Produktion von Konsumgütern in einem wachsenden globalen Markt, verlagern sich die Grenzen der Ressourcenausbeutung zunehmend in neue Territorien, die bislang vom kapitalistischen Verwertungszwang verschont geblieben sind (ÖSFK 2006). Die Auswirkungen dieser Ressourcenausbeutung gehen zu Lasten der lokalen Bevölkerung, die zunehmend Widerstand gegen Vertreibung und Enteignung leistet. Gleichzeitig stehen diese lokalen Widerstände in translokaler Kommunikation miteinander. Die weltweite Vernetzung verbindet lokale ökologische Verteilungskämpfe mit globalen Protestkampagnen. Bewegungen haben, wie die Umweltzerstörung selbst, lokale Manifestationen, globale Triebkräfte und grenzüberschreitende Auswirkungen. NGOs fungieren dabei als Übersetzerinnen lokaler Redeweisen in globale umweltpolitische Diskurse, geben Kämpfen um materielle Existenz eine ökologische Bedeutung und koordinieren weitreichende internationale Netzwerke (Martinez-Alier 2002). Die lokalen AkteurInnen nehmen

---

[1] Interview mit Onesimo Hidalgo Dominguez, ehemaliger Mitarbeiter von CIEPAC, am 03.05.2006 in San Christóbal de las Casas, Chiapas, Mexiko (freie Übersetzung des Autors).

wiederum selbst zentrale Idiome und aktuelle Schlüsselbegriffe in ihren Sprachgebrauch auf und stärken die globalen Kampagnen durch die lokale Legitimität und Authentizität ihrer Widerstände. Betroffene Communities antworten auf den Prozess der Deterritorialisierung mit einer »politics of place« (Nash 2005a: 17). Darin formuliert sich der ortsbezogene Kampf um die eigene, zum Leben notwendige Umwelt und gegen den Trend der Privatisierung von natürlichen Ressourcen. Sinclair charakterisiert diese Form des überlebensnotwendigen Widerstandes als »the new politics of survival«. »People will continue to resist in an organized way because they have little other choice but to resist if they are to survive« (Sinclair 1995: 15). Der Widerstand gegen die Deterritorialisierungsversuche von Regierungsstellen ist auch damit zu erklären, dass es an Entschädigungs- und Kompensationsmodalitäten wie Zukunftsperspektiven für die Betroffenen mangelt. Oftmals wird unberücksichtigt gelassen, was mit den Betroffenen nach dem Verkauf ihres Landes, Enteignungen und Zwangsumsiedelungen geschehen und wie sie für die entstandenen Verluste entschädigt werden sollen. Die vielfachen und zunehmend vernetzten, negativen Erfahrungen von Betroffenen in ganz Lateinamerika sind mittlerweile zum Referenzrahmen für individuelle und kollektive Entscheidungen geworden, gegen Mega- Infrastrukturprojekte zu protestieren. Daher liegt es nahe, den Versprechungen der Regierungen zu misstrauen und die negativen Erfahrungen von Betroffenen als Mobilisierungsressource für politischen Aktivismus heranzuziehen. Daraus entsteht eine »politics of place« in der Gestalt der erwähnten »politics of survival«, da die Zwangsumsiedelungen oft, wenn nicht in einen physischen, dann in einen kulturellen, sozialen und ökologischen Tod führen.

3.1. Kriminalisierung des Protests

Lateinamerika erlebt ein rasches Anwachsen wirtschaftlicher Operationen transnationaler Konzerne. Gestützt von Krediten internationaler Finanzinstitutionen, verwandeln sich ihre Investitionen in Mega-Projekte wie Staudämme, Zellulosefabriken, Bergbau oder Erdölförderung, und so zur Quelle von ökologischen Verteilungskämpfen und weitreichenden Umweltzerstörungen. Die von Enteignung und Vertreibung betroffenen Communities müssen sich nicht nur gegen multinationale Konzerne zur Wehr setzen, sondern auch zunehmend gegen die eigene Regierung und die politischen Eliten im Land, die die Gewährung von Konzessionsverträgen erleichtern und weitreichende Umweltzerstörungen verheimlichen (vgl. Villaroel 2006: 36). Soziale Bewegungen geraten in vielschichtige Auseinandersetzungen mit Organen und Institutionen der Staatsgewalt. Programme und Institutionen des öffentlichen Dienstes strukturieren Modernisierungs- und Integrationsprojekte und geben die Spielregeln für Entwicklungszusammenarbeit vor. Staatsnahe Medienmonopole manipulieren die Öffentlichkeit durch verfälschte und selektierte Informationen. Die Kriminalisierung des Protests mündet in offene Konflikte mit der Exekutive (Hidalgo Domínguez 2006).

> *»Der Widerstandskampf ist sehr wichtig, genauso die Mobilisierungen und Straßensperren. Es ist wichtig, dass niemand an die Gesetze glaubt... Wir glauben heute nicht mehr an die politischen Parteien. Alle, die um die Präsidentschaft kämpfen, wollen das gleiche: den Verkauf unserer natürlichen Ressourcen« (Suástegiu 2006).*[2]

Schwache umweltpolitische Regulierungen, zuvorkommende Steuersysteme, günstige Lohnkraft und rechtlich ungeschütze Arbeitsbedingungen schaffen für multinationale Konzerne und ihre Töchterfirmen die geeigneten Bedingungen zur Umsetzung dieser Mega-Projekte (Villarroel 2006). Darüber hinaus setzen Staaten und Konzerne zur Sicherung ihrer Interessen zunehmend auf private Sicherheitsdienste oder instrumentalisieren Teile der Bevölkerung für ihre Zwecke. Neben Spezialeinheiten von Militär und Polizei kommt es zum Auftreten privater Militärunternehmen, Paramilitärs, Warlords, Privatarmeen und Söldnern in den Konfliktzonen (Azzelini/Kanzleiter 2003; Azzelini 2003a; Münkler 2004). Der Protest sozialer Bewegungen richtet sich folglich gegen die von Weltbank, Internationalem Währungsfonds und Welthandelsorganisation diktierten öffentlichen Politiken, die weitreichende wirtschaftspolitische Deregulierungen ermöglichen. Transnationale Protestnetzwerke formieren sich in Opposition zu bi- und multilateralen Freihandelsverträgen, regionalen Entwicklungsplänen und der Kriminalisierung des sozialen Protests. Dies eröffnet im selben Atemzug den Raum zur Vernetzung mit globalen Kampagnen innerhalb *einer* globalisierungskritischen Bewegung (siehe Kapitel 4.).

3.2. Demokratisierung und cultural politics

Die *cultural politics* von neuen sozialen Bewegungen in Lateinamerika offenbaren die Zurückweisung der dominanten politischen Kultur. Damit gesellen sich zu ökonomischen und ökologischen auch kulturelle Verteilungskämpfe. In diesen Konflikten äußern sich das Aufeinanderprallen von unterschiedlichen Weltanschauungen, die Negation kultureller Verschiedenheit sowie soziale Kämpfe um die Definitionsmacht von Bedeutungen. *Cultural politics* betonen, dass Kämpfe sozialer Bewegungen um Bedürfnisse und Ressourcen zumeist mit alternativen kulturellen Projekten einher-, oft über ökonomische und institutionelle Zugewinne hinausgehen und an den Grundmauern des dominanten Gesellschaftsgefüges

---

[2] Ausschnitt aus der Rede von Marco Antonio Suástegiu, Sprecher der Anti-Staudammbewegung CECOP, am Treffen von MAPDER während des Alternativen Weltwasserforum, 18.03.2006, Mexiko Stadt (freie Übersetzung des Autors).

rütteln. Für eine nachhaltige Konfliktlösung steht daher die Veränderung der dominanten politischen Kultur auf dem Spiel. Dementsprechend entzündet sich ein Großteil des politischen Kampfes, der heute in Lateinamerika gefochten wird, an möglichen alternativen Entwürfen für Demokratie (Alvarez/Dagnino/Escobar 2004: 31). Es geht um die Re-Definition der Inhalte von *citizenship*, also die Re-Formulierung der Bedingungen von Demokratie. In den 1980er und 1990er kam es in Lateinamerika zu einem Wechsel von korporatistischen *citizenship regimes* zu neoliberalen *citizenship regimes*. *Citizenship regimes* legen fest, wer Zugang zu BürgerInnenrechten hat, wie die Interessensartikulation zwischen Staat und BürgerIn strukturiert wird und was der Inhalt der staatsbürgerlichen Rechte ist (siehe Yashar 2005). Korporatistische *citizenship regimes* haben zivile und soziale Rechte entlang klassenbasierter Formen der Interessensvermittlung dynamisiert. Bauern- und Arbeitervereinigungen wurden vom Staat gefördert und durch klientelistische Formen der politischen Integration und Steuerung kontrolliert. Institutionalisierte Formen der Interessensmediation garantierten gleichzeitig die Ausweitung von Sozialpolitiken und ein Minimum an Wohlstand. Die Machtzunahme von Bauernorganisationen, die ökonomischen Krisen und die Erschließung des nationalen Territoriums begünstigten den Aufwind von neoliberalen Ideen, die Förderung des freien Marktes und die Entmachtung korporatistischer Organisationen. Seit der dritten Demokratisierungswelle in Lateinamerika setzen Eliten neoliberale *citizenship regimes* durch, die bürgerliche und politische Rechte hoch halten, aber Limitierungen von sozialen Rechten einfordern. Während der Liberalismus vorgeblich danach trachtet, Gleichheit zu schaffen, verschleiert er die sozialen Unterschiede, die durch den Kapitalismus verschärft werden. Diesen Konfliktherd bezeichnet Yashar als die postliberale Herausforderung für Lateinamerika, in der die neuen sozialen und vor allem indigenen Bewegungen eine wichtige Rolle spielen, da sie die zeitgenössischen politischen Debatten über die Zukunft und die Qualität der Demokratien in Lateinamerika entscheidend prägen. Sie decken die Limitierungen der veränderten Beziehung von Staat und Gesellschaft auf, also die Schwachstellen der neuen Runde von *citizenship regimes*, offenbaren die Unzulänglichkeiten der gegenwärtigen demokratischen Institutionenbildung, verweisen auf die notwendige Inkorporation von pluralen Identitäten in den politischen Mainstream und die Etablierung eines rechtlichen Pluralismus (vgl. Yashar 2005: 3-71; siehe Kapitel 5.).

3.3. Lokale Verwurzelung und transnationale Vernetzung

Die neuen sozialen Bewegungen operieren je nach politischen Möglichkeitsstrukturen auf verschiedenen Ebenen. Hervorzuheben ist dabei, dass sich zwischen Protest und institutioneller Politik »ein neues Feld selbstbestimmter gesellschaftlicher Aktivitäten« eröffnet (Roth/Rucht 1991: 26). Die »institutionelle Perspektive«, wonach soziale Bewegungen als Mütter zukünftiger Institutionalisierungen geboren werden, muss daher kritisch überdacht werden. Das Bedürfnis nach Autonomie lässt sich als zentrales Bindeglied zwischen den neuen sozialen Bewegungen in Lateinamerika erkennen. Ihre Form unterliegt diversen Interpretationen, und ihre Umsetzung wird in vielfältiger Weise ausgelebt. Autonomieforderungen beziehen sich einerseits auf die subjektive autonome Identität als *right to be yourself* und andererseits auf die Kollektividentität, die ethnische Identität als politisches Projekt und Strategie zur Stärkung der lokalen Eigenständigkeiten (Gerber 2003). Autonomie bezeichnet häufig die Unabhängigkeit neuer sozialer Bewegungen von staatlichen Institutionen und traditionellen politischen AkteurInnen (Blank 2004: 187). Ausdruck und Experimentierfeld findet sie in der Zivilgesellschaft, ebenfalls ein Begriff, der seit den späten 1980er Jahren wieder in Mode gekommen ist. Der Überlebenskampf an konkreten Orten entwickelt sich zu einer »neuen Territorialität« sozialer Bewegungen (Zibechi 2004: 2005). Diese Territorialität findet den »physischen Ort der neuen kollektiven Handlungsformen« in indigenen Communities, urbanen Stadtvierteln, Kulturzentren und besetzten Häusern mit mannigfaltiger Funktionalisierung (Blank 2004: 184). Dies ermöglicht den AkteurInnen von machtlosen BittstellerInnen zu eigenständigen ProduzentInnen sozialer, kultureller, politischer und wirtschaftlicher Realitäten zu werden und sich mit anderen politischen Räumen, wie dem Staat, in Beziehung zu setzen. Es geht hier um »[...] die Herausbildung neuer Handlungsräume jenseits der Dichotomie von Staat und Gesellschaft oder Staat und Zivilgesellschaft, d.h. um die Vervielfältigung politischer und sozialer Räumlichkeiten und die damit einhergehende Entfaltung neuer Logiken der Artikulation zwischen diesen« (Blank 2004: 190). Lokale Verwurzelung und translokale wie transnationale Vernetzungsprozesse sind Charakteristika der neuen sozialen Bewegungen in Lateinamerika, wobei neue Informations- und Kommunikationstechnologien die Kommunikations- und Artikulationsprozesse sozialer AkteurInnen revolutionieren (siehe Kapitel 7.).

3.4. Widerstand, Partizipation und Alternativprojekt

Die Bereitschaft zur Öffnung politischer Räume ist Voraussetzung für die Gestaltung politischer Projekte, die es erlauben sollen, die Parameter der Demokratie in Kooperation mit staatlichen Institutionen neu zu definieren. Möglichkeitsstrukturen beeinflussen die Handlungssituation von AkteurInnen und determinieren den Handlungshorizont sozialer Bewegungen (vgl. Kitschelt 1999: 148). Soziale Bewegungen agieren innerhalb eines Bezugsrahmens (siehe Kapitel 2.5.2.). Kontrollagenturen sind ein wesentlicher Bestandteil des Bezugsrahmens sozialer Bewegungen. Defizite im Rechtssystem haben Auswirkungen auf die Erfolgschancen und Strategieentwicklung kollektiver AkteurInnen. Die Unabhängigkeit der Gerichte ist eine wesentliche Voraussetzung, damit Gesetzesauslegungen auch zum Nachteil der politischen Instanzen ausfallen können (Rucht 1999). Dies ermöglicht kollektiven AkteurInnen, die durch Implementionen öffentlicher Politiken verursachten Verletzungen ihrer Ansprüche innerhalb des politischen Systems anzufechten. Oft sind diese »organisatorisch-administrative Verfahrensbedingungen« (Kitschelt 1999: 147) aber nicht gegeben. Deswegen häufen sich Rechtssprechungen gegen die Interessen der Bevölkerung und die Anliegen kollektiver AkteurInnen prallen an den institutionellen Rahmenbedingungen des herrschenden politischen Systems ab. Zudem wird das staatliche Justizwesen nicht selten selber zum Mittäter von Menschenrechtsverletzungen und trägt Mitschuld an den negativen Auswirkungen von Mega-Projekten. »The activities of resistance and survival they then turn to be defined as illegal, as banditry or anti state, even terrorist, action« (Harcourt 2006: 3). Die Kriminalisierung des sozialen Protests in Lateinamerika ist eine Folge der Aushöhlung des Rechtsstaates und verweist auf die »barbarisierte Rückseite« des globalen Kapitalismus (Seibert 2003: 13). Wie bereits erwähnt, sind freiwillige Gebietsabtretungen an die Protagonisten der Zivilgesellschaft nur selten zu erwarten (vgl. Roth/Ruch 1991: 26). Dementsprechend rückt auch die demokratische Frage als Verbindungslinie zwischen Kriminalisierung und Staatlichkeit in analytische Betrachtungswelten. Voraussetzung für die Öffnung politischer Räume und die Belebung der Zivilgesellschaft ist ein konstruktiver und nicht repressiver Umgang mit sozialen Protestbewegungen und deren kollektiven Aktionsformen. An dem Grad der Kriminalisierung des sozialen Protests und dem Grad der ausgeübten Staatsgewalt lässt sich somit die Fragilität und Geschlossenheit der politischen Systeme erkennen, was wiederum direkte Relevanz für die politischen Möglichkeitsstrukturen, den kollektiven Identitätsbildungs- und Framingprozess der neuen sozialen Bewegungen hat. »Violence is formative; it shapes people's perceptions of who they are and what they are fighting for across space and time – a continual dynamic that forges as well as affects identities (Feldman 1991)« (Robben/Nordstrom 1995: 5).

> *»Wie wir die letzten Monate gesehen haben, hat die Regierung von Fox [Anm. Präsident von Mexiko von 2000-2006] die Repression verschiedener unabhängiger Organisationen forciert. Es handelt sich um Organisationen, die nicht mit einer der mächtigen Parteien verbandelt sind. Heute praktiziert man eine repressive Politik. Diese Politik ist aber schon immer gegen uns eingesetzt worden. Sie zielt darauf ab, uns zu eliminieren, die wir verschieden sind und nicht diese Weltsicht teilen. Der Staat hat gemerkt, dass es unabhängige Organisationen gibt, und sich entschlossen, sie zu unterdrücken, einzusperren und damit den eigenen Rechtsstaat zu schänden. Denn, wer hier die Gesetze und die Verfassung verletzt, ist der mexikanische Staat. Wir halten uns nur an das Recht der Selbstverteidigung. Wir*

halten uns an das Recht, gegen einen Staat zu rebellieren, der seine Aufgaben für die mexikanische Gesellschaft nicht erfüllt« (Chávez 2006).[3]

Dass daraus ein Vertrauensverlust in die politische Parteienlandschaft und die staatlichen Institutionen resultiert, liegt auf der Hand. Deswegen ist in der lateinamerikanischen Bewegungslandschaft ein deutlicher Trend zur Ablehnung von institutionalisierten Instanzen mit Repräsentationsanspruch festzustellen (vgl. Kaltmeier/Kastner/Tuider 2004: 22). Während in Bolivien durch den Amtsantritt von Evo Morales das Modell der »Bewegung an der Macht« wieder neuen Wind bekommt, scheinen gerade Parteien in etwas älteren Linksregierungen Legitimationsprobleme zu bekommen und Repräsentationsansprüche zu verlieren. Trotzdem hat der Linksruck in Lateinamerika zur Öffnung politischer Räume beigetragen und sozialen Bewegungen in Lateinamerika neue strategische Perspektiven und Handlungsspielräume ermöglicht (wie in Venezuela, Brasilien, Uruguay, Argentinien, Ekuador oder jüngst Paraguay). *Responsiveness*, *Responsibility* und *Representativeness* sind Schlagwörter der Re-Definition der Beziehung zwischen Staat und Zivilgesellschaft, deren Herzstück die Institutionalisierung von neuen Formen der direkten politischen BürgerInnenbeteiligung ist. Carlos Soza, Generalsekretär des staatlichen Wasser- und Kanalisationsunternehmen OSE und Mitglied der Nationalen Kommission zur Verteidigung des Wassers und des Lebens in Uruguay, bringt seine Vorsicht gegenüber der Regierung von Tabaré Vázquez in einem Interview auf dem Internationalen Forum zur Verteidigung des Wassers (FIDA) in Mexiko Stadt zum Ausdruck und erläutert die Eckpfeiler für einen nachhaltigen Demokratisierungsprozess (siehe Kapitel 4.8.2.):

»Heute, im Jahr 2006, befinden wir uns in einer komplett neuen Phase. Es gibt eine neue Regierung in unserem Land, eine Linksregierung. Wir müssen definitiv anerkennen, dass dies keine Garantie für einen politischen Prozess mit popularem Charakter ist... Wir sagen: Ohne eine aktive Partizipation der sozialen und popularen Organisationen... wird man nicht das Modell in unserem Land umsetzen, das wir wollen. Deswegen führen wir in dieser Phase in erster Linie die Debatte und Diskussion, wie wir auf Regierungsebene partizipieren können... Wir sagen, dass man eine Machtalternative erzeugen muss. Wir wissen ganz genau, dass die Regierungen oftmals nicht die Interessen der Menschen repräsentieren und vor allem nicht von den Sektoren, die durch die erzwungenen Politiken von Weltbank und Regierungen marginalisiert wurden... Wir glauben, dass heute der Problemlösungsweg für die Völker ohne jeden Zweifel über die populare Partizipation verläuft« (Soza 2006).[4]

---

[3] Interview mit Ulises Chávez, Anhänger der mexikanischen Allianz gegen den Puebla-Panama-Plan (AMAP), am 20.05.2006 in Mexiko Stadt (freie Übersetzung des Autors).

[4] Interview mit Carlos Soza, Generalsekretär des staatlichen Wasser- und Kanalisationsunternehmen OSE und Mitglied der Nationalen Kommission zur Verteidigung des Wassers und des Lebens in Uruguay, am 14.03.2006 während des Internationalen Forums zur Verteidigung des Wassers (FIDA) in Mexiko Stadt (freie Übersetzung des Autors).

Geschlossene politische Räume führen stattdessen zur politischen Marginalisierung und sozialen Exklusion der BewegungsteilnehmerInnen, Kriminalisierung des sozialen Protests, radikalen Opposition gegen institutionelle Politikarenen und zum Aufbau von gesellschaftlichen Parallelsystemen. Diese Prozesse werden in diesem Buch anhand des zivilen Zapatismus in Mexiko analysiert (siehe Kapitel 6.). Im Fall der Anderen Kampagne ist es ihre außerparlamentarische linke und antikapitalistische Perspektive, die eine Abkehr von der dominanten politischen Kultur beinhaltet und für den Aufbau von gesellschaftspolitischen Alternativen einsteht. Der staatlichen Macht soll nicht nur eine Art Gegenmacht präsentiert werden, sondern etwas Neues soll entstehen: gesellschaftspolitische Alternativen mit der Fähigkeit und Potenz, das offizielle System langfristig zu substituieren. Der Zweck der Anderen Kampagne ist die Bildung eines kollektiven Akteurs, eines die Individuen einbindenden kollektiven Handlungszusammenhanges, der genug Macht und Stärke besitzt, um direkt sozialen Wandel herbeizuführen (vgl. Raschke 1991: 33).

> *»Das neoliberale Modell verstehen wir von hier aus als ein Modell des Todes. Ein Modell des Todes kannst du aber nicht mit einem weiteren Tod ausspielen. Einem Modell des Todes musst du ein Modell des Lebens entgegenstellen. Und das, was die Völker jetzt aufbauen, ist ein Modell des Lebens. Das was die EZLN hier erschafft, ist ein Modell des Lebens« (Hidalgo 2006).*[5]

Zusammenfassend können wir festhalten, dass im Zentrum ökonomischer, ökologischer und kultureller Verteilungskonflikte in Lateinamerika der Widerstand gegen konkrete Bedrohungsszenarien und die Verteidigung des eigenen Lebensraumes steht. Gleichzeitig kommt es zum Aufbau von gesellschaftspolitischen Alternativprojekten, die lokal verwurzelt und transnational vernetzt sind. Darüber hinaus wird je nach politischen Möglichkeitsstrukturen durch bewaffnete Aufstände, friedliche Blockaden und Demonstrationszüge, Verhandlungen und Dialog mit staatlichen Autoritäten oder direkten Formen der BürgerInnenbeteiligung versucht, politische Räume zu erkämpfen und an einem »demokratischen Nationalprojekt« mitzuarbeiten (López y Rivas 2004a: 72). Die neuen sozialen Bewegungen verlassen die reine Logik des Widerstandes, indem sie alternative politische und soziale Projekte außerhalb und innerhalb der *political culture* des jeweiligen Landes gestalten.

3.5. Neoliberale Integration und soziale Prozesse

Widerstand, Partizipation und Alternativprojekte können ohne die staatliche Eingebundenheit in ein kapitalistisches Bezugssystem nur unzureichend analy-

---

5 Interview mit Onesimo Hidalgo Dominguez, ehemaliger Mitarbeiter von CIEPAC, am 03.05.2006 in San Christóbal de las Casas, Chiapas, Mexiko (freie Übersetzung des Autors).

siert werden. »Globalisierung«, »Neoliberalismus« und »Entwicklung« sind Mobilisierungsframes und verbindender Deckmantel für den Zusammenhalt einer heterogen zusammengesetzten, zersprengt dezentralen Bewegung, unter die sich AkteurInnen mit verschiedensten thematischen Ausrichtungen subsumieren lassen. Politische Möglichkeitsstrukturen werden interpretiert, und Erfahrungshorizonte wie Sinnkonstruktionen der AkteurInnen strukturieren Gründe, Strategien und Zielsetzungen für kollektives Handelns (vgl. Rucht/Neidhardt 2001: 551). Kollektiven Aktionen gehen kollektive Definitionsprozesse voraus, die in Bewegungsmilieus, auf Netzwerktreffen und Sozialforen konstruiert und herausgefordert werden. Erst ein gemeinsames Bewusstsein ermöglicht die Entwicklung einer gemeinsamen Definition der Situation, was wiederum die Voraussetzung für die Organisation gemeinsamen Handelns ist. Ohne die vielfältigen Schnittstellen von Netzwerken kann es zu keinem kollektiven Identifikationsprozess und keinem Erfahrungsaustausch über die strukturellen Gründe für Deprivationen kommen (Rucht/Neidhardt 2001). Ein Blick auf neoliberale Integrationsprozesse und transnationale Artikulationsprozesse sozialer Bewegungen in Lateinamerika veranschaulicht die Eingebundenheit der Bewegungslandschaften in ein kapitalistisches Bezugssystem und die Identifikations- wie Framingprozesse der AkteurInnen. Das neoliberale Projekt spitzt sich in den 1990er Jahren zu. Während die Welt die Geburt der Welthandelsorganisation (WHO) miterlebt, entstehen der MERCOSUR (Mercado Común del Sur, zu dt. Gemeinsamer Markt des Südens)[6], und das NAFTA-Abkommen tritt in Kraft (Nord American Free Trade Agreement). Diese Phase gipfelt in dem US-amerikanischen Ziel, eine panamerikanische Freihandelszone zu errichten, den ALCA (Area de Libre Comercio de las Americas, zu dt. Freihandelszone der Amerikas). Der größte Freihandelsblock der Welt von Kanada bis Patagonien soll entstehen. Dafür wird 1996 zum 1.Gipfel der Amerikas in Miami geladen, an dem alle amerikanischen Staatschefs mit Ausnahme von Fidel Castro, der durch das Veto der USA gehindert wird, teilnehmen. Gleich zu Beginn des neuen Jahrtausends werden 2001 der Puebla-Panama-Plan (PPP) für Zentralamerika und der IIRSA initiiert (Iniciativa de Integracion de la Infrastructura Regional de Sudamérica, zu dt. Initiative zur Integration der regionalen Infrastruktur von Südamerika), der südamerikanischen Variante des Puebla-Panama-Plans. Neben der Liberalisierung der Märkte sollen die Verkehrs- und Kommunikationsinfrastruktur sowie die Energieversorgung der Regionen modernisiert werden. Das neoliberale Programm wird zudem durch subregionale

---

6 Der MERCOSUR ist ein Integrationsprojekt von Brasilien, Argentinien, Uruguay und Paraguay zur Schaffung eines gemeinsamen Wirtschaftsraumes. Seit 2. Dezember 2005 ist auch Venezuela Teil des MERCOSUR. Ursprünglich neoliberaler Prägung, veränderte das Projekt in jüngster Zeit aufgrund der neuen linken Regierungen dieser Länder seine wirtschaftspolitische Ausrichtung.

und bilaterale Freihandelsverträge ergänzt (u.a. CAFTA, Dominican Republic-Central America Free Trade Agreement; ASPAN).[7]

Der historische Wechsel von korporatistischen zu neoliberalen *citizenship regimes* sowie die neoliberalen Entwicklungs- und Integrationsprojekte verschärfen die sozialen Spannungen in Lateinamerika (Yashar 2005). Deregulierungen der Märkte fördern die Entstehung von Maquiladora-Industrien und die Auflösung der Arbeitsrechte. Privatisierungen von Staatsbetrieben und öffentlichen Dienstleistungen gefährden soziale Sicherheit und rationalisieren Arbeitsplätze. Landflucht, Schattenwirtschaft und die Verarmung breiter Bevölkerungsschichten sind die Folge, während die Einkommensschere größer wird. Massenmigration in die USA ist die zentrale Konsequenz dieser Dynamiken.[8] Das Inkrafttreten des NAFTA wird von der zapatistischen Rebellion im Südosten Mexikos begleitet. Mit ihren Aktionen und Kampagnen zeigen sie der Welt, dass eine »utopic recovery« möglich ist (Albro 2005: 264). Sie erringen moralische Hegemonie und inspirieren seither soziale Prozesse weltweit durch ihren Widerstand und ihre Kreativität im Aufbau von gesellschaftspolitischen Alternativen. Damit feiert nach Wallerstein nicht nur Lateinamerika die »Wiedergeburt der sozialen Bewegungen« (Wallerstein 2005).[9] Bereits 1998 wird der 2. Gipfel der Amerikas in

---

[7] ASPAN: Alianza para la Seguridad y Prosperiedad para America del Norte, zu dt. Allianz für Sicherheit und Prosperität für Nordamerika. Das Ziel dieses Abkommens ist die Harmonisierung der Wirtschafts-, Sicherheits-, und Sozialpolitiken von Kanada und Mexiko nach US amerikanischem Vorbild (Pickard 2005b).

[8] Zwischen 2002 und 2006 starben etwa 2000 Menschen bei dem Versuch, die US-amerikanische Grenze zu überqueren. Gesetzesverschärfungen verschlechtern die Lage der illegalen Einwanderer in den USA. Darüber hinaus soll eine Mauer entlang der Grenze entstehen, um den Flüchtlingsstrom in den Griff zu bekommen. Diese Initiative stößt auf tiefe Empörung in ganz Mittelamerika. Durchschnittlich wandern jedes Jahr 400.000 bis 600.000 Mexikaner in die USA ein. Dabei leben bereits 23 Millionen Menschen mit mexikanischer Herkunft in den USA. Die US Regierung schätzt, dass sich 10 Millionen illegale Einwanderer im Land aufhalten. 3,5 bis 4 Millionen sind Mexikaner. 1.660 Millionen Dollar schickten Mexikaner 2004 aus den USA nach Mexiko. Das entspricht 45,5 Millionen Dollar täglich. Die Summe der sogenannten *remesas* übersteigt die Einnahmen aus ausländischen Direktinvestitionen, aus dem Tourismus und sogar die Nettoeinnahmen aus dem Erdölverkauf (Pickard 2005a).

[9] Wallerstein bezeichnet mit der Wiedergeburt der sozialen Bewegungen die Überbrückung eines orientierungslosen Jahrzehnts in der Bewegungsgeschichte, das erst durch die zapatistische Rebellion neue Dynamiken entfalten konnte. Die weltweiten Revolutionen von 1968 waren Zeichen der Zurückweisung der alten Linken. Die daraus entstandenen neuen sozialen Bewegungen scheiterten aber daran, politische Alternativen gesellschaftsfähig zu machen. Dazu kam die Weltwirtschaftskrise, das Erstärken rechtskonservativer Parteien, die Durchsetzung neoliberaler Wirtschaftspolitiken, der Zusammenbruch des Sowjetregimes und die Aufgabe des importsubstituierenden Entwicklungsmodells. Doch genau in der Blütezeit des Neoliberalismus begann mit der Rebellion der EZLN eine neue Phase des politischen Widerstandes (Wallerstein 2005).

Santiago de Chile vom *1. Gipfel der Völker* begleitet. Es ist ein Gegentreffen der sich kontinental formierenden, transnational ausgerichteten sozialen Bewegungen. Die *Alianza Social Continental* wird konstituiert, die kontinentale soziale Allianz der Bewegungen und Initiativen gegen den ALCA. Kampagnen gegen die WHO und internationale Finanzinstitutionen entstehen, und die globalisierungskritische Bewegung feiert 1999 während des 3. Gipfels der WHO in Seattle ihre mediale Geburtsstunde. Die sozialen Mobilisierungen und Netzwerkprozesse gehen auch im neuen Jahrtausend weiter. Auf globaler Ebene kommt es 2001 zum ersten Weltsozialforum in Puerto Alegre, Brasilien. In Zentralamerika beginnt 2001 der Sozialforenprozess in Tapachula, Mexiko, und das *1. Amerikanische Sozialforum* wird 2004 in Quito, Ekuador, eingeweiht. Weitere Foren und Netzwerke zu Biopiraterie, Privatisierungen, Auslandsschuld, Megainfrastrukturprojekten, transnationalen Konzernen, internationalen Finanzinstitutionen und Militarisierung werden ins Leben gerufen und breite Basisbewegungen blühen auf, wie die *Movimento Sem Terra* in Brasilien, die *Piquetero*-Bewegung in Argentinien und indigene Bewegungen in Ekuador oder Bolivien.

3.6. Ökologische Verteilungskonflikte

> *Es keimt ein Prozess in ganz Lateinamerika, der in Patagonien beginnt und im Norden Kanadas aufhört. Es handelt sich um einen Kampf, dessen Fundament das Allgemeingut dieser Völker ist: das Wasser, das Gas, das Erdöl, die Wälder und Mineralien. Er wird auf den Ländern dieser Völker, auf den Territorien, wie die Bauern und Indígenas sagen, ausgetragen. Ich glaube, dass im alltäglichen Leben rund um dieses Allgemeingut, das uns vereint, Prozesse von Aufstand, Rebellion und Widerstand stattgefunden haben. Und wir haben es geschafft, eine große Kapazität von Veto und Widerstand gegen die Machenschaffen von transnationalen Konzernen zu etablieren, gegen die Plünderung unserer Gemeingüter« (Oscar Olivera 2006).*[10]

Vernetzungsprozesse von sozialen Bewegungen, zivilgesellschaftlichen Initiativen und NGOs orientieren sich in Lateinamerika verstärkt an umweltpolitischen Themen. Okzidentale Entwicklungsprojekte mit regionalem Charakter und bilaterale wie

[10] Ausschnitt aus der Aufzeichnung des Eröffnungsvortrags von Oscar Olivera, internationaler Wasseraktivist und Sprachrohr der *Coordinadora*, Bolivien, am 17.03.2006 während des Internationalen Forums zur Verteidigung des Wassers (FIDA) in Mexiko Stadt (freie Übersetzung des Autors).

multilaterale Freihandelsabkommen mit ihren ermöglichenden AkteurInnen erlauben einen übergeordneten Identifikations- und Mobilisierungsprozess. Neoliberale Integrationsprozesse bilden den Masterframe, der eine Vielzahl von themenspezifischen und sektoralen Protestnetzwerken auf ein größeres Ganzes fokussiert und eine gemeinsame kollektive Identität entstehen lässt. Es sind soziale Kämpfe gegen Minenbau, Biopiraterie, Wasserprivatisierung, Staudämme und Militarisierung, die translokale und transnationale Netzwerke knüpfen. Sie alle besitzen einen ökologischen Inhalt, eine umweltpolitische Komponente, und treffen sich in übergeordneten Protestplattformen gegen die tiefer liegenden Ursachen ihres Widerstandes (siehe Kapitel 4.). Der Aufruf von sozialen AkteurInnen zur lokalen Verteidigung der natürlichen Ressourcen eröffnet die Perspektive auf den »Environmentalism of the Poor« (Guha/Martinez-Alier 2000). Darunter verstehen Guha/Martinez-Alier den Aktivismus von armen und marginalisierten Menschen gegen die Bedrohung ihres Lebensunterhaltes und ihrer Existenz, die von den natürlichen Ressourcen der Umwelt abhängig sind. Ökologische Verteilungskämpfe werden nach Guha/Martinez-Alier als soziale Konflikte um den Zugang zu und die Zerstörung von ökologischen Ressourcen definiert (vgl. Guha/Martinez-Alier 2000: 108). Darunter fallen Themen wie Konflikte um Biopiraterie, Entwaldung und Plantatenwirtschaft (zur u.a. Produktion von Zellstoff für die Papierindustrie), Landdegradation, Wassernutzung, industrielle Umweltverschmutzung, Verteidigung der Flüsse, Minenbau, ausufernde Urbanisierung oder Abholzung von Mangrovenwäldern für Shrimpsfarmen. Kommerzieller Fischfang, Erdölförderung und Staudämme verletzen nicht nur die Umwelt, sondern sind auch eine Bedrohung für den Lebensunterhalt und die Existenz der Landbevölkerung, die auf Nutzung ihrer ökologischen Umwelt angewiesen ist. Die Opposition gegen diese von außen kommenden Interventionen kann man als Verteidigung des eigenen Lebensunterhaltes verstehen. Der Motor dieser Bewegung ist dementsprechend ein materielles Interesse an der Umwelt als Quelle für den eigenen Lebensunterhalt (Martinez-Alier 2002: 11). Diese Form von Umweltschutz als Verteidigung der eigenen Existenz wurde erst spät als eine dritte Variante von Umweltschutzbewegungen charakterisiert.[11] Als

[11] Martinez-Alier (2002) unterscheidet drei verschiedene Umweltbewegungen, die sich als Reaktion auf die Doktrin des Wirtschaftswachstums historisch herausgebildet haben. Alle drei besitzen unterschiedliche Herangehensweisen und Methoden, aus denen sich verschiedene Formen des Aktivismus ableiten. *Enviromentalism of the Poor* muss im Licht dieser anderen etablierten Bewegungen betrachtet werden, damit die komplexen Kreuzungen von Elementen dieser drei Bewegungen in lokalen Konflikten umfassend verstanden werden können. Daher ist es sinnvoll, sich alle drei Konzepte vor Augen zu halten, um die unterschiedlichen Akzentuierungen in der widerständischen Rhetorik sozialer AkteurInnen in Lateinamerika als auch Argumentationslinien staatlicher und korporativer AkteurInnen einschätzbar zu machen. So widmet sich die älteste der drei Bewegungen, der *cult of wilderness*,

Grund für die späte Identifizierung wird der Umstand gesehen, dass die AkteurInnen dieser Konflikte oft keine spezifisch umweltbezogene Ausdrucksweise verwendet haben. Mittlerweile verschmelzen die Sprachen von Bewegungen lokaler ökologischer Konflikte mit globalen Diskursen breiter Umweltschutznetzwerke und Normen internationaler Deklarationen. Stile und Inhalte werden von der einen oder anderen Seite übernommen (lokal/popular & global/kosmopolitisch)[12] und in den Diskurs miteinbezogen. Umweltpolitische Trends werden als Legitimationsressource für die eigenen Interessen in die Rhetorik integriert. »Local resistance movements

---

dem Schutz und der Verteidigung von unbefleckter, wilder Natur (wobei die Vorstellung von »Wildheit« selbst ein Produkt der industriellen Zivilisation und Zerstörung ist) (Guha/ Martinez-Alier 2000: 107). Sie setzt sich weniger mit den Ursachen von Umweltzerstörung (Wirtschaftsmodelle, Industrie, Urbanisierung, Technologie) auseinander, sondern in ihrem Fokus steht vielmehr der Schutz von einzigartigen Naturlandschaften, die durch die Ausdehnung der Zivilisation vom Aussterben bedroht sind. Das Engagement wird außerhalb des marktwirtschaftlichen Treibens reflektiert. Ihre Besorgnis gilt dem Bevölkerungswachstum und weniger marktwirtschaftlichen Sachzwängen. Wissenschaftliche Unterstützung erhält diese Bewegung durch die seit den 1960er Jahren in den USA entwickelte Naturschutzbiologie. Politische Vorschläge konzentrieren sich auf die Erschaffung von Naturreservaten, sogenannten Nationalparks, die frei von menschlichen Eingriffen und Störungen gedeihen sollen. Die Bewegung ist im Norden entstanden und international vorbildlich organisiert (Worldwide Fund for Nature (WWF) und Union for the Conservation of Nature (IUCN)). Sie unterliegt dem eurozentrischen Glauben eines postmaterialistischen Engagements für Umweltschutz (siehe Inglehart 1977). »Against Inglehart, I argue that western environmentalism grew in the 1970s not because the western economies hat reached a ›post-material‹ stage but, precisely the contrary, because of material concerns about increasing chemical pollution and nuclear risks« (Martinez-Alier 2002: 4). Der *gospel of eco-efficiency* analysiert die Effekte von Wirtschaftswachstum aus einer technologisch-betriebswirtschaftliche Perspektive, ohne dabei die Doktrin des Wirtschaftswachstums selbst in Frage zu stellen. Auswirkungen auf die Umwelt und Gesundheit durch Industrie, moderne Land- und Wasserwirtschaft und Urbanisierung stehen im Mittelpunkt der Auseinandersetzungen. Er glaubt an »sustainable development« (verstanden als nachhaltiges Wirtschaftswachstum), »ecological modernization« (ökologische Modernisierung) und die intelligente wie effiziente Nutzung, also »sustainable management«, von natürlichen Ressourcen. Als Instrumente zur Erreichung von Öko-Effizienz und einer ökologischen Modernisierung werden primär neue Technologien und die Internalisierung von externen Kosten gesehen. Wissenschaftliche Unterstützung erhält diese Bewegung von der Umweltökonomik und der industriellen Ökologie. Dabei geht es darum, industrielle Prozesse und Produkte möglichst umweltverträglich und nach dem Vorbild von natürlichen Kreisläufen zu gestalten (Scheer 2005). Neuerdings versuchen Biotechnologen mit den Vorzügen und Versprechungen von genmanipuliertem Saatgut auf diesen Zug aufzuspringen.

12 *Localism*: »[...] territorially anchored or ›bounded‹ cultures involving face-to-face relations among people who do not move around a great deal.« *Cosmopolitanism*: »[...] transnational cultural networks extended in space in which there is a good deal of overlapping and mingling which encourages an orientation to engage with the other« (Featherstone 1992: 9).

reinforce the global networks, and in turn they profit sometimes by adding the language and strength of global environmentalism to their own local idioms and forms of resistance« (Guha/Martinez-Alier 2000: 123). Schlagworte werden übernommen und Kommunikationskanäle mit Umweltschutzorganisationen aufgebaut. Die Mittelspersonen zwischen global vernetzten Umweltschutzbewegungen und lokalen Bewegungen sind regionale NGOs und zivilgesellschaftliche Allianzen, die wiederum in die globalisierungskritische Bewegung eingebunden sind. Sie dienen als ÜbersetzerInnen lokaler Redeweisen in globale ökologische Diskurse und erweitern das Protestrepertoire der Basisbewegungen, die oft nur mit Hilfe von internationalem Druck die lokalen und nationalen Hürden überwinden können. Im Mittelpunkt des *Environmentalism of the Poor* befinden sich also die »new politics of survival« (Sinclair 1995: 15) der von Vertreibung und Enteignung betroffenen Kollateralschäden der Moderne, »[…] those who occupy relatively little environmental space, who have managed sustainable agroforestal and agricultural systems, who make prudent use of carbon sinks and reservoirs, whose livelihoods are threatened by mines, oil wells, dams, deforestation and tree plantations to feed the increasing throughput of energy and materials of the economy within or outside their own countries« (Martinez-Alier 2002: 13). Guha/Martinez-Alier wenden sich gegen die post-materialistische Einschätzung, dass mit zunehmendem Wirtschaftswachstum ökologische Verteilungskämpfe verringert werden. Sie weisen die weit verbreitete eurozentrische Annahme zurück, dass Umweltschutz ein Produkt der Überflussgesellschaft ist und erst nach der Befriedigung aller materiellen Bedürfnisse zu Tage tritt. Da unter den gegenwärtigen Bedingungen nicht von einer Dematerialisierung der Wirtschaft ausgegangen werden kann, ist in naher Zukunft mit einer Zunahme von ökologischen Verteilungskonflikten zu rechnen (vgl. Guha/Martinez-Alier 2000: 131). Sie stehen dem optimistischen Glauben der Öko-Effizienz Bewegung kritisch gegenüber, da sie nicht die wahrnehmbaren Realitäten von gesteigerter Ressourcenausbeutung in ökologisch fragilen Territorien, die steigenden Handelsströme von Rohmaterial und Energie, den Raub von genetischen Ressourcen, das Verschwinden von traditioneller Landwirtschaft und Biodiversität und die Auswirkungen von neuen Technologien (Nuklearenergie oder Gentechnologie) problematisiert. Für Guha/Martinez-Alier (2000) sind die sozialen Bewegungen für Umweltgerechtigkeit die treibenden Kräfte der nächsten Jahrzehnte, um eine sozial und ökologisch nachhaltige Gesellschaft zu verwirklichen. Sie müssen der Dreh- und Angelpunkt der Nachhaltigkeitsanalyse sein, da im Zentrum von humanistischen Gesellschaftsmodellen die Bedürfnisse der marginalisiertesten BürgerInnen stehen müssen.

3.7. Kulturelle Verteilungskonflikte

> *»In unserer Welt herrscht das Wirtschaftliche, die Gewinne der großen transnationalen Korporationen, und das Ökologische und Soziale kommt danach. Die Regierungen sind in ihrer Mehrzahl Diener dieser großen Unternehmen. Man muss das ändern...Man muss das umdrehen...Wenn wir es schaffen, diesen Denkstil umzudrehen, diese Vision, dann können wir die Antworten finden« (Navarro 2006).*[13]

Verfolgt man soziale Kämpfe und Framingprozesse sozialer AkteurInnen in Lateinamerika tritt neben der wirtschaftlichen und ökologischen auch die kulturelle Dimension des Protests ans Tageslicht. Nach Escobar offenbaren soziale Konflikte um natürliche Ressourcen diese drei miteinander verwobenen Ebenen (Escobar 2006). Die Auswirkungen von Umweltzerstörung sind sozusagen dreidimensional fassbar. Sie transformieren lokale in monetarisierte und marktgesteuerte Ökonomien, komplexe Ökosysteme in moderne Formen der Landnutzung und zwingen »ortsbezogene Kulturen« zu spannungsgeladenen Auseinandersetzungen mit globalisierter Massenkultur (Escobar 2006: 7). Diese drei Implikationen spiegeln sich in den Diskursen und Strategien vieler sozialer Bewegungen wider, die mit ihren politischen Forderungen darauf hinweisen, nicht mehr länger die Unterordnung der Kultur unter die Logik des Marktes hinzunehmen. Kämpfe über Ressourcen waren und sind auch immer Kämpfe um Bedeutungen und Wertesysteme. In vielen Analysen ist es die ungleiche Verteilung von Reichtum, Einkommen und materiellen Ressourcen, die an der Basis von Konflikten steht. Seit kurzem werden auch der Zugang zu und die Kontrolle über natürliche Ressourcen als Schlüsselfaktoren der heutigen globalen und lokalen Krisen wahrgenommen. Aber erst wenige richten den Fokus auf »kulturelle Verteilungskonflikte«, die durch Universalisierung und Auferlegung kultureller Normen entstehen und historisch gewachsene Machtasymmetrien aufgrund kultureller Verschiedenheit offenbaren (Escobar 2006: 8). Escobar verdeutlicht, dass nicht allein wirtschaftliche Faktoren und ökologische Bedingungen, sondern auch kulturelle Bedeutungen bestimmen, wie Natur angeeignet und verwendet wird. Diese diskurstheoretische Herangehensweise untersucht die »cultural models of nature« (Escobar 2006: 9), also wie Vorstellungen von Natur und Umwelt von Lokalkulturen konstruiert werden und ihre Umweltnutzung bestimmen. Proteste für kulturelle Verschiedenheit, ethnische Identität, lokale und regionale Autonomie tragen dazu bei, ökologische

---

[13] Interview mit Ricardo Navarro, Leiter von Friends of the Earth El Salvador, am 15.03.2006 während des Internationalen Forums zur Verteidigung des Wassers (FIDA) in Mexiko Stadt (freie Übersetzung des Autors).

Konflikte über die wirtschaftliche und umweltpolitische Dimension hinaus zu überdenken. Soziale Bewegungen formulieren die komplexe Forderung, den physischen Ort als Schauplatz von wirtschaftlicher, ökologischer und kultureller Differenz wahrzunehmen. »Ecological destructions are the dramatic physical effects of distribution conflicts linked to particular construction of nature« (Escobar 2006: 10). Die Moderne mit ihrem »entwicklungslogischen Fehlschluss«, wonach sich Eurozentrismus in einen zivilisatorischen Erziehungsimperativ verwandelt, der eine irrationale Gewaltpraxis rechtfertigt, legitimiert die Plünderung von natürlichen Ressourcen für Wohlstand und Wachstum und negiert die kulturelle Einbettung der Umwelt (Dussel 1993). Modernisierungsprozesse sind Zugpferde für ökonomische, ökologische und kulturelle Verteilungskonflikte (vgl. Harcourt 2006: 2). Wie Guha/Martinez-Alier (2000) herausstreichen, tendieren dominante ökonomische Diskurse, Kommodifizierungsprozesse und monetäre Bemessungsgrundlagen dazu, andere Sichtweisen und Perspektiven zu verdunkeln und ihnen den Wert abzusprechen. Sie sind das Ergebnis von elitären Herrschaftsansprüchen und ungleichen Machtverhältnisse. Ökologische Verteilungskämpfe sind folglich auch ein Kampf um Wertesysteme und erscheinen als Zusammenstoß von unvergleichbaren Normen und Wertmaßstäben. Einerseits liegt die Ursache von ökologischen und kulturellen Verteilungskämpfen im Widerwillen und der Unfähigkeit politischer Autoritäten, Botschaften zu verstehen, die nicht im herrschenden Wirtschaftsdiskurs eingebettet sind. Andererseits wirken die Idiome und Argumentationslinien oft marktfremd, mit denen lokale AkteurInnen ökologische Verteilungskonflikte ausfechten. Der kulturelle und soziale Wert von Ökosystemen, der Respekt vor heiligen Stätten und Landschaften, die Menschenwürde, die Forderungen nach ökologischer Sicherheit und Ernährungssicherheit und die Verteidigung kultureller Identität können nur schwer nach den Prinzipien des Marktes beurteilt werden (vgl. Martinez-Alier 2002: 150).

> *»Das fossile Energiezeitalter neigt sich dem Ende zu. Wir haben eine phänomenale Welt erschaffen, deren Basis eine nicht erneuerbare Ressource ist. Das wird der begrenzende Faktor des Ökosystems unserer Zivilisation sein... Mit allen alternativen Energiequellen wird man diese kolossale Welt, die im Norden entstanden ist, nicht aufrechterhalten können. Die Ursache dieses Problems liegt im okzidentalen Entwicklungsmodell. Wir wollen nicht, dass sich die gleiche Entwicklung bei uns vollzieht. Sie basiert auf einem exzessiven und überproportionalen Gebrauch von Elektrizität und anderer Energieformen. Wenn alle Länder so sein wollen wie die USA, was gerade im Gange ist, ist unsere Biosphäre am Punkt zu kollabieren... Meine Hauptbotschaft ist: Wir müssen einen tiefen Wandel unserer Lebensweise bedenken und vollziehen. Es mag ein wenig romantisch, utopisch und nach Hippie klingen. Es ist jedoch notwendig die Lebensweise zu verändern, denn das Entwicklungsmodell bleibt abstrakt und leblos. Die Person ist gefordert, die westliche Konsumkultur in Frage zu stellen und ihre Spiritualität zu*

> *überdenken, damit neue Wege gefunden werden, Glück und Zufriedenheit zu empfinden« (Orrego 2005).*[14]

Die cultural politics der neuen sozialen Bewegungen in Lateinamerika zielen auf die Förderung alternativer politischer Kulturen und die nachhaltige Erosion der Definitionsmacht von staatlichen und korporativen AkteurInnen über kulturelle, soziale und politische Wirklichkeiten. Und dies geschieht über den Aufbau von subkulturellen Lebensprojekten, Systematiken und Netzwerken, die zum Maßstab des Politischen werden und eine veränderte Wahrnehmung auf das Politische erlauben. Im Zentrum der Kritik steht das moderne Entwicklungsparadigma, das durch den Überlebenskampf und gesellschaftspolitische Alternativprojekte an konkreten Orten herausgefordert wird. Die Fähigkeit der neuen sozialen Bewegungen in Lateinamerika, herrschende kulturelle Muster herauszufordern und dominante Diskurse zu destabilisieren, macht sie für die Ausweitung und Vertiefung der Demokratie in Lateinamerika entscheidend (vgl. Alvarez/Dagnino/Escobar 2004: 41). Wie bereits erwähnt, ist aber die Offenheit des politischen Systems ausschlaggebend für die Anerkennung und Legitimation der Forderungen neuer sozialer Bewegung und für Demokratisierungsprozesse, welche die Partizipation zivilgesellschaftlicher AkteurInnen an gesamtgesellschaftlichen Entscheidungen ermöglichen könnte. Die Ziele einer bitter benötigten Transformation der öffentlichen Politik und des modernen Entwicklungs- wie Gesellschaftsmodells gewinnen auch in zunehmend globalen Maßstab an Bedeutung. Das Ende des fossilen Energiezeitalters und drohende Klimakatastrophen bewirken mittlerweile auch in internationalen Politikarenen ein Überdenken der kapitalistischen Wachstumslogik. Aufgrund der politischen Stärke und Mobilisierungsfähigkeit lateinamerikanischer sozialer Bewegungen können ihre Erfahrungen im Aufbau von ökonomischer, ökologischer und kultureller Nachhaltigkeit zum positiven Referenzrahmen für gesellschaftspolitische Alternativen und die Veränderung der dominanten politischen Kultur werden. Die indische Umweltschützerin und Aktivistin Sunita Narain charakterisiert in ihrem Beitrag für den »Bericht über die menschliche Entwicklung 2007/2008« des UNO-Entwicklungsprogramms UNDP die Grundproblematik für lokale und globale ökologische Verteilungskonflikte: »We know emissions are linked to growth and that growth is linked to lifestyles. Because of this our efforts to reduce emissions have been high on rhetoric and low on action. This will have to change. It will have to change even as we learn another truth: we live on one planet Earth and to live together we will have to share its resources. The fact is that even as the rich world must reduce its carbon footprint, the poor world must get ecological space to increase its wealth. It is about the right to development. The only question is can we learn new ways to build wealth and well-being? The only answer is we have no choice« (Narain 2007: 187).

---

[14] Interview mit Juan Pablo Orrego, Anthropologe, Biologe und Mitarbeiter der NGO Ecos-Patagonia, Chile, am 20.10.2005 während des Lateinamerikanischen Treffens von Staudammprojektbetroffenen (REDLAR) in Cubulco, Baja Verapaz, Guatemala (freie Übersetzung des Autors).

4. Netzwerkprozesse in Lateinamerika

> *»Diese Art von Treffen erlaubt uns erstens, Kenntnisse und Informationen zu erhalten, was in der Welt rund ums Wasser los ist. Zweitens ist es ein Bildungsraum, da wir Erfahrungen austauschen und mitnehmen, wie andere Organisationen und Völker die öffentliche Wasserversorgung handhaben. Außerdem ist es ein Ort der Solidarität, wo wir direkte und konkrete freundschaftliche Bande knüpfen. Die Menschen hinter den sozialen Organisationen kennen zu lernen, gibt uns wirklich Kraft. Ich fahre zurück nach Ekuador mit aufgeladenen Batterien, um weiter gegen die Privatisierung des Wassers zu kämpfen und diese Bewegung gegen die Privatisierung auf ekuadorianischer Ebene zu verbreiten« (Cárdenas 2006).*[1]

Nach Klein/Legrand/Leif (1999: 8) werden die zukünftig bestimmenden Themen der Bewegungsforschung das Verhältnis von NGOs und sozialen Bewegungen sowie das spannungsgeladene Zusammenspiel von lokalen, nationalen und transnationalen Politikarenen mit ihren differierenden und komplexen Anforderungen an die sozialen AkteurInnen sein. Gleichzeitig ist ein gesteigertes Interesse an Formen der Vernetzung und Kooperation von BewegungsakteurInnen sowie an den politischen und gesellschaftlichen Chancenstrukturen sozialer Bewegungen erkennbar. In genau diesem Licht präsentiert sich das folgende Kapitel. Die große Herausforderung für soziale Bewegungen ist es, in Mobilisierungsbereitschaft zu bleiben und eine Gemeinschaftsidentität aufzubauen. Aus dieser Perspektive können wir die weltweiten Sozialforenprozesse betrachten. Einerseits sind sie ein Ort der Begegnung, ein Initiationsritual für NeueinsteigerInnen und ein Wiedersehen mit alten Bekannten, eine Tür zu globalen Netzwerkprozessen, ein Bildungsraum des Erfahrungs- und Informationsaustausches und ein Ort der strategischen Planung und Erarbeitung von Kampagnen und Aktionsplänen. Damit übernehmen sie die von Pickard (2006) erwähnte Funktion des »In-Bewegung-Bleibens«. Darüber hinaus wird ein intensiver Diskussionsprozess über das nationale und regionale Sozialforum als Ort der Konstruktion eines neuen politischen Subjekts geführt. Die Diskussionen und Dispute über die politische Funktion der Sozialforen reichen in Lateinamerika bis zu der Idee, eine Art »Volks-

---

[1] Interview mit César Cárdenas, Repräsentant der sozialen Bewegung *Mi Cometa*, Guayaquil, Ekuador, am 14.03.2006 während des Internationalen Forums zur Verteidigung des Wassers (FIDA) in Mexiko Stadt (freie Übersetzung des Autors).

parlament« zu repräsentieren, das über effektive Entscheidungs- und Durchsetzungsinstrumente verfügen soll (vgl. Memoria del V. Foro Mesoamericano 2004). Diese unterschiedlichen Interpretationen offenbaren gleichzeitig verschiedene Politikverständnisse und fordern den Zusammenhalt und die Effektivität von Bewegungsnetzwerken heraus.

4.1. Netzwerke und Soziale Bewegungen

Bewegungsmilieus können sich im Alltag unsichtbar durch das soziale Habitat erstrecken und sind somit schwer zu lokalisieren. Sie werden durch soziale Gruppen, Nachbarschaften, persönliche Beziehungen und Freundschaften gebildet. Im Bewegungsmilieu entfalten sich Argumentationslinien, Zielperspektiven, Protesthintergründe und Interessen einer Bewegung, die den Identitätsbildungsprozess gestalten (vgl. Boehme/Walk 2002: 14). Die Verbindungen zwischen den Individuen gehen also über spezifische Gruppen hinaus und verlaufen quer durch unterschiedliche soziale Institutionen wie Kirchen, Universitäten, NGOs, Medien, Gewerkschaften und politische Parteien. Vielfältige Überlappungen und Verknüpfungen zwischen Bewegungsorganisationen, individuellen TeilnehmerInnen und anderen AkteurInnen in Zivilgesellschaft und Staat sind die Folge. Das bedeutet, dass einzelne AkteurInnen zwischen verschiedenen Identitäten *switchen*. Zudem veranlasst es Alvarez/Dagnino/Escobar (2004: 44) von »Netzen sozialer Bewegungen« zu schreiben. Diese Metapher vermittelt die Erkenntnis, dass Netze von Bewegungen mehr als die Bewegungsorganisationen und ihre aktiven Mitglieder sind. Damit wird auch das Einsickern der Forderungen, Diskurse und Praktiken sozialer Bewegungen in mannigfaltige soziale, religiöse und staatliche Institutionen erklärt, »[...] d.h. wie sie, gegebenenfalls, eingesetzt, angenommen, angeeignet, kooptiert oder rekonstruiert werden« (Alvarez/Dagnino/Escobar 2004: 44). Die Schwierigkeit, sogenannte Netze sozialer Bewegungen zu lokalisieren, kann durch das Sozialforum als Knotenpunkt und physischer Ausdruck von Bewegungen überwunden werden. Alvarez/Dagnino/Escobar schreiben diesbezüglich: »Ein besonders fruchtbarer Weg um zu untersuchen, wie die politischen Interventionen Sozialer Bewegungen sich in die politische Gesellschaft und den Staat und darüber hinaus erstrecken, ist die Analyse der Konfiguration sozialer Netzwerke« (Alvarez/Dagnino/Escobar 2004: 43). Netzwerke und ihr physischer Ausdruck in Form von Sozialforen sind außergewöhnliche Konstruktions- und Kommunikationsleistungen, die das Ziel verfolgen, eine gemeinsame Kommunikationsplattform für eine Vielfalt von lokalen Bewegungen und Protestkulturen aufzubauen. Netzwerke materialisieren sich an für die Bewegung sinnstiftenden Orten des Zusammenkommens und der Begegnung. Insofern werden sie zu Referenzpunkten in der historischen Entwicklung einer Bewegung und verkörpern Bausteine zur langsamen Ausbildung einer gemeinsamen Identität (der für die globalisierungskritische Bewegung bekannteste Ort in diesem Sinn ist die brasilianische Hafenstadt Porto Alegre). Damit spiegeln sie im Sinne von Hellmann den Wiedererkennungseffekt im Interaktionszusammenhang wider, der zur gesteigerten Eigen- wie Selbstwahrnehmung von Einheit und innerem Zusammenhalt der Bewegungen führt (vgl. Hellmann 1999: 99-100). Er unterliegt dabei seinen eigenen rituellen Symboliken und Praktiken, die je nach Ortsbezug neue Formen und Gestalten annehmen und diese verändern können. »Ein Netzwerk kann aus unterschiedlichen Organisationen, Gruppierungen oder Teilbewegungen bestehen. Auch die Bewegungen unterscheiden sich in ihrer Organisations- und Entscheidungsstruktur, ihrem Organisationsgrad, ihren Aktionsformen, der Radikalität ihrer Positionen und ihrem Selbstverständnis. Alle eint jedoch ihre Kritik an der neoliberalen Globalisierung« (Boehme/Walk 2002: 11). Boehme/Walk identifizieren damit das Credo der Vielfalt als wichtigstes Kriterium von Netzwerken. »In Netzwerken wird im Gegensatz zu Organisationen nicht auf eine Homogenisierung der Interessen abgezielt, sondern auf den Erhalt der Vielfalt« (Boehme/Walk 2002: 19). Castell verweist zudem auf die Bedeutung der Binnenkommunikation innerhalb von Netzwerken (siehe Kapitel 6. und 7.). Er charakterisiert Netzwerke als offene Strukturen, die sich grenzenlos ausdehnen können, solange die Kommunikation innerhalb des Netzwerkes aufrechterhalten werden kann (vgl. Castells 1996: 470).

4.2. Globalisierung, Kultur und transnationale Protestkulturentwicklung

Sozialforen können nach Fiske als Marktplatz verstanden werden, auf dem kulturelle Vorstellungen ge- und verhandelt werden. Innerhalb der Foren und Netzwerke zirkulieren Bedeutungen, die von den einzelnen AkteurInnen unter verschiedenen Voraussetzungen konstruiert und eingebracht werden. Sozialforen sind daher für soziale Bewegungen Teil der eigenen Identitätsbildungsprozesse, die weniger durch konkrete Protestaktivitäten genährt werden als durch die Aufnahme und Zurückweisung von Bedeutungen und die Integration von fremden Erfahrungen in die eigene Lebenswelt. Als kultureller Marktplatz entsprechen sie Fiskes Charakterisierung von Kultur, die er als aktiven Prozess der Bedeutungsproduktion und -zirkulation innerhalb eines sozialen Systems bezeichnet (vgl. Fiske 2006: 23). Es liegt auf der Hand, dass dieser Prozess von Machtstrukturen durchzogen ist, Sozialforen kein hierarchiefreies Gebilde sind und von Eintrittsbarrieren und Zugangsbeschränkungen geformt werden. Es lohnt sich daher, einen Blick auf Repräsentationsdynamiken und Rollenspezifikationen zu werfen. »Die ohne Zweifel vorhandene Rollendifferenzierung ist aufgrund der Überlagerung formeller und informeller Elemente weniger stabil und verbindlich als die in formalen Organisationen, sie ist aber dennoch ein deutlicher Ausdruck der auch in Bewegungen wirksamen Arbeitsteilung und Machtprozesse« (Raschke 1991: 33). Lokale soziale Bewegungen verbinden sich mit transnationalen und globalen »flows«. Dieser Prozess mündet in die Entwicklung einer *transnationalen Protestkultur* und führt zu einer Transnationalisierung lokaler Protestkulturen, die wiederum in wechselseitiger Resonanz stehen (Gingrich 1999: 271).[2] Demzufolge charakterisiert die transnationale Protestkulturentwicklung den wechselseitigen Prozess der Zurückweisung, Aneignung und kreativen Integration von Bedeutungen, Unrechtserfahrungen, Protestrhetorik und -methodik in die eigenen kulturellen Muster mit dem Resultat der Ausbildung gemeinsam geteilter Framingprozesse. Globalisierungsprozesse finden Eingang in lokale Widerstände und strukturieren sie. Die sozialwissenschaftliche Herausforderung liegt in der Darstellung von Positionen politischer AkteurInnen in populären Bewegungen und der diskursiven Ausrichtung sozialer Bewegungen als solche, da lokale Diskurse und Praktiken mit transnationalem und zunehmend globalem Aktivismus in Beziehung stehen. Die Einbindung lokaler Protestgruppen in globale Diskurse verweist auf das Konzept der globalen Landschaften vom indischen Ethnologen Arjun Appadurai (1997). Das Konzept betont, dass lokale Communities direkte oder zumindest indirekte persönliche Beziehungen zu weit entfernten Orten und globalen Prozessen haben. Sie nützen diese Verflechtungen und werden von ihnen beeinflusst. Mit dem Ansatz versucht Appadurai, die zunehmende soziale und mediale Globalisierung lokaler Lebenswelten theoretisch zu erfassen und auf deren Einbindung in transnationale Netzwerke hinzuweisen (vgl. Gingrich 1999: 257). Ulf Hannerz charakterisiert diese transnationalen Beziehungen zwischen Lokalem und Supralokalem (Hannerz 1996). Im lokalen Raum wird das Globale umgedeutet, verändert, neu kommentiert und so zu einem speziellen lokalen Phänomen gemacht. Soziale Bewegungen bewegen sich in einer globalen Ökumene. »Ulf Hannerz (1996) defines the global ecumene as the ›interconnectedness of the world by way of interactions, exchanges and related development, affecting not least the organization of culture‹« (Nash 2005a: 23). Diese globale Ökumene wird in der sozialen Bewegungslandschaft durch transnationale AktivistInnennetzwerke strukturiert, die im virtuellen Raum kommunizieren und an konkreten Orten zusammenkommen (Edelman 2001).

4.3. Suche nach kollektiver Identität und Positionierung in der Gesellschaft

Der diskursive Aspekt der Begegnung materialisiert sich in der konstanten Erneuerung und Legitimierung des Gründungsmythos, der dynamisch den vielfältigen Umweltbedingungen angepasst wird und in vielschichtigen »natürlich-

[2] Ich verwende den Begriff *transnationale Protestkulturentwicklung* in Anlehnung an den Begriff »transnationale Kulturentwicklung« bei Gingrich (Gingrich 1999: 260).

umweltbedingten, politisch-institutionellen und kulturell-diskursiven« Terrains verankert ist (Alvarez/Dagnino/Escobar 2004: 44). Im Zentrum einer kritischen Reflexion von Sozialforenprozessen stehen der Innenbezug einer Bewegung, der Prozess, in dem eine kollektive AkteurIn sich selbst und andere als »konstruierte Kategorien« positioniert (Ferree/Roth 1999: 132), und ihr Identitätsaspekt als Mobilisierungsressource (Hellmann 1999). Spannungen zwischen politischer Identitätsbildung als einem internen Prozess der Verhandlung von Differenz und der Notwendigkeit im Außen als einheitliches politisches Subjekt aufzutreten sind die Regel. Kollektive Identität als konstruierte Einheit ist das Resultat eines konstanten Prozesses von Verhandlungen und Einflussnahmen der beteiligten AkteurInnen. Demgegenüber besteht die Notwendigkeit, die eigene Bewegung Außenstehenden zu präsentieren. Trotz aller internen Unterschiede resultieren, extern gelesen, ihre Forderungen in homogenen Identitäten. Wie die US-amerikanische Anthropologin June Nash herausstreicht, bedingen kollektive Identitäten geradezu einen diskursiven Prozess der Essentialisierung und Homogenisierung, da sich unterschiedliche AkteurInnen auf einen gemeinsamen Nenner einigen müssen. Essentialisieren ist für Nash ein Aspekt von allen intellektuellen Prozessen. »It is particularly prevalent among new cohorts of activists in the early stages of mobilization, as they use what some consider to be essentializing language to unite distinct groups around common elements of group consciousness« (Nash 2005a: 11). Charakteristisch für neue soziale Bewegungen ist der ihr inhärente Suchprozess, das offene Weltbild und die unabgeschlossene Suche, die mit dogmatischen und avantgardistischen Vorstellungen zwangsweise bricht. Diese Eigenschaft neuer sozialer Bewegungen bündelt sich im lateinamerikanischen Kontext im zapatistischen Prinzip des *preguntando caminamos* (fragend gehen wir voran), »[...] mit dem eine antiherrschaftliche Kritik an der parlamentarischen, institutionsbezogenen Politik formuliert wurde« (Kastner 2003: 262). Nun treffen bei Sozialforen soziale AkteurInnen mit altem und neuem Politikverständnis aufeinander, soziale AkteurInnen, die ihren Widerstandsfokus auf den Aufbau von Basisautonomie gerichtet haben, mit sozialen AkteurInnen, deren zentrale Protestmethode im Lobbyismus liegt, progressive und dezidiert antikapitalistische Bewegungen mit reformistischen und sozialdemokratischen Bewegungen, und SozialforenveteranInnen, die eine Effektivitätssteigerung durch stärkere Formalisierung der Forenstrukturen erhoffen mit NeueinsteigerInnen, für die Kennenlernen und Erfahrungsaustausch von zentraler Wichtigkeit sind. Die Synthetisierung der Interessen und Forderungen in eine Abschlusserklärung wird somit zum herausfordernden Prozess. Er umrandet die viel diskutierte Kluft zwischen dem Suchprozess als Lebenselixier für eine plurale, inklusive und offene Bewegungen und der oft erwünschten Effektivitätssteigerung der Treffen durch eine Konkretisierung der gemeinsamen Identität und Formalisierung der Organisationsstrukturen mit dem Ziel des Aufbaus einer nachhaltigen »poder popular«

(vgl. Memoria del V. Foro Mesoamericano 2004).[3] Miguel Pickard vom chiapanekischen Forschungszentrum CIEPAC kontrastiert in diesem Sinn die Vitalität des *preguntando caminamos* mit der Schwierigkeit zur Mobilisierung rund um eine nicht klar definierte Politik.

> *»Der zapatistische Entwurf ist in diesem Sinn sehr interessant. Was die Zapatisten sagen, ist Folgendes: Wir haben die Alternative nicht, wir müssen sie konstruieren. Und dies wirft interessante und intellektuell spannende Herausforderungen auf. Aber die Schwäche liegt darin, dass es sehr schwierig ist, Menschen rund um etwas zu mobilisieren, das sich im Aufbau befindet« (Pickard 2006).*[4]

Im Sinne des Framingansatzes stellt sich somit die Frage, wie der Deutungsrahmen einer Bewegung definiert und konstruiert wird. Im Fall der »Sechsten Erklärung aus dem Lakandonischen Urwald« ist es klar. Es ergeht der Aufruf an die Zivilgesellschaft, sich auf den kleinsten gemeinsamen Nenner bzw. das größte gemeinsame Vielfache zu einigen, eine Einheit in Pluralität zu schaffen und gemeinsam politisch aktiv zu werden. Indem sie das unmissverständliche Ziel formuliert, mit der parteiunabhängigen Linken in Mexiko ein »landesweites Kampfprogramm« erarbeiten zu wollen, das »eindeutig linksgerichtet sein wird, das heißt antikapitalistisch bzw. antineoliberalistisch« (CCRI-CG 2005), trennt die EZLN im vollen Bewusstsein des darin verborgenen politischen und physischen Risikos bereits zu Beginn der neuen Kampagne die Spreu ihrer SympathisantInnen vom Weizen (siehe Kapitel 6.). Zudem ist die Andere Kampagne eine hausgemachte und unabhängige Initiative, steht allen BewegungsteilnehmerInnen zur Einflussnahme offen und verwehrt sich gegen die Dominanz einzelner AkteurInnen. Im entwicklungspolitischen Kontext ist die Frage von zentraler Bedeutung, welche Rolle externe AkteurInnen bei politischen Prozessen spielen. Externe Interventionen stoßen generell auf Ablehnung, solange sie entkoppelt von der soziokulturellen Realität, den gesellschaftspolitischen Erfahrungen und der aktiven Teilhabe der Betroffenen entwickelt wurden. BewegungsunternehmerInnen sind deswegen gefordert, auf die lokalen Bedürfnisse und das lokale Wertesystem der Betroffenen einzugehen, das den *frame* mit handlungsmächtigen Wertkonstellationen versorgt. Um zu mobilisieren, müssen political Entrepreneurs Problemkonstellationen identifizieren, die Protest notwendig machen, Lösungsmuster skizzieren, Motivation erzeugen und Querschnittsthemen adressieren, die übergreifende Allianzbildungen ermöglichen (vgl. Keck/Sikkink 1998: 201). Das Ziel von Bewegungsorganisationen ist es, die Kontinuität, Koordination und Initiative von sozialen Bewegungen zu fördern (Raschke 1991). Soziale Bewe-

---

[3] Zu der Bedeutung von »poder popular« in Beziehung zur zivilgesellschaftlichen Sphäre siehe Kapitel 2.3.

[4] Interview mit Miguel Pickard, Mitarbeiter von CIEPAC, am 02.05.2006 in San Christóbal de las Casas, Chiapas, Mexiko (freie Übersetzung des Autors).

gungen, Bewegungsorganisationen und NGOs operieren zumeist im selben Terrain. Während Bewegungsorganisationen mit sozialen Bewegungen in enger Beziehung stehen, entwickelte sich in Lateinamerika ein Antagonismus zwischen sozialen Bewegungen und NGOs. Letztere stehen oft in symmetrischer Beziehung zum neoliberalen Staat und in starker Abhängigkeit zu nationalen wie internationalen Geldgebern (siehe Kapitel 2.2.). Aufgrund dieser Beziehungskonstellation wird ersichtlich, dass die Teilhabe der AkteurInnen an Netzwerk- und Sozialforenprozessen jeweils unterschiedliche Auswirkungen auf die kollektive Identitätsbildung und die Positionierung in der Gesellschaft hat. Ein zentraler Aspekt dieser Dynamik findet sich im englischen Begriff *ownership* zusammengefasst. Ownership bedeutet, dass sich Menschen mit sie betreffenden Vorhaben identifizieren. Dieser Identifikationsprozess wird durch die Zusammensetzung und die Beziehung der TeilnehmerInnen und sozialen AkteurInnen in Netzwerken und bei Sozialforen beeinflusst. Die Stärke von Netzwerken entsteht durch ihre Identität, die Einigung auf gemeinsam geteilte Prinzipien wie Ziele, und durch die strukturelle Beziehung zwischen Organisationen und Individuen innerhalb des Netzwerkes. Kollektive Handlungsfähigkeit wird durch die strukturelle Komposition der Netzwerke bestimmt (vgl. Keck/Sikkink 1998: 207). Erst ownership garantiert die Ausbildung einer kollektiven Identität und kollektiven Handlungsfähigkeit. Kollektive Aktionen manifestieren die gemeinsame Identität des Bewegungsnetzwerkes und lassen eine neue kollektive AkteurIn, ein neues »sujeto social«, identifizier-, wahrnehm- und messbar werden.

4.4. Netzwerkanalyse

Edelman analysiert den Aufbau und Verfall von Netzwerkprozessen in Zentralamerika anhand der analytischen Kategorien »Zivilgesellschaft«, »Netzwerk« und »soziale Bewegung«. Er verweist auf den möglichen *top-down*-Charakter von Protestnetzwerken, die durch internationale Entwicklungszusammenarbeitsdynamiken konjunkturelle Phasen des Aufschwungs und Niedergangs erleben und zur *NGO-ization* von popularen Bewegungsorganisationen beitragen (siehe Kapitel 2.2.). Im Fokus seiner Betrachtung steht das Entstehen von Netzwerken aus bereits existierenden Netzwerken. Edelman skizziert den historischen Antagonismus zwischen popularen Bewegungsorganisationen und NGOs in Zentralamerika. Nach Beendigung der Bürgerkriege verebbten in den 1990er Jahren langsam die internationalen Entwicklungshilfegelder und die offizielle Unterstützung für Graswurzelinitiativen in Zentralamerika. Zudem folgten Geberinstitutionen den neuen internationalen Trends und Dynamiken der Regionalisierung. Dies führte zu der Vermehrung von regionalen und transnationalen Netzwerken und Netzwerktreffen. Diese neuen institutionellen Vehikel zogen Geberinstitutionen und Gelder der Entwicklungszusammenarbeit an, waren Quelle für Arbeitsplätze wie kontinuierlichen Aktivismus und führten dazu, dass sich dieselben AktivistInnen auf diversen Netzwerktreffen wiederfanden. Gleichzeitig blieb das Protestrepertoire in diesem transnationalen Setting eingeschränkt. »At regional level however, the principal activity continued to be summit hopping, lobbying, organizational meetings, and training workshops and seminars« (Edelman 2005: 34). Das skizzierte Bild lässt die breiten Limitierungen einer transnationalen Zivilgesellschaft erkennen.. Es besteht die Gefahr, Möglichkeiten und Erfolgschancen zu überschätzen. Denn nicht selten spalten unterschiedliche Interessen transnationale Bewegungen. Eintrittsbarrieren bestimmen das Setting und verstärken Fragen nach Repräsentation. Dieser Prozess kann dazu führen, dass nationale Arbeitsagenden vernachlässigt werden. Zudem entfernen sich populare Bewegungsorganisationen und ihre Führungspersönlichkeiten von ihrer Basis. Edelman und Riles bezeichnen es als unverkennbares Charakteristikum von Netzwerkprozessen, dass bereits in der Entstehung ihr programmatisches Ende liegt. »One of the features of Network activity, in other words, was its dual quality as both a means to an end and an end in itself« (Riles 2001: 50-51). Netzwerke werden von ihren TeilnehmerInnen vornehmlich als Werkzeuge betrachtet, um noch spezifiziertere Netzwerke zu gründen. Nach Edelman spiegelt dies auch Verhaltensmuster wider, die für die globale Zivilgesellschaft allgegenwärtig sind. Netzwerke werden zwar formal erschaffen, um diverse Organisationen zu verbinden, eigentlich basieren sie aber auf informellen persönlichen Beziehungen, was wiederum zu neuen Ausschlusskriterien und Eintrittsbarrieren führt und Machtstrukturen wie Formen des Klientelismus evoziert.

Netzwerke tendieren dazu, sich als Selbstzweck zu vermarkten, indem sie mannigfaltige Netzwerkartefakte produzieren, die Formen von Newslettern, Aktionsplattformen oder Abschlussberichte für die Öffentlichkeit und Geberinstitutionen annehmen. Sie neigen dazu, die eigene Effektivität mit dem Verweis auf die öffentliche Selbstdarstellung und die eigenen Netzwerkaktivitäten (Antragsstellungen, Organisationstreffen, Datensammlung, Arbeitsdokumente) zu demonstrieren (vgl. Edelman 2005: 39). Diese Dynamik verlangt eine kritische Reflexion, da einerseits der Verweis auf die Eingebundenheit in Netzwerke den politischen Marktwert der Bewegung steigert, andererseits im Angesicht knapper Ressourcen auf Nachhaltigkeit und Effektivität geachtet werden muss. Die Netzwerkanalyse wird auch durch »virtuelle Bewegungen« und Organisationen herausgefordert, die nur im Cyberspace agieren. Sie spiegeln am offensichtlichsten die schwierigen Fragen nach *Accountability* (Verantwortlichkeit), Demokratie und Repräsentation wider. Aus den erwähnten Spannungen in Netzwerken zieht Edelman den Schluss, dass »on-the-ground« eine unverzichtbare Dimension erfolgreicher Netzwerke und sozialer Bewegungen ist (Edelman 2005: 41).

Edelman leitet aus seiner Forschung wichtige analytische Perspektiven ab. Die generelle formale Darstellung von Netzwerken als zweidimensionale Verbindungen von Knoten- und Brennpunkten übersieht oft, wie die TeilnehmerInnen diese Netzwerke selbst wahrnehmen und interpretieren. Sie übersieht auch die dritte Dimension, die Verbindung von nationalen Allianzen und Koalitionen zu ihren konstituierenden Mitgliedern im eigenen Land. Auch die vierte Dimension findet keine Beachtung, nämlich wie Zeit und Regelmäßigkeit zivilgesellschaftliche Initiativen beeinflussen.[5]

4.5. PPP, AMAP und Mesoamerikanisches Sozialforum

Der Name der Modernisierungsstrategie für Zentralamerika lautet Puebla-Panama-Plan (PPP). Markierten und hegten Strukturanpassungsprogramme und Freihandelsverträge die transnationalen Räume für internationale Investitionen und Kapitalakkumulationsprozesse ein (NAFTA und CAFTA), sollte der Puebla-Panama-Plan darauf aufbauend die physische Restrukturierung dieser neu eröffneten Räume initiieren. Im Zentrum dieser flächendeckenden Umwidmung steht der Ausbau der Verkehrs-, Energie und Telekommunikationsinfrastruktur. Die Modernisierung orientiert sich dabei nicht an den Bedürfnissen der lokalen Bevölkerung, sondern dient als Werkzeug, um internationale Investitionen anzuziehen. Dementsprechend groß war die Ablehnung des Plans von Seiten indigener und bäuerlicher Organisationen, als im Jahr 2000 der damalige Präsident Vicente Fox in Zusammenarbeit mit der Interamerikanischen Entwicklungsbank das Projekt lancierte und medial in Szene setzte. Die zunehmenden Proteste und Mobilisierungen gegen den Puebla-Panama-Plan führten dazu, dass sich die treibenden AkteurInnen des Entwicklungsprojekts darum bemühten, den PPP wieder aus der öffentlichen Wahrnehmung zu entfernen. Damit wurde es ruhig um den PPP. Kurz nach seinem Amtsantritt im Jahr 2006 erklärte der neue mexikanische Präsident Felipe Calderón jedoch die Wiedergeburt des neoliberalen Entwicklungsplans. Nun soll der alte Wein in neue Schläuche gefüllt und umetikettiert werden. Aufgrund der negativen Reputation des PPP soll eine dezentralisierte und auf verschiedenen Ebenen gleichzeitig verschachtelte Umsetzung der Kernelemente des Masterplans vollzogen werden. Auf transnationaler Ebene wird der PPP umstrukturiert und mit einem neuen Namen gelabeled. In Südmexiko arbeitet er unter dem Namen »Programa del Sur« (Programm des Südens) weiter, einer vom mexikanischen Kongress gezimmerten Entwicklungsstrategie für die Bundesstaaten Guerrero, Oaxaca und Chiapas, die sich stark an den Modernisierungsplan der Weltbank für den Südosten Mexikos anlehnt. Auf bundesstaatlicher Ebene erhält er jeweils eigene Bezeichnungen, wie in Chiapas, wo seit dem neuen Präsidenten Juan Sabines Guerrero die nationale Entwicklungsstrategie unter dem Namen

[5] Mehr zu Netzwerkanalyse, globalen AktivistInnennetzwerken und Netzwerkpolitik siehe Keck/Sikkink 1998, Brysk 2000, Riles 2001, Riker/Sikkink 2002 und Hilhorst 2003.

»Declaración de Comitán« (Erklärung von Comitán) bekannt ist (siehe Kapitel 6.1.). Obwohl die genannten Strategiepapiere die Kernelemente des PPP reproduzieren, wird nicht auf ihn Bezug genommen. Gleichzeitig wird auf jede mediale Inszenierung verzichtet. »The PPP is thus managing to disappear completely from public view, while simultaneously consolidating itself as a hegemonic strategy operating at multiple spatial scales, and promoted by diverse development agencies and levels of government« (Wilson 2008). Damit soll den rund um den PPP entstandenen Protestnetzwerken der Wind aus den Segeln genommen werden. Die Entwicklungsstrategien fokussieren wiederum auf den Ausbau der Kommunikations- und Verkehrsinfrastruktur. Ein Netzwerk von Häfen, Flughäfen und Schnellstraßen soll die ökonomische Clusterbildung vereinfachen, die primärer Fokus der Wirtschaftsförderungsmethodik der Region ist. Cluster bedeutet so viel wie die physische Konzentration von Unternehmen, die entlang einer Wertschöpfungskette produzieren und sich ergänzen, um Wettbewerbsvorteile zu schaffen. Im Fall von Zentralamerika kommt die geostrategische Lage hinzu. Die Isthmen zwischen Atlantik und Pazifik bieten den kürzesten Weg, die US-amerikanische Ostküste mit den asiatischen Märkten zu verbinden, und sind Schnittstelle zwischen Europa und Südostasien (vgl. Wilson 2008; siehe Castro Soto 2002b, 2006).

In Reaktion auf die Lancierung des Puebla-Panama-Plans entstanden breite oppositionelle Protestnetzwerke zwischen sozialen AkteurInnen aus Mexiko und Zentralamerika. Im Mai des Jahres 2001, bereits einige Monate nach der offiziellen Ankündigung, fand das erste mesoamerikanische Forum gegen den PPP in Tapachula, Chiapas, mit dem Titel »Ante la Globalización los Pueblos Primero« (Vor der Globalisierung kommen die Völker) statt. Neben der Diözese von Tapachula waren das Netzwerk RMALC (Mexikanisches Netzwerk der Aktion gegen den Freihandel) mit Sitz in Mexiko Stadt und das bereits erwähnte chiapanekische Forschungszentrum CIEPAC MitinitiatorInnen des Forums, das mehr als 250 RepräsentantInnen von über hundert zivilgesellschaftlichen Organisationen zusammenführte. Bereits sechs Monate später fand das zweite Forum dieser Art in Xelajú, Guatemala, statt, das bereits 800 Delegierte von über dreihundert Organisationen und Initiativen aus dem Süden Mexikos und den zentralamerikanischen Ländern vereinte. Die beiden Foren legten den Grundstein für das »Mesoamerikanische Sozialforum«, das von nun an jährlich stattfinden sollte. Darauf aufbauend begannen sich zahlreiche regionale und nationale Aktionsnetzwerke gegen den Puebla-Panama-Plan zu formieren. In Mexiko wurde z.B. 2002 die »Mexikanische Allianz für die Selbstbestimmung der Völker« (AMAP) gegründet, die den einzelnen lokalen Kämpfen gegen Mega-Infrastrukturprojekte als gemeinsame Plattform dient. In Mexiko fügt sich der PPP in eine Reihe von strukturellen Entwicklungen. Er steht in Beziehung mit der Verfassungsänderung des Artikels 27, NAFTA, der EZLN, den Abkommen von San Andrés, der Kriminalisierung des sozialen Protests und dem Ley Indígena (siehe Kapitel 6.).

Da bäuerliche und indigene Gemeinden auf die multiplen Deterritorialisierungs- und transnationalen Aneignungsprozesse mit einer »politics of place«, dem ortsbezogenen Kampf um die eigene, zum Leben notwendige Umwelt, reagieren, ist das Recht auf Selbstbestimmung zentraler Arbeitsschwerpunkt von AMAP (Nash 2005a: 17). Diese Verteilungskämpfe sind immer auch ein Kampf um Wertesysteme, Kosmovisionen, Normen und Bedeutungen. Daher haben sie neben einer ökonomischen und ökologischen zugleich eine kulturelle Perspektive, die durch die *cultural politics* der AkteurInnen zum Ausdruck kommt (siehe Kapitel 2.6. und 3.). Ulises Chávez, Basisaktivist und Mitglied von AMAP, bringt den Aktionsschwerpunkt des Netzwerks im Interview auf den Punkt.

> *»Was wir in der Essenz gemacht haben, ist die Verteidigung des Landes. Denn mit der Verteidigung des Landes verteidigen wir nicht nur den Grund und Boden, sondern alles, was er beinhaltet. Er beinhaltet die natürlichen Ressourcen wie das Wasser, das Zusammenleben, die Kultur, die Form zu denken und die Art zu leben. Das ist also das Land. Es handelt sich nicht nur darum, den Grund und Boden zu verteidigen. Es bedeutet all das zu verteidigen, was dahinter liegt« (Chávez 2006).*[6]

> *»Wir fordern das Recht, das machen zu können, was wir wollen, und so leben zu können, wie wir wollen... Das Recht, das uns heute die [Anm. neoliberale] Globalisierung verweigert, das wir aber von unserem Land, von den Straßen aus fordern und für das wir kämpfen. Wir sind verschieden, und die Globalisierung streicht uns dieses Recht auf Verschiedenheit – das Recht, unsere Zukunft selbst zu bestimmen. Für uns bedeutet freie Selbstbestimmung jedoch: Heute zu sagen, wie wir leben wollen, und über unsere Zukunft selbst zu entscheiden« (Chávez 2006).*[7]

Parteiliche Unabhängigkeit, organisatorische Autonomie, die totale Ablehnung des Puebla-Panama-Plans und des kapitalistischen Gesellschaftsmodells sowie die Suche nach alternativen Entwicklungsstrategien bilden das Fundament von AMAP.

> *»Es ist nicht so, dass wir uns gegen Entwicklung verwehren. Ganz im Gegenteil. Wir wollen Entwicklung. Aber eine Entwicklung, die sich aus unserem Wissen, unseren Kenntnissen, vom Respekt gegenüber der Mutter [Anm. Erde] und gegenüber uns selbst als Bewohner dieser Erde speist. Die Alternative zum PPP ist in erster Linie, dass wir nicht die einseitige Auferlegung wollen. Die Regierungen und der Kapitalismus sollen verstehen, dass wir diese Auferlegung einfach nicht akzeptieren werden. Jetzt sind wir an der Reihe, Vorschläge zu machen« (Chávez 2006).*[8]

---

[6] Interview mit Ulises Chávez, Anhänger der mexikanischen Allianz gegen den Puebla-Panama-Plan (AMAP), am 20.05.2006 in Mexiko Stadt (freie Übersetzung des Autors).

[7] Freie Übersetzung des Autors.

[8] Freie Übersetzung des Autors.

Die transnationale Komponente im Kampf gegen die regionale Entwicklungsstrategie spielt für das Bewegungsnetzwerk zudem eine wichtige Rolle. Die gemeinsam geteilte Problemlage ermöglicht grenzüberschreitende Framing- und Organisationsprozesse, den Aufbau transnationaler Kommunikationskanäle und Bewegungsinfrastruktur, einen interkulturellen Transfer und das Entstehen einer Gemeinschaftsidentität. Chávez dazu im Interview:

> *»Der PPP einigt uns nicht nur in dem Sinn, gemeinsam dagegen anzukämpfen. Darüber hinaus lässt er uns wieder als Brüder, Compas, Bauern, Indígenas, Männer und Frauen der Kultur des Mais zusammenkommen. Er lässt uns wieder annähern, um uns über das Leben in unseren Dörfern auszutauschen – und nicht nur über den Widerstandskampf. Darüber hinausgehend reden wir über unseren Alltag, über unsere Herkunft, lachen, diskutieren und teilen unser Essen, unser Wissen und unsere popularen Kenntnisse« (Chávez 2006).*[9]

Der Sozialforenprozess begann in Mittelamerika also im Jahr 2001 in Tapachula, Mexiko, und Xelajú, Guatemala, in direkter Auseinandersetzung mit dem PPP. So wie sich die strukturellen Rahmenbedingungen und die Austragungsorte änderten, verwandelten sich auch Selbstbild und kollektive Framingprozesse des Forums. Die Herausforderung, unterschiedliche Perspektiven innerhalb der sozialen Prozesse zu versöhnen, ist damit auch Thema des Mesoamerikanischen Sozialforums. Ein kurzer Blick auf die junge Geschichte des Bewegungsnetzwerkes offenbart harte Verhandlungen um politische Differenzen und Meinungsverschiedenheiten. Das Forum von Managua 2002 war entscheidend für seine politische Orientierung und Positionierung in der Gesellschaft. Hier kam es zu tiefen Meinungsverschiedenheiten zwischen den radikalen Teilen des Bewegungsnetzwerkes, die absolute Zurückweisung der neoliberalen Praktiken und des Kapitalismus als Ganzem verlangen, und den reformistischen Teilen, die Freihandelsabkommen ablehnen, aber zu Verhandlungen mit Regierungen bereit sind. Diese Kluft drohte das Bewegungsnetzwerk zu spalten. Das Organisationskomitee überließ die Entscheidung über die politische Ausrichtung schlussendlich der Dynamik des Forums, das letztlich in der Schlusserklärung seinen antikapitalistischen Charakter hervorhob. In einer späteren Analyse erkannte man, dass sich diese Spaltung zwischen ReformistInnen und Radikalen durch alle linken politischen Lager Zentralamerikas zog. Die historischen zivilen Guerillabewegungen machten denselben Prozess durch: die FSLN in El Salvador, die URNG in Guatemala und die SandinistInnen in Nicaragua. Seit diesem Forum schlich sich eine weitere Veränderung ein. 2002 begannen die Regierungen Zentralamerikas, mit den USA Freihandelspläne auszuhandeln. Gleichzeitig versetzte die mexikanische Regierung den Puebla-Panama-Plan in einen Schönheitsschlaf. In diesem Setting erklärten

---

9 Freie Übersetzung des Autors.

zentralamerikanische Bewegungen den Kampf gegen TLC (Tratados de Libre Comercio, zu dt. Freihandelsverträge) zum Schwerpunkt ihrer Protestaktionen. Das folgende Forum in Tegucigalpa, Honduras, trug dieser Entwicklung Rechnung. Die vom PPP ausgehende Bedrohung verlor für soziale Bewegungen durch sein (mediales) Verschwinden an Gewicht. Das bedeutete einerseits einen Rückschritt für die Integrationsversuche mexikanischer sozialer Bewegungen in zentralamerikanische soziale Prozesse. Andererseits verlagerte sich der Protestfokus vom lokal vernetzten Widerstand – oder, wie es die ZapatistInnen sagen würden, vom Versuch, »von unten und für unten eine Alternative zur neoliberalen Zerstörung zu errichten…, um eine andere Form des Politikmachens zu schaffen« (CCRI-CG 2005) – auf die Lobbyarbeit im Kongress. Diese Veränderungen verursachten einige Kritikpunkte, die bis heute fortbestehen. Im Zentrum der Kritik stehen die Schwammigkeit des Themas und die damit verbundenen Protestmethoden. Gleichzeitig versetzt dieser Fokus Mexiko in eine Randposition, weil es nicht Teil des CAFTA-DR (Freihandelsabkommen zwischen zentralamerikanischen Staaten, der Dominikanischen Republik und den USA) ist. Die strukturellen Rahmenbedingungen und politischen Möglichkeitsstrukturen der Austragungsorte beeinflussen das Framing der nationalen Bewegungslandschaften und damit die Dynamiken des Forums. So stand im Jahr 2005 das VI. Mesoamerikanische Sozialforum in San José, Costa Rica, im Zeichen der nationalen Kampagne gegen die Unterzeichnung des CAFTA. Bis heute hat das mesoamerikanische Bewegungsnetzwerk keine einheitlichen Protestaktionen herstellen können. Es fehlen ein gemeinsamer Arbeitsplan, transnationale Mobilisierungen, regionale Kampagnen und der kleinste gemeinsame ideologische Nenner. Trotzdem spielt das Mesoamerikanische Sozialforum für die Entwicklung einer transnationalen Protestkultur, die Verflechtung zu einer transnationalen Bewegungslandschaft und damit zur regionalen Integration der subalternen Widerstände eine wichtige Rolle.[10]

> *»Die Artikulation der Völker ist sehr wichtig und wir haben sie bereits begonnen. Ich glaube, dass die Kämpfe in Lateinamerika gerade einen Wandel durchmachen. Wir haben in Mesoamerika fast die gleiche Kultur. Das macht es einfach, unsere Anstrengungen zu vereinen. Mir scheint, dass die Einheit aller Bewegungen in Mesoamerika die alternativen Vorschläge gegen das unterdrückende Modell der großen Mächte antreiben können. Der Aufbau von Netzwerken, von sozialen Bewegungen, ist wichtig, um eine Gesellschaft zu erbauen, die Menschenrechte achtet, die Lebensbedingungen verbessert und die Demokratie fördert. Eine Demokratie, die nicht so ist, wie die, die wir jetzt haben. Die wir heute haben, ist nicht partizipativ. Es ist notwendig, eine partizipative Demokratie zu errichten, in der wir alle re-*

[10] Die hier aufbereiteten persönlichen Einschätzungen basieren auf informellen Gesprächen mit zahlreichen BewegungsteilnehmerInnen während des Mesoamerikanischen Sozialforums in San José, Costa Rica (2005).

präsentiert sind und der Staat zum Wohlergehen aller beiträgt. Ich glaube, das sollte ein Ziel der sozialen Bewegungen sein: Eine neue Gesellschaft zu konstruieren« (Martínez 2005).[11]

4.6. Globale Netzwerke, Internacionalismo de hecho und Scale Jumping

> *»Durch das Forum sehen wir, dass die Leute in anderen Ländern die gleichen Probleme haben wie wir. Und wenn wir die gleichen Probleme haben, können wir zusammen kämpfen« (Coreas 2005). »In ganz Zentralamerika haben wir ein Problem mit der Wasserprivatisierung. Aus diesem Grund versammeln wir uns um dieses Thema, um gemeinsam zu kämpfen« (Orellana 2005).*[12]

Die Wechselwirkungen von Lokalem und Globalem an konkreten Orten des Bedeutungs- und Erfahrungsaustausches wie -transfers führen zu einer Universalisierung von Sprache und Botschaften. Das kommunikative Potenzial einer Bewegung ist gefordert, spezielle lokale und kulturell determinierte Wünsche, Notwendigkeiten und Forderungen in einen anderen und größeren Kontext zu übersetzen (vgl. Nash 2005a: 11-12). Transnationale AktivistInnennetzwerke fungieren als ÜbersetzerInnen lokaler Problemstellungen in globale Diskurse, die rund um das Thema soziale Gerechtigkeit zirkulieren. Es kommt zu einem Berührungs- und einem Identifikationsprozess lokaler mit transnationaler Bewegungen, die sich in einer weltweiten globalisierungskritischen Bewegung eingebettet fühlen. Inwieweit diese imaginierte Gemeinschaft erfahren und interpretiert wird, obliegt dem jeweiligen Vorstellungs- und Erfahrungshorizont der AktivistInnen (Appadurai 2001). Eins bleibt auf jeden Fall hervorzuheben und dennoch kritisch zu reflektieren, dass sich nämlich durch die verbesserten Kommunikations- und Transportmittel eine weltweite globalisierungskritische Bewegung formiert hat, die als imaginierte Gemeinschaft durch manifeste und virtuelle Netzwerke sowie kollektive Protestaktionen erfahrbar ist. »In der Geschichte ist es bislang einmalig,

---

[11] Interview mit Feliciano Martínez, Presidente Junta Directiva Nacional Red COMAL – Netzwerk der alternativen kommunalen Kommerzialisierung – Honduras, am 13.12.2005 während des VI. Mesoamerikanischen Sozialforums in San José, Costa Rica (freie Übersetzung des Autors).

[12] Interview mit Ana Deysi Coreas und Alma Estela Orellana, Repräsentantinnen von MIBERLIM – Microempresa Berlinesa Ambiente Limpio – Mujeres Ambientalistas, Usulután, El Salvador, am 13.12.2005 während des VI. Mesoamerikanischen Sozialforums in San José, Costa Rica (freie Übersetzung des Autors).

dass die Zapatistas – entstanden aus der Befreiungsbewegung des Südens – und die GlobalisierungskritikerInnen von Seattle, Genua und Co. – hervorgegangen aus der systemkritischen Bewegung des Nordens – ein globales Netzwerk formen« (Boehme/Walk 2002: 22). Aber wie ist das möglich? Rucht hebt den Prozess des *frame-bridging* hervor (siehe Kapitel 2.5.5.), der die spezifischen Themen von UmweltschützerInnen, Frauengruppen, Dritte-Welt-Initiativen, Menschenrechts- und BürgerInnenrechtsgruppen, kirchlichen Kreisen und kritischen ExpertInnen mit dem Prozess der ökonomischen Globalisierung verbunden hat (vgl. Rucht 2002: 58). Die Entwicklung von gemeinsam geteilten Normen steht dabei im Mittelpunkt der kollektiven Sozialisierungsprozesse. Geteilte Werte, Symboliken und Rituale verleihen dem kollektiven Identifikationsprozess ein ethisches Fundament. Nach June Nash besteht der Kleister, der die unterschiedlichen AkteurInnen innerhalb der globalisierungskritischen Bewegung zusammenhält, aus einem Gemisch von vier gemeinsam geteilten Werten: Menschenrechte, Umweltschutz, individuelle und kollektive Autonomie sowie soziale Gerechtigkeit (Nash 2005a). Riker/Sikkink erkennen in der Entwicklung wie Verbreitung von Normen und ihrem Potenzial zur Veränderung hegemonialer Diskurse einen entscheidenden Beitrag von transnationalen Netzwerken zur Restrukturierung globaler Politikarenen (siehe Riker/Sikkink 2002). Für die Ausdifferenzierung der Protestrhetorik wird mit dem Bezugssystem in Beziehung getreten. Botschaften müssen die Öffentlichkeit berühren, in Institutionen gelangen und ihre AdressatInnen beeinflussen (vgl. Keck/Sikkink 1998: 201). Deswegen ist die Wahl der Protestlinie entscheidend für die Art des Erfolges. Rucht charakterisiert drei unterschiedliche Protestlinien. Die erste Linie zielt auf eine Minderung negativer Globalisierungsfolgen durch Kontroll- und Kompensationsmechanismen und verkörpert den Glauben an eine politische Steuerung von ökonomischen Globalisierungsprozessen. Die zweite Linie formuliert deutlichere Kapitalismuskritik, wobei Umstrukturierungen innerhalb des gegebenen Systems gefordert werden. Die für Rucht kleinste Strömung innerhalb der Bewegungen in Westeuropa verfolgt dagegen eine ausdrücklich antikapitalistische, anti-hegemoniale und anti-systemische Stoßrichtung (vgl. Rucht 2002: 58-59). Sie hat aber in Lateinamerika einen großen Einfluss.

Der Masterframe all dieser Protestlinien besteht in der Kritik an der neoliberalen Globalisierung. Rucht erkennt die Medienresonanz als entscheidende Bedingung für die Entwicklung der globalen Fremd- und Eigenwahrnehmung von *einer* globalisierungskritischen Bewegung. Die qualitativen Sprünge und Unterschiede ortet er anhand von drei Elementen: Es kam zur stärkeren Themenbündelung unter den gemeinsamen Nenner der Globalisierungskritik, zur Zunahme der Kritik gegen die Folgen internationaler Finanztransaktionen und des Schuldenregimes und zur zunehmenden Internationalisierung der Protestkampagnen unter Einbeziehung von Gruppen der südlichen Halbkugel (vgl. Rucht 2002: 74). Die langfristigen Erfolgsaussichten der globalisierungskritischen Bewegung hängen von dem

Experiment ab, die unterschiedlichen Perspektiven und Protestlinien, konzeptionell und politisch zu integrieren und zu einem Gesamtkonzept zusammenzufügen. *Single issue*- und sektorale Ansätze (Nord-Süd Problematik, Verschuldung, Finanzmärkte, Umwelt, Handel, Kultur, Zukunft der Arbeit, Konsum, usw.) gilt es, in eine globalisierungskritische Gesamtperspektive zu integrieren, die den Teilbewegungen und Einzelkampagnen ein gemeinsames Band gibt. Die größte Schwierigkeit für die Zukunft der globalisierungskritischen Bewegung erkennt Rucht in der Bildung einer kompakten Bewegung, wobei anzunehmen ist, dass sich »[…] die Debatten und Spaltungen, die Linke und Linksliberale seit spätestens Anfang des 20. Jahrhunderts umtreiben, auf transnationaler Ebene fortsetzen werden« (Rucht 2002: 76).

4.6.1. Internacionalismo de hecho

Die Gemeinschaftsidentität der globalisierungskritischen Bewegung wird von den Erfolgen transnationaler Protestnetzwerke genährt. An dieser Stelle scheint es sinnvoll, eine Differenzierung zwischen Sozialforen und transnationalen AktivistInnennetzwerken zu treffen, um die ineinander verwobene Beziehung zu beleuchten (siehe Kapitel 2.2.). Sozialforen können als lose Bewegungsnetzwerke gesehen werden, deren Stärke in den bereits erwähnten symbolischen, diskursiven und identitätsstiftenden Politikelementen und weniger in ihrer kollektiven Handlungsfähigkeit zu finden ist. Sie können aber gleichzeitig Entstehungsgrundlage für stärker strukturierte und handlungsorientierte AktivistInnennetzwerke sein, die sich entlang geteilter Problematiken, Arbeitsschwerpunkten, Werten oder Protestmethodiken bilden. Die Erfolge dieser AktivistInnennetzwerke wirken wiederum stärkend auf die Gemeinschaftsidentität *der* globalisierungskritischen Bewegung zurück. Nach Kitschelt können wir die Wirkungen sozialer Bewegungen und transnationaler Aktionsnetzwerke in »prozeduralen Erfolg«, neuen Themen Zugang zum politischen Prozess zu verschaffen; »substantiellen Erfolg«, neue bindende Politiken zu erwirken, und »strukturellen Erfolg«, die Gelegenheitsstrukturen selbst zu verändern, gliedern (vgl. Kitschelt 1999: 156). Keck/Sikkink (1998) betonen darüber hinaus ihr Potenzial zur Veränderung hegemonialer Diskurse. Im Sinne der *cultural politics* sollen die Erfolge sozialer Bewegungen »[…] nicht mehr allein an den institutionellen Umsetzungen oder Repräsentationen ihrer Forderungen gemessen werden, sondern auch daran, wie sie ausschließende Diskurse destabilisieren, verändern und neue Diskursfelder erobern« (Kastner 2004: 261). Das ultimative Ziel für direkte Protestaktionen besteht darin, eine Verhaltensänderung bei den AdressatInnen ihres Protests zu erwirken. Natürlich beeinflussen die politischen Möglichkeitsstrukturen in den Ländern die Erfolgschancen sozialer Bewegungen (siehe Kapitel 2.5.2.). In diesem Zusammenhang betont Sidney Tarrow die Abhängigkeit des Protesterfolgs von »cycles of contention« (Protestzyklen), welche die Einmaligkeit von Protesterfolgen in Raum und Zeit charakterisieren. Er versteht darunter eine Phase von verstärkten Konflikten innerhalb eines sozialen Systems, die Bewegungsprozesse dynamisieren und unerwartete Erfolge für soziale Bewegungen ermöglichen. Die Verbreitung von kollektiven Aktionen, die schnelle Entwicklung von Protestinnovationen, die Beschleunigung von frame-bridging-Prozessen, erhöhte BürgerInnenbeteiligung und ein gesteigerter Informationsfluss wie Austausch zwischen sozialen AkteurInnen können sozialen Bewegungen temporäre Vorteile verschaffen und ihre schwache Ressourcenbasis überwinden helfen (vgl. Tarrow 1998: 142).

Renato Di Nicola, Mit-Initiator des *Abruzzo Social Forum* in Italien, betont im Interview während des Internationalen Forums zur Verteidigung des Wassers in Mexiko Stadt die Wichtigkeit eines *Internacionalismo de hecho* (De-facto-Internationalismus).

> *»Wir brauchen einen globalen Aktionsplan. Zum Beispiel: Die EU versucht, durch die Direktive Bolkenstein die öffentlichen Dienstleistungen zu privatisieren. Deswegen haben wir uns auf europäischer Ebene im Mai in Athen [am 4. Europäischen Sozialforum] vernetzt und kooperieren mit den anderen hier auf globaler Ebene, um eine solidarischere Plattform aufzubauen, mehr Menschen kennen zu lernen, uns mit den anderen Kämpfen zu verbinden und einen De-facto-Internationalismus zu praktizieren« (Di Renato 2006).*[13]

Wie dieser De-facto-Internationalismus ausschauen kann, erklärt Di Renato anhand des Staudammprojekts *La Parota* im Bundesstaat Guerrero, Mexiko.

> *»Der Fall* La Parota *kann für uns in Italien interessant werden, denn eines der Unternehmen, das die Lizenzierung erhalten könnte, ist ein italienisches. Wenn das passiert, spielen wir eine wichtige Rolle, da wir von Italien aus gegen dieses Unternehmen kämpfen und somit die Compas von* La Parota *unterstützen können. Das wäre ein perfektes Beispiel für einen De-facto-Internationalismus« (Di Renato 2006).*[14]

Renato Di Nicola verweist damit auf eine weitere Eigenschaft von transnationalen Sozialforenprozessen. Durch die multiplen Begegnungen von unterschiedlichen sozialen AkteurInnen mit ähnlichen Arbeitsagenden kann es am Bankett der globalisierungskritischen Bühne zur Formation von transnationalen Advocacy-Netzwerken kommen. »Transnational value-based advocacy networks are particularly useful where one state is relatively immune to direct local pressure and linked activists elsewhere have better access to their own governments or to international organizations. Linking local activists with media and activists abroad can then create a characteristic ›boomerang‹ effect, which curves around local state

---

[13] Interview mit Renato Di Nicola, Mit-Initiator des *Abruzzo Social Forum* in Italien, am 14.03.2006 während des Internationalen Forums zur Verteidigung des Wassers (FIDA) in Mexiko Stadt (freie Übersetzung des Autors).

[14] Freie Übersetzung des Autors.

indifference and repression to put foreign pressure on local policy elites« (Keck/ Sikkink 1998: 200). Auch Oscar Olivera, Sprachrohr der *Coordinadora* (Coalition for the Defence of Water and Life) in Cochabamba, Bolivien, betont in seinem Eröffnungsvortrag am FIDA die Tragweite des *Internacionalismo de hecho* und die Bedeutung der Artikulationsprozesse von sozialen Bewegungen weltweit. Nachdem der multinationale Konzern Bechtel im Zuge des bekannten bolivianischen Wasserkrieges von den AnhängerInnen der *Coordinadora* zur Schließung der Niederlassungen und Einstellung der Geschäftstätigkeiten getrieben wurde, verklagte der Konzern den Staat Bolivien am Schiedsgericht der Weltbank auf entgangene Gewinne.[15] Aufgrund des von internationalen Protestkampagnen aufgebauten politischen Drucks zog Bechtel schlussendlich die Klage zurück. Olivera dazu:

> *»Ein zweiter wichtiger Sieg ist das Produkt dieser Artikulationprozesse, dieser Sozialisationsprozesse von Erfahrungen, der gegenseitigen Inspiration von siegreichen Kämpfen kleiner und verarmter Völker wie des unseren... Was die Multis vor allem dazu bewog, Abstand von diesem Prozess zu nehmen, war die Leistung der sozialen Bewegungen von Bolivien, USA, Kanada, Italien und Spanien, die sich in dieser Art von Foren über die Ungerechtigkeit dieser unmoralischen Anklage ausgetauscht und vernetzt haben. Heute können wir sagen, dass diese Anklage nicht mehr existiert. Und das ist nicht allein der Sieg des Volkes aus Cochabamba, das im Jahr 2000 den Multi vertrieben hat. Es ist der Sieg der Völker dieser Welt, die ermüdet sind von Gerichten, die uns bestrafen wollen. Wir müssen sagen, dass das wahre Gericht das Volk ist, wir sind« (Olivera 2006).*[16]

4.6.2. Bewegungsorganisationen und NGOs

Zwei Herangehensweisen von *political entrepreneurs* sind für dieses Buch von spezieller Bedeutung. Die eine verfolgt das Ziel, marginalisierten BewegungsteilnehmerInnen Zugang zur demokratischen Gestaltung ihres Lebensraumes

---

[15] Der »Wasserkrieg« von Cochabamba: Die negativen Auswirkungen der Wasserprivatisierung in der Provinz Cochabamba provozierten wochenlange Generalstreiks und gewalttätige Auseinandersetzungen zwischen DemonstrantInnen und Polizeieinheiten. Die zivilgesellschaftliche Plattform »La Coordinadora« koordinierte die Proteste, die im April des Jahres 2000 die Regierung dazu zwangen, die Konzessionsverträge mit einem Tochterunternehmen des multinationalen Wasserkonzerns Bechtel zu kündigen und die Administration der Wasserversorgung in die Obhut der organisierten Zivilbevölkerung zu übergeben.

[16] Ausschnitt aus der Aufzeichnung des Eröffnungsvortrags von Oscar Olivera, internationaler Wasseraktivist und Sprachrohr der *Coordinadora*, Bolivien, am 17.03.2006 während des Internationalen Forums zur Verteidigung des Wassers (FIDA) in Mexiko Stadt (freie Übersetzung des Autors).

und Teilhabe an politischen Prozessen zu ermöglichen. Ihre zentrale Arbeitsmethodik besteht darin, BewegungsteilnehmerInnen mit kritischen Informationen zu versorgen, die Vernetzung von Bewegungen und Basisinitiativen zu intensivieren und mobilisierungsfähige *frames* zu produzieren. Die zweite Herangehensweise von *political entrepreneurs* fokussiert auf weniger mobilisierungsfähige Themen. Ihre zentrale Methodik liegt im anwaltschaftlichen Lobbyismus und *quiet-diplomacy*-Strategien (siehe Keck/Sikkink 1998). Beide Varianten mögen ineinander verwoben sein, zusammenarbeiten und sich in Netzwerkprozessen wiederfinden. Da die erste Herangehensweise in ihrer Vermittler- und Moderationsfunktion für die direkte Organisations-, Vernetzungs-, Mobilisierungsarbeit von zentraler Bedeutung ist, steht sie in diesem Kapitel im Zentrum des Interesses. Bewegungsorganisationen und NGOs nehmen, wie bereits erwähnt, in Netzwerk- und Forenprozessen eine wichtige Funktion ein. Der Zweck von Bewegungsorganisationen ist die kollektive Mobilisierung und die Unterstützung der zahlreichen, aber lose vernetzten lokalen Gruppierungen (Rucht/Neidhardt 2001). Die von ihnen gebildeten Netzwerke schaffen das Fundament für translokale Organisations- und Mobilisierungsprozesse. Ihre partizipative Ausrichtung und populare Einbettung ist ein Kriterium dafür, welchen Charakter Netzwerktreffen bekommen und wie sie von den TeilnehmerInnen wahrgenommen werden. Aufgrund ihrer Professionalisierung, internationalen Einbettung und Ressourcenkraft üben sie einen nicht unwesentlichen Einfluss auf die ideologische und konzeptionelle Ausrichtung von Sozialforen wie AktivistInnennetzwerken und deren Positionierung und diskursive Situierung in der Gesellschaft aus.

Albro hebt in seiner Analyse der sozialen Prozesse rund um die Wasserprivatisierung in Cochabamba, Bolivien, die Rolle von NGOs hervor, die oft für die Planung und Finanzierung von Netzwerktreffen und Sozialforen verantwortlich waren. Regionale NGO-Netzwerke nehmen sich zur Aufgabe, verschiedene AktivistInnen aus unterschiedlichen sozialen Sektoren durch Foren, Diskussionsveranstaltungen, Netzwerkmeetings und andere bridge-building-Initiativen zusammenzubringen. Deswegen spielen sie eine wichtige Rolle in der Formierung von Arbeitsbeziehungen zwischen lokalen Führungspersönlichkeiten, (nationalen oder internationalen) AktivistInnen und NGO-MitarbeiterInnen. Ihre Funktion kann nach Albro als ein »networked forum« bezeichnet werden – mit dem Ziel, populare Partizipationsprozesse zu unterstützen (Albro 2005: 258). In diesem Sinn kann auch das chiapanekische Forschungszentrum CIEPAC (Center for Economic and Political Research for Community Action) mit Sitz in San Christóbal de las Casas, Südmexiko, verstanden werden, dessen primäres Ziel darin besteht »populare Partizipationsprozesse« zu unterstützen.[17] In der Selbstdarstellung auf seiner Homepage beschreibt CIEPAC seine Funktion in sozialen Prozessen, seine Perspektive für Gesellschaftsveränderung und seine Arbeitsweise:

---

[17] Zur Begriffserklärung von »popular« siehe Kapitel 2.3.

»We are convinced that the major changes needed to construct a more democratic world, with justice and dignity, will come from the bottom up, from grassroots social organizations. We believe that the overall nature of the struggle will be determined by broad-based social movements. As a civil organization, therefore, we do not aspire in any way to head up or ›guide‹ social movements. Our goal is to accompany, educate, train and advise social organizations and movements, but never to take their place. At times we are an ›information bridge‹ between social organizations and the international community, but this is a momentary situation and believe it best to withdraw from this role once direct ties have been established« (URL 1).

CIEPAC verweist auf Netzwerke als wichtige Voraussetzung zur effektiven Koordination von Protesten und für den Aufbau von Alternativen. Daher ist ein Arbeitsschwerpunkt des Forschungszentrums, subalternen AkteurInnen bei der Ausübung ihres Rechts auf Versammlungsfreiheit unter die Arme zu greifen. In der Selbstdarstellung heißt es diesbezüglich:

»CIEPAC has helped to promote and create tolerant ›spaces‹ or opportunities to coordinate activities around topics that are of crucial importance in today's world. Similarly, CIEPAC has helped encourage forums and gatherings on diverse topics, such as the increasing militarization of our lives, the indigenous autonomy movements, environmentally-unsound dams, our disappearing biodiversity, the Plan Puebla Panama, the World Trade Organization, reconciliation and peace... We are convinced of the power of working within networks and linking with other like-minded groups in order to strengthen, coordinate and ›globalize‹ the work needed to achieve a better world« (URL 1).

NGOs und Bewegungsorganisationen sind so Schnittstelle zwischen Lokalem und Globalem und eröffnen für lokale AktivistInnen den Raum zu weltweiten AktivistInnennetzwerken (Albro 2005). Für Miguel Pickard, Mitarbeiter des chiapanekischen Forschungszentrums CIEPAC, besteht die Hauptaufgabe seiner Organisation darin, subalternen AkteurInnen die Unterstützung bereitzustellen, um an der Konstruktion von »neuen sozialen Subjekten« mitwirken zu können. Diese subalterne Partizipation findet in Mexiko im Fall der Anderen Kampagne nicht in staatlich legitimierten Institutionen statt. Sie bezieht sich vielmehr auf die Teilhabe an Netzwerkprozessen innerhalb der Zivilgesellschaft, die wiederum erst volle Legitimation erhalten, wenn die marginalisiertesten Stimmen repräsentiert sind und sich zudem aus Netzwerkprozessen konkrete Aktionen ergeben (siehe Kapitel 6.). Auf die Frage, ob sich die Gemeinschaftsidentität des neuen sozialen Subjekts durch kollektive Aktionen formt, antwortet Pickard:

»Genau. Durch ihre politischen Aktionen und durch den Willen, die Stimmen zu potenzieren, die an der Konstruktion dieses sozialen Subjekts partizipieren müssten, aber seit Jahrhunderten unterdrückt und zum Schweigen gebracht werden. Es gibt einen Wunsch von Seiten ziviler Organisationen

wie der unseren, diese Stimmen zu potenzieren, damit sie an der Bildung dieses neuen sozialen Subjekts teilhaben können. Ich glaube, dass dies unsere Aufgabe hier ist« (Pickard 2006).[18]

4.6.3. Scale Jumping

Scale Jumping bedeutet für die Bewegungsforschung soviel wie das Switchen von sozialen AkteurInnen zwischen lokalen, nationalen und globalen Ebenen und Politikarenen, um ihren Anliegen zum Durchbruch zu verhelfen. »Activists may ›shop‹ the entire global scene for the best venues to present their issues, and seek points of leverage at which to apply pressure« (Keck/Sikkink 1998: 200). Aber erst die Eingebundenheit in transnationale Bewegungsnetzwerke ermöglicht »multilevel claims« (Brysk 2000: 285), die Ausdehnung des Protestrepertoires und die Steigerung ihrer Erfolgschancen. Daher arbeiten soziale Bewegungen daran, die unterschiedlichen Interventionsebenen für politisches Handeln, die lokale, die nationale, transnationale wie regionale und die globale Ebene, strategisch miteinander zu verknüpfen (vgl. Wahl 2002: 180). Ein Blick auf die Protestbewegung CECOP (Consejo de Ejidos y Comunidades Opositores a la Presa La Parota, zu dt. Rat der Ejidos und Gemeinden in Opposition zum La Parota Staudamm) soll diese Dynamiken und Herausforderungen beleuchten. In der Nähe des Touristenparadieses Acapulco im mexikanischen Bundesstaat Guerrero soll der Staudamm La Parota gebaut werden. Der knapp fünf Jahre andauernde Widerstand der BürgerInneninitiative CECOP richtet sich gegen die angedrohte Umsiedlung von 25.000 Menschen aus 36 Landgemeinden. Zum einen wird der juristische Weg gegen die Mexikanische Bundesbehörde für Elektrizität (CFE), die bundesstaatliche Regierung, das Sekretariat für Umwelt und natürliche Ressourcen (SEMARNAT) und die nationale Agrarverwaltungsstelle gesucht, die allesamt hinter dem Staudammprojekt stehen. Aufgrund des Vertrauensverlusts in den mexikanischen Rechtsstaat findet gleichzeitig ein beispiellos vernetzter politischer Widerstandsprozess statt, der unterschiedliche Protestmethoden auf diversen Ebenen vereint. Auf lokaler Ebene stehen die Verteidigung des eigenen Territoriums und die Suche nach Unterstützung im öffentlichen Raum auf der Arbeitsagenda. Aufbau und Konsolidierung der Basisbewegung und des translokalen Protestnetzwerkes, Dialoge, Bewusstseinsbildungsarbeit, Straßenblockaden, Demonstrationen und Besetzungen öffentlicher Einrichtungen kennzeichnen die lokalen Protestmethoden.

»Wir besuchten die Gemeinden, eine nach der anderen. Und viele Leute haben nicht geglaubt, was wir sagten. Sie sagten, wir wären verrückt und würden uns gegen die Entwicklung stellen. Sie [Anm. Regierungsstellen]

---

[18] Interview mit Miguel Pickard, Mitarbeiter von CIEPAC, am 02.05.2006 in San Christóbal de las Casas, Chiapas, Mexiko (freie Übersetzung des Autors).

hatten ihnen bereits die Idee vom Fortschritt verkauft. Fortschritt in Anführungszeichen, denn Fortschritt wird es durch den Staudamm La Parota niemals geben« (Hernandez 2005).[19]

Mithilfe von mexikanischen Menschenrechts- und Umweltorganisationen (wie Cemda, Tlachinollan, Prodh, Serapaz, el Espacio Desc, Imdec oder Ciepac) klingte sich CECOP in nationale, transnationale und globale Bewegungs- und Aktionsnetzwerke (FIAN Interncional, Coalición para el Habitat, Fundación por una Nueva Cultura del Agua de España, el MAB, Assemae de Brasil, Red Vida, Canadian Council, Vía Campesina, Allianza Social Continetnal oder Rmalc) ein. Darüber hinaus begannen sie, selbst Forenprozesse zu initiieren und aktiv mitzugestalten. CECOP wurde zum Aushängeschild für die Anti-Staudammbewegung in Mexiko und darüber hinaus. 2004 war CECOP Gastgeber für das erste Treffen von MAPDER, der »Mexikanischen Bewegung gegen Staudämme und für die Verteidigung der Flüsse«, das über 600 Personen von 60 zivilen Organisationen aus Mexiko zusammenführte. Teilnahmen am Mesoamerikanischen und Lateinamerikanischen Treffen von Staudammprojektbetroffenen intensivierten die Framingprozesse, den Erfahrungsaustausch, die Solidarisierung mit sozialen Bewegungen und die Koordination transnationaler Protestaktivitäten. Felipe Flores Hernandez von CECOP sprach im Interview während des Lateinamerikanischen Treffens von Staudammprojektbetroffenen in Cubulco, Guatemala, über seine Eindrücke vom Forum. Teil des Programms war die Besichtigung des Staudamms Chixoy, dessen Erbauung Zwangsenteignungen und Massenproteste provozierte. Im Zuge der Proteste wurden 444 Menschen vom guatemaltekischen Militärapparat ermordet (siehe Kapitel 4.8.1.).

»Heute nehmen wir von hier ein Zeugnis mit, eine wichtige Erfahrung, nämlich die, dass Staudämme nicht zu der Art von Entwicklung gehören, von der sie sprechen, der nachhaltigen Entwicklung… Die Situation die unsere Compañeros vom Staudamm Chixoy erlebten, belegt dies. Hier, wo am Rio Negro die Dorfgemeinschaften komplett verschwunden sind und die Einwohner massakriert wurden… Wir haben herausgefunden, dass die Entwicklung nicht uns zugute kommt, sondern den transnationalen Unternehmen, die sich bereichern und Gewinne abschöpfen. Mit dem Staudammprojekt wollen sie sich alles nehmen. Sie werden sich das Wasser und den Strom aneignen und alles privatisieren. Und sie werden unsere natürlichen Ressourcen wegnehmen, wie das Flussbecken vom Río Papagayo, wie die Erde und die Biodiversität unseres Staates Guerrero und des ganzen Südostens von Mexiko… Und wir haben entdeckt, dass hinter dem Staudammprojekt La Parota der PPP und die transnationalen Organisationen stecken. Sie sind die Anheizer des Projekts« (Hernandez 2005).[20]

---

[19] Interview mit Felipe Flores Hernandez, Sprecher der Anti-Staudammbewegung CECOP, am 19.10.2005 während des Lateinamerikanischen Treffens von Staudammprojektbetroffenen (REDLAR) in Cubulco, Guatemala (freie Übersetzung des Autors).

[20] Freie Übersetzung des Autors.

Die Enttäuschung über die fehlende Unterstützung durch den Gouverneur Carlos Zeferino Torreblanca Galindo von der Partei der demokratischen Revolution (PRD) sowie die Kriminalisierung ihres Protests gekoppelt mit dem transnationalen Erfahrungsaustausch und der Erkenntnis, dass *La Parota* in die neoliberale Entwicklungsstrategie für den Südosten Mexikos, den Puebla-Panama-Plan, eingebettet ist, der den Bau von 330 Staudämmen in der Region vorsieht, bewirkten die Abkehr von der institutionalisierten Linken und die Verortung ihres Protests in einen gesamtgesellschaftlichen Zusammenhang. CECOP wurde Mitglied in der bereits erwähnten AMAP, der mexikanischen Allianz gegen den Puebla-Panama-Plan, und ist seither direkt mit dem regionalen, kontinentalen und globalen Sozialforenprozess verlinkt. Als Anhänger der Anderen Kampagne, die den Aufbau einer nationalen, außerparlamentarischen und antikapitalistischen Bewegung in Mexiko zum Ziel hat, beherbergte CECOP im April 2006 die Sechste Kommission der EZLN rund um Subcommandante Marcos (siehe Kapitel 6.). CECOP war Gründungsmitglied von COMDA, der »Mexikanischen Koalition für das Recht auf Wasser«, die zum Boykott des 4. Weltwasserforums in Mexiko Stadt aufriefen und für die bürgerschaftliche Kontrolle der lokalen und regionalen Wasserressourcen in Mexiko mobilisieren. Während des Internationalen Forums zur Verteidigung des Wassers (FIDA) in Mexiko Stadt konnte CECOP Vernetzungsprozesse zur Weltwasserbewegung intensivieren – zum Beispiel zu Maude Barlow, der Vorsitzenden der größten Watchdog Organisation Kanadas, »The Council of Canadians«, und Mitbegründerin des »Blue Planet Projects« (siehe Kapitel 4.8.2.). CECOP gelang während der Parallelveranstaltungen zum offiziellen Weltwasserforum ein wichtiger symbolischer Erfolg: Das Lateinamerikanische Wassertribunal, ein zivilgesellschaftliches Schaugericht, nahm den Fall CECOP in seine Arbeitsagenda auf und verurteilte die in den Konflikt involvierten staatlichen Institutionen wegen ihrer menschenrechtsverletzenden Praktiken, verlangte den sofortigen Baustopp und stellte die Sinnhaftigkeit des gesamten Staudammprojekts in Frage. Obwohl der Urteilsspruch keine rechtwirksamen Konsequenzen hat, unterstützt er die Konflikttransformationsprozesse durch Ermittlung und Aufarbeitung von Fakten des Streitverfahrens, wobei sich seine Schuldsprüche in moralische Sanktionen verwandeln und die Legitimität sozialer Kämpfe stärken. Auf dieses Urteil Bezug nehmend, erwähnt das Komitee für wirtschaftliche, soziale und kulturelle Rechte der Vereinten Nationen in seinem Bericht über die Einhaltung des gleichnamigen Internationalen Paktes den Fall *La Parota* und empfiehlt dem mexikanischen Staat, die betroffenen Gemeinden in Übereinstimmung mit dem internationalen Menschenrechtspakt zu konsultieren, ihre Einwilligung einzuholen und den Schutz ihrer Eigentumsrechte zu garantieren.

Diese grobe Skizze über die Eingebundenheit der lokalen Protestbewegung in multiple Netzwerkprozesse und Politikarenen, mit dem Ziel der Stärkung ihrer Basisautonomie, der Verteidigung ihres Territoriums, der Suche nach externer

Unterstützung und des Aufbaus von öffentlichem Druck auf EntscheidungsträgerInnen, offenbart die Komplexität der glokalisierten Bewegungswelten. Wenn der Rausch des kosmopolitischen Bewegungs*lifestyles* verpufft, bleibt im Angesicht von Gewalt und Kriminalisierung der ortsbezogene Kampf um die eigene, zum Leben notwendige Umwelt, die größte Herausforderung. Im März dieses Jahres war CECOP Gründungsmitglied der »Frente Guerrerense contra la Represión y la Impunidad« (Front von Guerrero gegen Repression und Straffreiheit, kurz FGRI), ein Aktionsnetzwerk gegen die Kriminalisierung des sozialen Widerstandes in Guerrero.

> *»Wir, die Sprecher der Bewegung, haben Todesdrohungen erhalten. Wir sind auch verfolgt worden. Die Polizei hält sich immer in der Nähe unserer Häuser auf. Wir können nicht mehr einfach mit unseren Familien aus dem Haus gehen, einen Spaziergang machen... Wie wir die Situation sehen? Gewalt, Gewalt und noch mehr Gewalt. Durch die CFE [Anm. Mexikanische Bundesbehörde für Elektrizität] hat man uns geschlagen, uns unterdrückt, uns eingesperrt und drei Compañeros ermordet. Das einzige Delikt, das wir begangen haben, ist, unser Land und das Wasser des Flusses* Papagayo *zu verteidigen« (Suástegiu 2006).*[21]

4.7. Transnationale Bewegungsnetzwerke in Lateinamerika

> *»Das Forum ist ein wichtiger Raum. Man muss aber von der Versammlung zur Aktion übergehen« (Orellana 2005).*[22]

Vernetzungsprozesse von sozialen Bewegungen, zivilgesellschaftlichen Initiativen und NGOs entzünden sich in Lateinamerika an wirtschafts- und umweltpolitischen Themen. Modernisierungs- und Entwicklungsprojekte mit zunehmend transnationalem Charakter und bilaterale wie multilaterale Freihandelsabkommen mit ihren ermöglichenden AkteurInnen spannen dabei den Schirm, der einen übergeordneten Identifikations- und Mobilisierungsprozess erlaubt (siehe Kapitel 3.5.). Darunter entfaltet sich eine Vielzahl von themenspezifischen und sektoralen Protestnetzwerken, die rund um einzelne Auswirkungen dieser Rahmenbe-

---

21 Aufzeichnung der Rede von Marco Antonio Suástegiu, Sprecher der Anti-Staudammbewegung CECOP, am 18.03.2006 während des Treffens der mexikanischen Anti-Staudammbewegung (MAPDER) in Mexiko Stadt (freie Übersetzung des Autors).

22 Interview mit Alma Estela Orellana, Repräsentantin von MIBERLIM – Microempresa Berlinesa Ambiente Limpio – Mujeres Ambientalistas, Usulután, El Salvador, am 13.12.2005 während des VI. Mesoamerikanischen Sozialforums in San José, Costa Rica (freie Übersetzung des Autors).

dingungen organisieren. Es sind soziale Kämpfe gegen Minenbau, Biopiraterie, Wasserprivatisierung, Staudämme und Militarisierung, die translokale und transnationale Netzwerke knüpfen und globale Allianzen bilden. Die *cultural politics* dieser Bewegungsnetzwerke rütteln an den Grundmauern des Gesellschaftsparadigmas und erinnern daran, dass für eine nachhaltige Umsetzung ihrer Forderungen die Veränderung der dominanten politischen Kultur auf dem Spiel steht. Ein Blick in transnational vernetzte Bewegungslandschaften und Problemkonstellationen soll diese Dynamiken veranschaulichen.

4.7.1. Die Anti-Staudammbewegung in Lateinamerika

Der im Jahr 2000 veröffentlichte Bericht der Weltkommission zu Staudämmen (World Comission on Dams, kurz WCD) fällt ein vernichtendes Urteil über die negativen Auswirkungen von großen Staudammprojekten (siehe URL 2, URL 3 und URL 4). Wurden diese Megaprojekte zwischen 1930 und 1970 mit wirtschaftlicher Entwicklung und Fortschritt gleichgesetzt, gelten sie im internationalen Diskurs spätestens seit dem Bericht der WCD als umstritten (Castro Soto 2005d). Damit wird der Anti-Staudammbewegung der Rücken gestärkt. Seit den 1970er Jahren sind es von Enteignung und Zwangsumsiedlung betroffene Communities, die gegen den Bau von Staudammprojekten mobilisieren und für eine nachhaltige Entwicklung ins Feld ziehen. Sie haben erfolgreiche Allianzen mit MenschenrechtsaktivistInnen, UmweltschützerInnen, indigenen wie Bauernorganisationen geschlossen und gaben in vielen Ländern den Anstoß zur Entstehung breiter Umweltschutzbewegungen (McCully 1996). Auf globaler Ebene kam es 1997 zum ersten internationalen Treffen von Staudammprojektbetroffenen in Curitiba, Brasilien. Das Vorbereitungskomitee bestand aus der Brasilianischen Bewegung von Staudammprojektbetroffenen (MAB), dem International Rivers Network (IRN), der indischen Bewegung zur Rettung der Narmada (NBA), der chilenischen Aktionsgruppe für den Biobío und dem European Rivers Network (ERN). Bei diesem ersten globalen Sozialforum zur Staudammproblematik wurde zur Stärkung einer zunehmend international vernetzten Bewegung der Weltstaudammtag ausgerufen. Seither kommt es am 14. März, dem globalen Aktionstag gegen Staudämme, für Flüsse, Wasser und Leben zu weltweit verbundenen Solidaritäts- und Protestaktionen.

Die katastrophalen Auswirkungen von Staudammprojekten provozierten in Lateinamerika einen enormen Widerstand der betroffenen Gemeinden und transnationale Netzwerkprozesse. Der Ursprung der Anti-Staudamm-Bewegung in Lateinamerika lag in Brasilien. Hier fanden seit 1989 nationale Treffen der »Bewegung der Betroffenen von Staudämmen in Brasilien« (MAB) statt. Zum 1. Treffen des Lateinamerikanischen Netzwerkes gegen Staudämme kam es 1999 in Sao Paolo. Es folgte im Jahr 2002 das zweite Treffen in Posadas, Argentinien. Im selben Jahr organisierte Mittelamerika das 1. Mesoamerikanischen Forum gegen

Staudämme in Guatemala (Castro Soto 2005f). In den Jahren danach erarbeiteten zuerst Costa Rica (»Das Nationales Forum der von Wasserkraftwerken betroffenen Dörfer«), dann Mexiko (»Die Mexikanische Bewegung gegen Staudämme und für die Verteidigung der Flüsse«), Panama (»Das Nationale Forum gegen Staudämme«) und Guatemala (»Die Nationale Guatemaltekische Front gegen Staudämme«) nationale Netzwerke.

Mitte Oktober 2005 fand das 3. Lateinamerikanische Treffen des Netzwerkes der Betroffenen von Staudammprojekten (REDLAR) in Cubulco, Guatemala, statt (Castro Soto 2005e). Die Auswahl des Standortes für das Forum war kein Zufall, denn 1985 war in ebendieser Region der Staudamm Chixoy endgültig eingeweiht worden. Mit technischer Hilfe und Darlehen der Weltbank und der Interamerikanischen Entwicklungsbank realisiert, betrugen die Gesamtkosten 40% der gesamten Auslandsschuld Guatemalas von 1988. Die Opposition der direkt betroffenen BürgerInnen wurde vom Militärapparat niedergeschlagen und vierhundertvierundvierzig Menschen ermordet. Zahlreiche multinationale Konzerne aus Europa und den USA waren am Bau beteiligt. Doch niemand übernahm bis heute Verantwortung für die Verbrechen (Castro Soto 2005c). Nun haben die GastgeberInnen eine Klage gegen die guatemaltekische Regierung am Interamerikanischen Strafgerichtshof eingereicht, um gegen Straflosigkeit und für Entschädigungszahlungen zu kämpfen.

Das Treffen, an dem 400 Delegierte von 112 Organisationen aus 25 Ländern teilnahmen, stand im Zeichen der zunehmenden Mobilisierung gegen neoliberale Entwicklungsstrategien. Neben dem Erfahrungsaustausch der Betroffenenvereinigungen und einer breiten Analyse vorgefundener Realitäten ging es vor allem um die Erarbeitung eines kontinentalen Aktionsprogramms. Kampagnen gegen Internationale Finanzinstitutionen (wie Weltbank, Internationaler Währungsfonds oder Interamerikanische Entwicklungsbank) und transnationale Konzerne (wie die spanischen Energiekonzerne Union Fenosa und Endesa) sind geplant. Auch eine Bilanzierung der Erfolge wurde unternommen. In den letzten Jahren konnten durch Straßensperren, Streiks, Besetzungen, Blockaden, öffentliche Anzeigen, Volksabstimmungen und mit Hilfe internationaler Solidarität viele Staudammprojekte verhindert werden. Nationale Protestplattformen in Costa Rica, Guatemala und Argentinien konnten durch Volksabstimmungen den Bau von Wasserkraftwerken am *Río Pacuare*, *Río Hondo* und *Corpus Christi* verhindern (siehe URL 5).

4.7.2. Bewegungsnetzwerke gegen Wasserprivatisierung

Im Rahmen der WHO wird das Allgemeine Abkommen über den Handel mit Dienstleistungen (kurz GATS) verhandelt. Es hat die Liberalisierung öffentlicher Dienstleistungen wie Wasser, Gesundheit, Bildung, öffentlicher Verkehr und Energie zum Ziel. Damit sollen auch die Wasservorkommen den Gesetzen des

Marktes und dem Wettbewerb zwischen multinationalen Konzernen unterworfen werden. Die Weltbank schätzt den globalen Wassermarkt auf 800 Milliarden Euro pro Jahr.[23] In diesem Licht präsentierte sich im März 2006 das 4. Weltwasserforum, das Stelldichein der Wasserindustrie in Mexiko Stadt. Das Weltwasserforum wird alle drei Jahre vom Weltwasserrat organisiert, ein Think Tank für globale Wasserfragen, dessen 300 Mitglieder (u.a. Entwicklungs- und UN-Agenturen, Ministerien, Wissenschaftsinstitute und Nichtregierungsorganisationen) – und darunter vor allem multinationale Konzerne und die Weltbank – für eine wirtschaftsliberale Ausrichtung sorgen (Hofstetter 2006). Damit begannen sich auch zivilgesellschaftliche Initiativen in Mexiko mit den düsteren Zukunftsprognosen der Trinkwasserversorgung zu befassen.[24] Mit dem Ziel, ein alternatives Weltwasserforum zu organisieren und ein nationales Aktionsbündnis gegen Wasserprivatisierung aufzubauen, luden mexikanische Initiativen am 21. und 22. Januar 2006 zur »1. Nationalen Versammlung zur Verteidigung des Wassers und gegen dessen Privatisierung« in Mexiko Stadt, auf der die Gründung der »Mexikanischen Koalition für das Recht auf Wasser« (COMDA) feierlich verlautbart wurde. Es nahmen zahlreiche Netzwerke wie Allianzen und rund 200 Delegierte von mehr als 110 sozialen und umweltpolitischen Organisationen aus dreizehn Bundesstaaten Mexikos teil.[25] Sie manifestierten den Vertrauensverlust in alle politischen Parteien und forderten das Menschenrecht auf Wasser ein, das im Internationalen Pakt über wirtschaftliche, soziale und kulturelle Rechte festgeschrieben ist (siehe dazu Artikel 11 und 12 des Paktes und die Ausformulierung dessen im Dokument *Observación* 15). In der Schlusserklärung wurde zu einem neuen Verhältnis zwischen Gesellschaft und Natur aufgerufen, dessen Fundament das historische Erbe der indigenen Völker und deren integraler Umgang mit dem Lebensmittel Wasser sein soll. Profitmaximierung darf bei der Wasserversorgung

---

[23] Alleine der europäische Wassermarkt wird auf 80 Milliarden Euro und der österreichische auf 1 Milliarde Euro geschätzt (siehe URL 6).

[24] Dem UNO-Weltwasserbericht 2003 zufolge haben weltweit 1,1 Milliarden Menschen keinen Zugang zu sauberem Trinkwasser. 2,4 Milliarden Menschen verfügen über keine elementaren sanitären Einrichtungen. Wasserressourcen sind durch Verschwendung, exzessive Nutzung, landwirtschaftliche und industrielle Verschmutzung bedroht. Bis zum Jahr 2025 werden 2/3 der Weltbevölkerung an den Folgen ernster Wasserknappheit leiden. Gleichzeitig gelten für die Wassernutzung keine weltweit gültigen Richtlinien. Das Verständnis von Wasser als Ware dominiert den offiziellen Diskurs, gleichzeitig verlieren lokale Gemeinwesen zunehmend die Kontrolle über die treuhänderische Verwaltung und Nutzung des Wassers (siehe URL 6, URL 7, URL 8).

[25] U.a. Alianza Mexicana por la Autodeterminación de los Pueblos (AMAP), Movimiento Mexicano de Afectados por las Presas y en Defensa de los Ríos (MAPDER), Red Nacional de Acción Frente al Libre Comercio (RMALC), Coordinadora de Trabajadores en Defensa del Carácter Público del Agua (CTDCPA).

nicht ausschlaggebend sein. Der Vorrang von Allgemeininteressen wie Zugang für alle, beste Qualität, hohe Umweltstandards und demokratische Mitbestimmung muss gegenüber Profitinteressen gesichert sein. Dies scheint angesichts der mexikanischen Realitäten eine große Herausforderung. Vereinigungen von Betroffenen beklagten vielfältige Verletzungen gegen dieses Menschenrecht. Die Verschmutzung von Flüssen durch Abwässer, Zerstörung von Ökosystemen durch Megainfrastrukturprojekte, Versorgungsprobleme durch planlose Verstädterung, Grundwasserverseuchung durch Tankstellen oder die Kriminalisierung von UmweltaktivistInnen waren nur einige Beispiele dafür. Deswegen weisen die BewegungsteilnehmerInnen die Erhöhung der Wasserpreise zurück, fordern Kürzungen der Gehälter hoher Funktionäre im Wassersektor und eine transparente Budgetführung, kämpfen gegen neoliberale Entwicklungspläne wie den Puebla Panama Plan und für die Verbesserung der Wasserqualität.[26] Die langfristige Strategie liegt im Aufbau von lokalen und »popularen Komitees zu Verteidigung des Wassers«. Damit soll die Demokratisierung der öffentlichen Dienstleistungen vorangetrieben werden. Kontrolle, Mitbestimmung bis hin zur autonomen Verwaltung der lokalen und regionalen Wasserressourcen sind die langfristigen Ziele der mexikanischen Wasserbewegung.

Die kurzfristige Herausforderung lag im Boykott des 4. Weltwasserforums in Mexiko Stadt und der Organisation des Alternativen Weltwasserforums. Der Hauptkritikpunkt von NGOs und sozialen Bewegungen am Diskurs des offiziellen Forums lag darin, dass der Weltwasserrat das kühle Nass weiterhin als wirtschaftliches Gut bezeichnete, das von privaten Konzernen bereitgestellt und gehandelt werden sollte. Demgegenüber appellierten Vertreter des Alternativen Weltwasserforum, Wasser als öffentliches Gut und Menschenrecht offiziell anzuerkennen, völkerrechtlich verbindlich auszugestalten und durch BürgerInnenpartizipation zu administrieren (Hofstetter 2006). Zwischen 14. und 19. März 2006 wurde zu einem ausgedehnten Veranstaltungsprogramm geladen, dessen Herzstück, das Internationale Forum zur Verteidigung des Wassers (FIDA), die weltweite Wasserbewegung zusammenführte. Gleichzeitig tagte das Lateinamerikanische Wassertribunal und es fanden ein Internationales Gewerkschaftstreffen gegen die Privatisierung des Wassersektors, die Zusammenkunft indigener Organisationen zur Verteidigung des Wassers und das 3. nationale Treffen von Staudammprojektbetroffenen in Mexiko statt.

---

[26] Die schlechte Wasserqualität muss auch im Licht des Marktes um abgefülltes Trinkwasser gesehen werden. Mexiko hat den weltweit zweithöchsten Verbrauch von in Flaschen abgefülltem Trinkwasser. Die Marktbestimmenden Wasserkonzerne sind: Coca-Cola, Pepsi-Cola, Nestlé und Danone. Der Marktwert beträgt 22 Milliarden Dollar. Das entspricht dem Verbrauch von 113 Milliarden Liter Wasser mit einer jährlichen Steigerungsrate von 7% (Castro Soto 2005g).

»It is at this world water forum, where the water justice movement of the people of the world has really come together... We believe that water is a fundamental human right, we believe that it's a public trust, we believe its part of our collective heritage, we believe it belongs also to other species and not just the human species, and must be preserved for nature. We don´t think that anybody owns water and we are not going to allow private sector interest to come in and claim water and deny it to people who have a fundamental human right to that water« (Barlow 2006).[27]

Mit diesen Worten unterstrich Maude Barlow die Bedeutung der bis dato größten Zusammenkunft von globalisierungskritischen WasseraktivistInnen, die mehr als tausend TeilnehmerInnen von sozialen Bewegungen und NGOs aus über vierzig Ländern anzog. Maude Barlow gehört dabei selbst zu einem der Aushängeschilder der weltweiten Wasserbewegung und ist eine der bekanntesten kanadischen BürgerrechtsaktivistInnen. Sie ist Vorsitzende der größten Watchdog Organisation Kanadas, dem »The Council of Canadians« und arbeitet als Mitbegründerin des »Blue Planet Projects« für die Konsolidierung einer weltweiten Wasserbewegung, deren Hauptanliegen die Durchsetzung von »water justice« ist (siehe URL 9). »Water justice is based on the right to water and on the principles that water is a public trust and part of the global commons.« Das »Blue Planet Project« arbeitet mit lokalen Organisationen und AktivistInnen zusammen, um die demokratische Kontrolle von Wasserressourcen zu gewährleisten und eine weltweite Wasserbewegung aufzubauen – mit dem Ziel, ein internationals Abkommen für das Recht auf Wasser völkerrechtlich zu verankern (siehe URL 10). Für ihr Engagement erhielt Barlow gemeinsam mit Tony Clark 2005 den prestigeträchtigen Right Livelihood Award, den sogenannten Alternativen Nobelpreis. Aufgrund ihrer weltweiten Netzwerke und Kontakte auf unterschiedlichen Ebenen ist die charismatische Bewegungsunternehmerin eine Schlüsselperson, um Stimmen marginalisierter Kämpfe Gehör zu verschaffen. So auch für den internationalen Wasseraktivisten Oscar Olivera, der vom lokalen Akteur im Wasserkrieg von Cochabamba, Bolivien, zu einer Führungspersönlichkeit der globalisierungskritischen Bewegung avancierte. Der US-amerikanische Kultur- und Sozialanthropologe Robert Albro schreibt in einer Analyse über den bolivianischen Wasserkrieg: »Meeting Barlow was a linchpin for Olivera´s entrance into the worldwide ›antiglobalization‹ effort« (Albro 2005). Der Eintritt in das transnationale soziale Bewegungsnetzwerk eröffnet sich für BasisaktivistInnen durch Menschen wie Barlow, die durch ihre Netzwerke Eintrittstore zum Bankett der globalisierungskritischen Bühne symbolisieren (Brysk 2000). So war Oscar

[27] Aufzeichnung des Eröffnungsvortrags von Maude Barlow, kanadische Bürgerrechtsaktivistin, Vorsitzende des »Council of Canadians«, Mitbegründerin des »Blue Planet Projects«, am 17.03.2006 während des Internationalen Forums zur Verteidigung des Wassers (FIDA) in Mexiko Stadt (freie Übersetzung des Autors).

Olivera auch sechs Jahre nach dem Erfolg im bolivianischen Wasserkrieg einer der HauptrednerInnen während der Eröffnungszeremonie des FIDA. Olivera unterstrich bei seinem Beitrag die Bedeutung der Geschehnisse um Cochabamba für die globalisierungskritische Bewegung und die Eckpfeiler des Erfolges.

> *»Und so wie immer, wie es auch in Cochabamba vor mehr als sechs Jahren geschah, als man den Tod über das Leben, das Geschäft über die Rechte der Menschen stellen wollte, vereinten und organisierten sich die Leute. Sie erlangten ihr historisches Bewusstsein wieder, sie erlangten ihre Werte wieder, besonders in Beziehung zum Wasser. Die Menschen mobilisierten sich, und es gelang ihnen, die neoliberale Macht zu schlagen, es gelang ihnen, ein transnationales Unternehmen zu vertreiben und die Weltbank zu besiegen. Es zeigte sich dort, dass diese Menschen, diese Finanzinstitutionen, diese transnationalen Unternehmen und ihre verbündeten Regierungen in unseren Ländern besiegbar sind. Man kann sie besiegen, man kann sie schlagen, man kann sie vertreiben, vor allem auf Basis dieser Einheit der Organisation, dieser Mobilisierung und der Rückgewinnung unserer Werte, besonders rund um das Thema Wasser. Keiner kann sich das Wasser aneignen... es ist das Blut der Pachamama [Anm. Mutter Erde]« (Olivera 2006).*[28]

Das Zitat ist paradigmatisch für die Wasserbewegung und enthält einige Hinweise auf ihre diskursive Ausrichtung. Die darin eingeschriebene »ideology of social justice« (Guha/Martinez-Alier 2000: 119) verweist auf eine enge Verbindung von popularer Protestkultur und der positiven Neubesetzung indigener Identität in Lateinamerika. Im Kern der »Erforschung und Neuinterpretation der eigenen Geschichte« (Grünberg 1982: 10) steht die Suche nach einer »ideologischen Dekolonialisierung« (Escárzaga/Gutiérrez 2004: 43), nach der Überwindung einer aufgezwungenen, ideologischen Blockierung und nach Aufhebung der kolonialen Identitätsverfälschung (vgl. Grünberg 1982: 10). Andererseits bietet die Wiedererlangung des »historischen Bewusstseins« einen Referenzrahmen im Aufbau von gegenkulturellen Konzepten, Werten und Lebensweisen, die zunehmend Maßstab des Politischen selbst werden und in der Verbindung mit dem Bürgerrechtsaktivismus von Teilen der globalisierungskritischen Bewegung interessante Interpretationen von Zivilgesellschaft hervorbringen. Gleichzeitig verweist das Zitat auf die Bedeutung des Wasserkrieges in Bolivien für die globale Bewegung gegen den Neoliberalismus. Durch den Sieg der Basisbewegungen von Cochabamba wurde ersichtlich, dass die »neoliberale Macht« besiegbar, dass der Aktionsrahmen von transnationalen Unternehmen, internationalen Finanzinstitutionen und mit ihnen kooperierende Regierungen beeinflussbar ist.

---

[28] Aufzeichnung des Eröffnungsvortrags von Oscar Olivera, internationaler Wasseraktivist und Sprachrohr der *Coordinadora*, Bolivien, am 17.03.2006 während des Internationalen Forums zur Verteidigung des Wassers (FIDA) in Mexiko Stadt (freie Übersetzung des Autors).

Die TeilnehmerInnen des alternativen Wasserforums erarbeiteten eine gemeinsame Abschlusserklärung, die betont, dass Wasser ein Allgemeingut und Menschenrecht ist. Als fundamentales Lebensmittel muss es für alle Menschen in ausreichendem Maße zugänglich sein. Kommerzialisierung von Wasserressourcen und Privatisierung der staatlichen Wasserverwaltung werden zurückgewiesen. Die Abschlusserklärung ist ein Plädoyer für die Notwendigkeit einer öffentlichen Verwaltung der Wasserressourcen. Durch partizipative Kontroll- und Entscheidungsmöglichkeiten soll gleichzeitig gewährleistet werden, dass die Interessen der Zivilgesellschaft gewahrt bleiben. So heißt es in der Erklärung: »Management and control must remain public, social, communal and participatory, equal and nonprofit. It is an obligation of all local, national and international public institutions to guarantee these conditions, from the planning to the final control of the process« (siehe URL 11). Damit bekommen die politischen Ziele der WasseraktivistInnen eine erweiterte Dimension. Wie Escobar herausgearbeitet hat, entzündet sich die Mehrzahl der politischen Kämpfe in Lateinamerika an »möglichen alternativen Entwürfen für Demokratie« (Escobar 2006: 31). Die Hauptfrage, die es zu beantworten gilt, lautet also, welche Partizipationsmöglichkeiten die Mitglieder einer Gesellschaft erlangen müssten, um mitbestimmen zu können, in welcher Weise das kühle Nass genutzt wird. Das Demokratisierungspotenzial der *cultural politics* der globalen Wasserbewegung wird sich daran messen, ob es gelingt, eingefahrene Machtverhältnisse in staatlichen Institutionen aufzubrechen und die Grenzen etablierter politischer Schauplätze auszudehnen. Im Kern der *cultural politics* steht nicht weniger als die Zurückweisung des »neoliberalen und materialistischen« wie okzidentalen Entwicklungsmodells, das der Überausbeutung von natürlichen Ressourcen zugrunde liegt und die Notwendigkeit eines neuen Umgangs mit der »Mutter Erde« offenbart (URL 11).

Wie die öffentliche Trinkwasserversorgung garantiert werden kann, haben soziale Bewegungsnetzwerke in Uruguay gezeigt. Nachdem im Jahr 1993 die erste Konzession für die Trinkwasserversorgung kleinerer Städte in Uruguay an eine Tochtermfirma des französischen Wassermulti Suez und im Jahr 2000 die zweite Konzession an ein Tochterunternehmen des spanischen Wasserkonzern Aguas de Bilboa vergeben wurden, begann sich eine Vielfalt von sozialen AkteurInnen zur »Nationalen Kommission zur Verteidigung des Wassers« zusammenzuschließen und breite Kampagnentätigkeiten zu initiieren. Die uruguayanischen StaatsbürgerInnen wählten durch Volksabstimmung am 31. Oktober 2004 gegen die Wasserprivatisierung und für eine konstitutionelle Reform, die das Menschenrecht auf Wasser in der Verfassung verankern und eine öffentliche Verwaltung der Wasserressourcen garantieren sollte. Carlos Soza, Generalsekretär des staatlichen Wasser- und Kanalisationsunternehmen OSE und Mitglied der Nationalen Kommission zur Verteidigung des Wassers und des Lebens erläuterte im Interview während des FIDA in Mexiko Stadt den sozialen Kampf um das

Menschenrecht auf Wasser in Uruguay, der mit dem Ziel begann einen öffentlichen Bewusstwerdungsprozess über die Bedeutung der lebensnotwendigen Ressource einzuläuten und die Notwendigkeit einer demokratischen Verwaltung aufzuzeigen.

> *»Ende der neunziger Jahre mussten wir uns einem Kampf gegen die Privatisierung des Wassers stellen. Durch die Verleihung von Konzessionen für die Trinkwasserversorgung schlitterte unser Land in den zunehmenden Vormarsch der Privatisierung. Dies veranlasste uns, einen Kampf zu beginnen, der an erster Stelle durch Bewusstseinsbildung geführt wurde, durch Aufklärungsarbeit über die Bedeutung der Ressource Wasser in unserem Land und warum wir es verteidigen müssen. Damit das Wasser nicht in private Hände übergeht, damit das Wasser nicht in eine Ware verwandelt wird, sondern damit das Gegenteil gesichert wird, damit das Wasser substantielles Eigentum des Staates ist, Patrimonium unseres Landes und damit in letzter Instanz die Leitung, Planung und Kontrolle der hydrischen Ressourcen durch den Staat* und *durch die populare Partizipation garantiert ist... Im Jahr 2000 begannen wir mit einer Debatte, um eine konstitutionelle Reform ins Rollen zu bringen, die gestatten sollte, dass Wasser als fundamentales Menschenrecht anerkannt wird und der Staat den universellen Zugang zu Wasser für das ganze uruguayanische Volk garantiert, unabhängig von den finanziellen Ressourcen der Familien und Einzelpersonen. Damit wird die soziale Ordnung vor das wirtschaftliche System gestellt. Die Verfassungsreform wurde von der Kommission zur Verteidigung des Wassers und des Lebens und den Compañeros vom Verband ›Freunde der Erde‹ ausgearbeitet. Durch die Kampagne erreichten wir den Grad an Bewusstseinsbildung, der uns erlaubte, im Oktober des Jahres 2004 zugleich mit den Präsidentschafts- und Parlamentswahlen die Verfassung zu reformieren« (Soza 2006).*[29]

4.7.3. Das Lateinamerikanische Wassertribunal

Vom 13. bis 20. März 2006 – während der Parallelveranstaltungen zum 4. Weltwasserforum – hielt das Lateinamerikanische Wassertribunal seine erste öffentliche Sitzung ab. Dreizehn Fälle aus Mexiko, Brasilien, Bolivien, Chile, Ekuador, Peru und Mittelamerika wurden dem alternativen Schaugericht von NGOs und Bauern- wie Indígenaorganisationen präsentiert. Die sorgsame Auswahl der Fälle repräsentierte gleichzeitig die aktuelle Front ökologischer Verteilungskonflikte in Lateinamerika rund um das lebensnotwendige Nass. In ihrem Mittelpunkt stehen die Privatisierung von Wasser in Städten, die industrielle Verschmutzung von Flora und Fauna durch toxische Abfälle, ökologische Folgeschäden durch

---

29 Interview mit Carlos Soza, Generalsekretär des staatlichen Wasser- und Kanalisationsunternehmen OSE und Mitglied der Nationalen Kommission zur Verteidigung des Wassers und des Lebens in Uruguay, am 14.03.2006 während des Internationalen Forums zur Verteidigung des Wassers (FIDA) in Mexiko Stadt (freie Übersetzung des Autors).

Bergbau, Naturkatastrophen durch das Auslaufen von Erdöl aus Pipelines, Menschenrechtsverletzungen im Zuge des Baus großer Staudämme und die umweltfeindlichen Auswirkungen von Massentourismus. Die Überausbeutung natürlicher Ressourcen, massive Urbanisierung, die Maquiladora-Industrie, der irrationale Verbrauch von Wasser in den Agro-Industrien, fehlende Investitionen in die Wassersanierung und die unzureichende Anzahl an Kläranlagen, Menschenrechtsverletzungen und die Kriminalisierung von Umweltbewegungen werden als Hauptgründe für diese Verteilungskonflikte identifiziert. In letzter Instanz sind es die Logik des Marktes und das okzidentale Entwicklungsmodell, die das Wasser in eine Ware und strategische Ressource verwandelt. Sie wird als Grundursache für Verteilungskonflikte um Wasser identifiziert. Die Zerstörung einmaliger Ökosysteme und der kulturellen Vielfalt auf dem Subkontinent gehen zu ihren Lasten.

Gestützt auf nationale Verfassungen, Internationale Deklarationen und Menschenrechtspakte verurteilte das Tribunal in seinen Schuldsprüchen den Bau von Megaprojekten zur Wasserausbeutung und Projekte des Massentourismus in Mexiko, die Entschädigungsforderungen von transnationalen Unternehmen aufgrund entgangener Einnahmen durch vorzeitige Konzessionskündigungen in Bolivien, die umweltzerstörenden Auswirkungen einer Zellulosefabrik in Chile, die katastrophalen Auswirkungen des Bergbaus in Mittelamerika oder die Gefahren durch den Transport von radioaktivem Material über den Panamakanal (URL 12). Diskriminierende und umweltfeindliche Praktiken von Regierungen wurden ebenso angeprangert wie rücksichtsloses Verhalten transnationaler Konzerne. Die Bedürfnisse der lokalen Bevölkerung müssten berücksichtigt, zivilgesellschaftliche Initiativen bei den Entscheidungsfindungen mit einbezogen und nationale Plattformen eingerichtet werden, die eine gesamtgesellschaftliche Diskussion über die Zukunft der Umweltpolitik und des nationalen Entwicklungsweges zulassen würden. Die Urteile des Tribunals verwandeln sich trotz fehlender Rechtswirksamkeit in moralische Sanktionen, fördern die Legitimität sozialer Kämpfe und dienen als symbolische Referenzen für Internationale Institutionen. Der Fokus des Tribunals liegt auf der Öffnung neuer Räume, in denen Gerechtigkeit gesprochen werden kann. Es will zur Lösung konkreter Konflikte beitragen, Bildungs- und Sensibilisierungsarbeit für eine nachhaltige Nutzung der natürlichen Ressourcen leisten und Bewusstsein für die Gründe der ökologischen Krisen und Verteilungskonflikte in Lateinamerika schaffen (siehe URL 12). Im Interview während des Mesoamerikanischen Sozialforums in San José, Costa Rica, verdeutlicht Ricardo Alverde, Funktionär des Lateinamerikanischen Wassertribunals aus Costa Rica, die Wasserproblematik auf dem lateinamerikanischen Subkontinent und die Bedeutung des Wassertribunals:

> *»Wir versuchen, eine Plattform der Gerechtigkeit für den gerechten und adäquaten Zugang zu Trinkwasserwasser in Lateinamerika zu sein. Das Wasser wird von Seiten der Regierungen immer mehr als Ware gesehen, die sich transnationale Konzerne aneignen und zu einer Sache von Kauf und*

Verkauf machen. Der Kampf um das Wasser ist ein Kampf um das Leben, gegen diese Dynamik des Kapitalismus. Es ist die Suche nach sozialer Gerechtigkeit und Umweltgerechtigkeit für die zukünftigen Generationen. Auf der einen Seite steht die Dynamik des Kapitals. Sie versucht sich die natürlichen Ressourcen anzueignen und unter die Logik des Marktes zu bringen. Auf der anderen Seite finden wir die sozialen Kämpfe von Menschen für eine andere Welt, für eine nachhaltige Lebensweise« (Alverde 2005).[30]

4.7.4. Forum für Biodiversität in Zentralamerika

Die »5. Woche für biologische und kulturelle Diversität« ist ein zentralamerikanisches Sozialforum, das sich gezielt mit Biodiversität und den negativen Folgen ihrer Kommerzialisierung auseinander setzt. Zudem verrät der Nachsatz im Namen des Biodiversitätsforums dessen proaktive Ausrichtung: »Konstruieren wir nachhaltige Alternativen für die Völker in Mesoamerika«. Über 500 RepräsentantInnen von Basisgemeinden, Umweltschutzorganisationen, Gewerkschaften, Studentenvereinigungen und Bauern- wie Indígenaorganisationen aus México, Guatemala, El Salvador, Honduras, Nicaragua und Costa Rica kamen zur bereits fünften Veranstaltung des Biodiversitätsforums, das zwischen dem 5. und 10. März 2006 in Colotenango, Guatemala, stattfand und im Jahr 2001 in San Cristóbal de Las Casas, Chiapas, Mexiko, seinen Anfang nahm. Im Zentrum der Kritik steht die Zerstörung lokaler Wirtschaftskreisläufe durch Neoliberalismus, transnationale Konzerne und Freihandelsabkommen. In der Abschlusserklärung werden:

- korrupte Regierungsstellen,
- die Merkantilisierung von biologischer und kultureller Diversität, also Bioprospektion und Biopiraterie durch transnationale Konzerne,
- die »Invasion« von gentechnisch verändertem Saatgut und gentechnisch veränderter Produkte, die lokale Ökonomien zerstören und die Nahrungsmittelsicherheit gefährden,
- Bergbau,
- das Freihandelsabkommen zwischen den USA und Zentralamerika,
- der Puebla-Panama-Plan,
- die Werbepropaganda transnationaler Unternehmen und die Monopolisierung der Medienlandschaften,
- die Kriminalisierung von sozialen Bewegungen und die Militarisierung der Region,
- die Gewalt gegen Frauen,

30 Interview mit Ricardo Alverde, Funktionär des Lateinamerikanischen Wassertribunals, Costa Rica, am 14.12.2005 während des VI. Mesoamerikanischen Sozialforums in San José, Costa Rica (freie Übersetzung des Autors).

- die Privatisierung des öffentlichen Sektors
- und die rassistische Diskriminierung gegen indigene Völker

abgelehnt.

Demgegenüber verpflichten sich die TeilnehmerInnen in der Abschlusserklärung:

- den Kampf um kollektive Menschenrechte zu fördern,
- Gegenöffentlichkeiten durch alternative und populare Medienlandschaften aufzubauen,
- eine populare zentralamerikanische Allianz zur Verteidigung der biologischen und kulturellen Diversität zu gründen,
- traditionelle Anbaumethoden zu erhalten und die Zirkulation von natürlichem Saatgut zu fördern,
- solidarische Produktions- und Handelsnetzwerke ins Leben zu rufen,
- soziale Mobilisierungen gegen Regierungsstellen und transnationale Unternehmen über nationalstaatliche Grenzen hinweg zu koordinieren,
- unter besonderer Berücksichtigung der ILO-Konvention 169 für die »Verteidigung und Rückeroberung« der Territorien zu arbeiten,
- eine Internetplattform zu errichten, um die gesammelten Vorschläge zu diskutieren und den Erfahrungsaustausch zu fördern,
- die Genderperspektive zu betonen
- und die Partizipation der Frauen an Entscheidungsfindungsprozessen zu verbessern (vgl. VSEMANA 2006).

4.7.5. Protestnetzwerke gegen Minenbau

Dass Bergbau zunehmend zum Ausgangspunkt von ökologischen Verteilungskämpfen wird, lässt sich nicht nur an den Urteilssprüchen des lateinamerikanischen Wassertribunals ablesen, sondern auch an den jüngsten Organisationsprozessen sozialer Bewegungen in Zentralamerika. Gerade in den letzten Jahren stieg das Interesse transnationaler Goldbergbau-Unternehmen, in Zentralamerika neue Goldminen zu erschließen. Im Zuge von Freihandelsabkommen, dem Puebla-Panama-Plan und Strukturanpassungsprogrammen entwickelten sich Gesetzgebungen, die Investitionen für privates, von Internationalen Finanzinstitutionen subventioniertes, Kapital in den Bergbausektor erleichterten. Schwache umweltpolitische Regulierungen, zuvorkommende Steuersysteme, günstige Lohnkraft und rechtlich ungeschützte Arbeitsbedingungen schufen für multinationale Konzerne die geeigneten Bedingungen zur Umsetzung dieser Mega-Projekte (Villarroel 2006). In Guatemala wurden bereits in 16 von 22 und in Honduras in 16 von 18 Verwaltungsbezirken Bergbaukonzessionen vergeben. In Zentralamerika sind es vor allem kanadische Firmen und deren Töchterunternehmen, die den

Bergbaumarkt dominieren. So stehen im Zentrum der Fälle des lateinamerikanischen Wassertribunals Montana Explotadora S.A. in Guatemala, Tochterunternehmen von Glamis Gold, Pacific Rim in El Salvador und Desminic S.A. in Nicaragua. Gold wird zumeist im Tagebau abgebaut. Berge werden dabei zum Teil vollständig abgetragen, Ökosysteme unwiderruflich zerstört, enorme Wassermengen benötigt und toxische Substanzen kommen zum Einsatz, die Flora und Fauna vergiften. Aufgrund der negativen ökologischen Auswirkungen, fehlenden Mitbestimmungsrechten der betroffenen Gemeinden, löchrigen Gesetzgebungen, die Interessen transnationaler Unternehmen favorisieren, und zunehmenden Protesten von lokalen Bevölkerungen wurden Bergbau-Operationen verstärkt zum Gegenstand öffentlicher wie gegenöffentlicher Aufmerksamkeit in der Region. Auch die nationalen wie transnationalen Artikulations- und Vernetzungsprozesse von Umweltbewegungen, BürgerInneninitiativen und Umweltschutzorganisationen beginnen Formen anzunehmen. Während der »5. Woche für biologische und kulturelle Diversität« beschloss die Arbeitsgruppe zu Minenbau das »Mesoamerikanische Netzwerk von Minenbau betroffenen und bedrohten Gemeinden« zu initiieren. In ihr vereinigen sich die bereits bestehenden nationalen Protestplattformen gegen Bergbau von Honduras (»Nationaler Arbeitstisch von betroffenen und bedrohten Gemeinden«), El Salvador (»Nationaler Arbeitstisch zu Bergbau«) und Guatemala (»Nationale Front des Widerstandes gegen Bergbau«) zu einem transnationalen Bewegungsnetzwerk, das gleichzeitig das Entstehen der noch fehlenden nationalen Zusammenschlüsse fördern will. Im Zuge des Forums wurde der 18. Juni zum Tag des Widerstandes gegen Minenbau ausgerufen. Der 18. Juni 2005 wurde zu einem Meilenstein der sozialen Bewegungen der Region im Kampf gegen Minenbauprojekte. An diesem Tag beriefen die von einem Goldbergbauprojekt betroffenen Gemeinden im guatemaltekischen Verwaltungsbezirk San Marcos, Munizip Sipakapa, eine öffentliche Befragung ein, die darüber entscheiden sollte, ob die lokale Bevölkerung dem Projekt zustimmt oder es ablehnt. Eine überwältigende Mehrheit stimmte gegen das Mega-Projekt und manifestierte damit ihren Widerstand. Eine Klage vom Bergbauunternehmen Montana Exploradora gegen den Entscheid von Sipakapa wurde am Obersten Verfassungsgerichtshof abgewiesen, womit die öffentliche Befragung, die sich auf die ILO-Konvention 169 und die guatemaltekische Verfassung berufen hatte, auch von offizieller Seite anerkannt wurde (siehe URL 13).[31]

4.8. Anregungen

Gerne werden in der gegenwärtigen Literatur zu AktivistInnennetzwerken und Sozialforenprozessen die neuen Möglichkeiten von politischem Aktivismus her-

31 Für eine detaillierte Auflistung der Sozialforenagenda in Lateinamerika siehe URL 14.

vorgehoben und von »Netzwerkpolitik als neue Form der Politik« gesprochen (Wolf 2004). An dieser Stelle soll Platz für konstruktive Kritik sein, durch kritische Reflexion über die neu entstandenen Erfolgschancen und Mobilisierungsressourcen sozialer Bewegungen. Meine InterviewpartnerInnen stimmen allesamt überein, dass sie Sozialforen und Netzwerke als hilfreiche (oft virtuelle) Räume und Gemeinschaften verstehen, die zum Erfahrungsaustausch und gegenseitiger Solidaritätsbekundung dienen (siehe u.a. Chávez 2006, Hidalgo 2006). Die große Herausforderung besteht darin, gemeinsam kollektive Aktionen und Projekte zu realisieren, die auf lokaler Ebene spürbar, erlebbar und fassbar sind. Erst wenn diese Projekte die Alltagswelt der AktivistInnen berühren und sichtbare Auswirkungen zeigen, haben sie ihren Sinn erfüllt. Verfehlt das Forum oder das Netzwerk diese Funktion, wird es als Zeitverschwendung abgehakt oder zumindest nicht als Erfolg eingestuft. Diese Argumentation möchte ich mit zwei Elementen in Verbindung setzen, um lateinamerikanische Sozialforenprozesse konkreter zu charakterisieren und von europäischen Netzwerkprozessen abzugrenzen. Abgesehen von den monetären Ressourcen ist der Zugang zum und die Benutzung des Internets häufig eine wesentliche Zugangsbeschränkung für die aktive Teilhabe an diesen Prozessen. Darüber hinaus sind Basisinitiativen in Lateinamerika oft in diversen Netzwerken gleichzeitig präsent. Zu den nationalen Foren und Netzwerktreffen gesellen sich ihre transnationalen und globalen Ergänzungsstücke. Zusammen mit dem lokalen Widerstand, transkommunalen Netzwerkprozessen zur Aufrechterhaltung des eigenen Protestnetzwerkes und den institutionellen Protestwegen verdichtet sich die Arbeitsagenda zunehmend. Wer monatlich an nationalen und transnationalen Foren teilnimmt, kann zum »jet-set-campesino« werden, den Boden unter den Füßen und den Kontakt zur eigenen Basis verlieren und die lokale Arbeitsagenda vernachlässigen, weil er/sie zunehmend vom *lifestyle* der globalen Zivilgesellschaft angezogen wird (Edelman 2005: 38). Populare Bewegungsorganisationen können in einen Prozess der »NGO-ization« (Edelman 2005: 34) geraten und werden damit stärker strukturiert und professionalisiert. Diese Erfahrungen erzeugten bei meinen InterviewpartnerInnen Skepsis gegenüber der »Konsumtion von Sozialforen«. Dem gegenüber betonen sie die Notwendigkeit, den sozialen Wandel aus der eigenen Lokalität und der eigenen sozialen Bewegungsbasis heraus herbeizuführen.

> *»Das Mesoamerikanische Sozialforum ist ein Raum, um uns kennen zu lernen und uns über das Erreichte auszutauschen. Aber der Kampf wird täglich ausgefochten. In unseren Dörfern ist der Kampf täglich zu bewältigen« (Chávez 2006).*[32]

---

[32] Interview mit Ulises Chávez, Anhänger der mexikanischen Allianz gegen den Puebla-Panama-Plan (AMAP), am 20.05.2006 in Mexiko Stadt (freie Übersetzung des Autors).

> *»Die Philosophie, die über die Bewegungen in Lateinamerika und der Welt vorherrscht ist, dass wir im Angesicht der wirtschaftlichen Globalisierung die Solidarität globalisieren müssen... Dem entgegne ich, dass die erste Etappe der Aufbau von sozialen Prozessen innerhalb der Basis ist. Die sozialen Bewegungen müssen auf lokaler Ebene sehr gut organisiert und artikuliert sein und von da auf regionale und später auf kontinentale und globale Prozesse springen« (Hidalgo 2006).*[33]

Diese Betonung auf den Aufbau von Basisautonomie als primäre Widerstandsmethode spiegelt auch die generelle Kluft zwischen reformistischen und radikalen Teilen der Bewegung wieder. Die einen verweisen auf Lobbying, Networking und Massenmobilisierungen als den Maßstab politischer Protestformen und die anderen erkennen im Lokalen die Wurzel für soziale Transformation. Parallelen lassen sich an dieser Stelle auch zu der Anderen Kampagne in Mexiko und den postelektoralen Mobilisierungen von Präsidentschaftskandidat López Obrador nach dem vermeintlichen Wahlbetrug von Felipe Calderón ziehen. Die Andere Kampagne verweist auf die Notwendigkeit, »von unten und für unten eine Alternative zur neoliberalen Zerstörung zu errichten..., um eine andere Form des Politikmachens zu schaffen, für ein nationales und linkes Kampfprogramm und für eine neue Verfassung« (CCRI-CG 2005). Der Aufruf zur Vernetzung der lokalen Widerstände verbindet sich mit dem zapatistischen Organisationsprinzip *mandar obedeciendo* (gehorchend befehlen), das »[...] ein altes libertäres und basisdemokratisches Politikelement aktualisiert« (Kastner 2003: 262). Demgegenüber finden wir bei der lopezobradoristischen Bewegung den linken avantgardistischen Populismus der politischen Elite, eine institutionalisierte und zentralistische Organisationsform die in neokorporatistische Politikmuster eingebunden ist, die Bereitschaft zur Hinnahme hierarchisierter und bürokratisierter Interessenvertretungen, das Vertrauen auf die Modi der Stellvertreterpolitik und den revolutionären Impetus (siehe Kapitel 6.).

[33] Interview mit Onesimo Hidalgo Dominguez, ehemaliger Mitarbeiter von CIEPAC, am 03.05.2006 in San Christóbal de las Casas, Chiapas, Mexiko (freie Übersetzung des Autors).

5. Neue indigene soziale Bewegungen in Lateinamerika

Indigene soziale Bewegungen sind in den letzten dreißig Jahre zu neuen politischen Subjekten in Lateinamerika geworden, die in etlichen Ländern das politische Treiben maßgeblich beeinflussen konnten und zur Demokratisierung der modernen Nationalstaaten entscheidend beitragen. Sie treten aus dem Schatten von Modernisierung und Nationenbildung heraus und werden als zentrale Kraft im Aufbau von alternativen politischen, wirtschaftlichen, sozialen, kulturellen und ökologischen Projekten gesehen. Ich vertrete hier die These, dass die indigenen Mobilisierungsprozesse seit den späten 1970er Jahren die Öffnung nationaler politischer Räume provoziert und ihren Niederschlag im internationalen Rechtssystem gefunden haben. Ihre politischen und kulturellen Projekte von Autonomie, Partizipation und Selbstbestimmung haben sich breite öffentliche Räume erkämpft und fanden Rezeptionen in popularen Kämpfen verschiedenster subalterner AkteurInnen auf dem ganzen Kontinent. Diese Rezeptionen nehmen dabei die Formen praktischer Strategien zur Erlangung territorialer Landrechte von indigenen Gruppen und der ideologischen Einbettung von subalternem Widerstand an, die in einer praktisch-politischen Ethik mündet, in eine *transmoderne Befreiungsideologie*.[1] Diese »ideology of social justice« (Guha/Martinez-Alier 2000: 119) verstärkt wiederum die Revitalisierung indigener Identität und dynamisiert die Kulturalisierung wie »Re-Ethnisierung« sozialer Bewegungen in Lateinamerika (Gabriel 1994). Dies wirft die Vermutung auf, dass die Moderne von ihrem Mythos eingeholt wird (Dussel 1989), einer »ideologischen Dekolonialisierung« (Escárzaga/Gutiérrez 2004: 43) entgegen schreitet und das »Zeitalter der Selbstentdeckung Amerikas« einläutet (Gabriel 2004: 34).

Der Aufbau von gegenkulturellen Konzepten, Systematiken, Netzwerken und Lebensweisen ist auch in Lateinamerika zunehmend Maßstab des Politischen

---

[1] Mit dem Begriff transmoderne Befreiungsideologie nehme ich einerseits Bezug auf den Mythos der Moderne bei Dussel. Die Moderne verkörpert neben ihrem rationalen Emanzipationsprozess den »entwicklungslogischen Fehlschluss«, wonach sich Eurozentrismus in einen zivilisatorischen Erziehungsimperativ verwandelt, der eine irrationale Gewaltpraxis rechtfertigt. Die zu erziehenden Völker werden dabei im doppelten Sinne schuldig und irrational, wenn sie sich gegen den emanzipatorischen Zivilisationsprozess erheben (Dussel 1989, 1993). Andererseits beziehe ich mich damit auf die zapatistische Ethik (Michel 2001). Durch den Widerspruch ihrer Existenz, die Rhetorik ihrer Deklarationen und Kommuniqués, die Poesie ihrer Geschichten und die Hoffnung ihrer Philosophie begründen die ZapatistInnen eine neue praktisch-politische Ethik, deren ultimatives Ziel es ist, sich selbst zu transzendieren. In ihrer transnationalisierten Variante kommt sie einer »ideology of social justice« für die neuen sozialen Bewegungen in Lateinamerika und Europa nahe, mit der sich so unterschiedliche Bewegungen wie die Piqueteros in Argentinien, die MST in Brasilien oder Attac in europäischen Staaten identifizieren können (siehe auch Kastner 2004).

der neuen sozialen Bewegungen und bewirkt eine veränderte Wahrnehmung auf das Politische in der Öffentlichkeit. Hinsichtlich der Framingprozesse, der Entwicklung einer Widerstandsrhetorik von sozialen Bewegungen in Lateinamerika, vereinen sich folgende Kritiken: die Kritiken am Neoliberalismus, den Wirtschaftsliberalisierungen und den Grenzen des ökonomischen Wachstums schlechthin; die Kritik an der liberalen Konstruktion und Doktrin der *mestizaje*, der universalen und homogenisierenden staatsbürgerlichen Identität; Kritik an der Aushöhlung des Rechtsstaates, Vertrauensverluste in das offizielle politische System und fundamentale Kritik am modernen Nationalstaat; die Kritik an der Maschinisierung und Ökonomisierung des Menschen und die überlebensnotwendige Suche nach und Konstruktion von alternativen Lebensweisen. Diese Kritiken gewinnen durch die erfolgreichen indigenen Kämpfe um Selbstbestimmung und deren Resonanz im Völkerrecht wie staatlichen Rechtsordnungen an Stärke. Durch diese Erfolge werden indigene Protestbewegungen zu Referenzbeispielen für alternative soziokulturelle Beziehungsgrößen, zu Vorbildern für den Aufbau von gegenkulturellen Philosophien, alternativen Bedeutungslandschaften und zur identitätsstiftenden Orientierung für den *mestizo*. Die enge Verbindung von popularer Protestkultur und der positiven Neubesetzung indigener Identität, gekoppelt mit den Erfolgen indigener sozialer Bewegungen im Kampf gegen gesellschaftliche Marginalisierung, sorgen für eine Revitalisierung von indigener Identität als solches und von Identitätsaspekten als Mobilisierungsressource im Allgemeinen.

Die Resonanz in nationaler Politik, internationalem Rechtssystem und nationaler wie globaler Zivilgesellschaft, gepaart mit den positiven wie negativen Auswirkungen der Globalisierung und der Zunahme von ökologischen Verteilungskonflikten, haben indigene soziale Bewegungen auch zum Referenzrahmen des politischen Engagements der globalisierungskritischen Bewegung gemacht. Sie stehen an der vordersten Front globaler Verteilungskonflikte und sind gleichzeitig Chronistinnen alternativer und kollektiver Lebensprojekte, die von anderen Welten träumen lassen. Indigene soziale Bewegungen scheinen mit ihrem interkulturellen Diskurs und der Verkörperung dreier Glaubenshorizonte (dem revolutionär-marxistischen, dem befreiungstheologisch-basisdemokratischen und dem der indigenen Kosmovisionen und Erfahrung von 500 Jahren Ausbeutung) neben lokalen, nationalen und kontinentalen auch Sehnsüchte, Mängel und Deprivationen der globalen Zivilgesellschaft zum Ausdruck zu bringen (Gabriel 2004: 37). Diese Verschmelzungen lokaler, nationaler und transnationaler Manifestationen indigener sozialer Bewegungen stellen eine Herausforderung für die sozialwissenschaftliche Bewegungsforschung dar (siehe Kapitel 2.4.). Insbesondere müssen der Ansatz der neuen sozialen Bewegungen und die Paradigmen der Bewegungsforschung aus veränderten Gesichtspunkten betrachtet werden. Die Kultur- und Sozialanthropologie kann zudem mithilfe konstruktivistischer und diskurstheoretischer Analysemethoden sowie ihrer Spezialität, der teilnehmenden Beobachtung, helfen, die Essentialismen von ethnischen Konflikten zu dekonstruieren und die *cultural politics* indigener sozialer Bewegungen zu beleuchten.

5.1. Die Auferstehung indigener sozialer Bewegungen in Lateinamerika

Seit den 1970er Jahren lässt sich in Lateinamerika eine gesellschaftspolitische und kulturelle Mobilisierung verfolgen, deren treibende Subjekte »die neuen indianischen Organisationen« und Bewegungen sind (Bonfil Batalla 1982). »Für diese Bewegungen bedeuten bewusste Volkszugehörigkeit und eigene Kultur nicht mehr Elemente zur Rückkehr ins ›verlorene Paradies‹, sondern die Grundlage für gesellschaftliche Modelle und Wertordnungen, deren Ziele die radikale Veränderung der lateinamerikanischen, bäuerlichen Klassengesellschaft ist« (Grünberg 1982: 9). Indigene Bewegungen scheinen von nun an zwei miteinander verwobene Strategien zu verfolgen: Auf der einen Seite wird der kollektive Freiheitskampf um territoriale Selbstbestimmung vorangetrieben (siehe u.a. Kuppe 1994, 1998 und 1999, López Bárcenas 2002). Gleichzeitig werden gesamtgesellschaftliche Positionen bezogen, und es wird gemeinsam mit nicht-indigenen sozialen Bewegungen an der Demokratisierung und Reformierung des Nationalstaates gearbeitet. Die gegenwärtigen politischen Tendenzen, der Linksruck in diversen lateinamerikanischen Ländern, eröffnen praktische Problemstellungen der politischen Partizipation, also in welcher Form soziale und indigene Bewegungen an der gesellschaftlichen Konstruktion teilhaben (Bolivien, Venezuela, Brasilien, Ecuador, Uruguay). Darüber hinaus wird vielerorts um die Ausdehnung der politischen Schauplätze gekämpft, um alternative politische Projekte jenseits des klassischen repräsentativen Parteiensystems (Alvarez/Dagnino/Escobar 2004). Indigenen Bewegungen kommen hierbei eine bedeutende Rolle zu. Das Scheitern des *Indigenismo*[2] auf nationaler und kontinentaler Ebene, der Integration durch Assimilation innerhalb eines liberalen Projekts von »Ausgrenzung und kultureller Einheitlichkeit (monoculturalismo)«, in dem das Konzept der formalen Gleichheit den Ethnozid durch zivilisatorische Unterwerfung forderte, mündete in seinem Gegenteil (López y Rivas 2004a: 63). Als Gegenbewegung kam in den 1970ern der *Indianismo* auf, der in den indigenen Gemeinden selbst wurzelt und die durch staatliche Institutionen geöffneten Räume für politische Organisationsprozesse nutzte. Durch die Prozesse des *Indigenismo* formierte sich langsam ein »gesamtindianisches« (Grünberg 1982: 13), panamerikanisches politisches Bewusstsein

[2] *Indigenismo* bezeichnet den Versuch von staatlicher Seite, die indigenen Völker in ein nationalstaatliches Konzept zu integrieren, ohne Rücksicht auf die traditionellen Strukturen der indigenen Gemeinden. »Indigenism is the ideological ground in which ethnic elites set the parameters for interethnic discourse« (Nash 2005a: 10).

unter den »indigenen Völkern« Lateinamerikas.[3] Für den nachhaltigen politischen Erfolg war der seit den 1990er Jahren verstärkt einsetzende Öffnungsprozess innerhalb der indigenen Bewegungen ausschlaggebend. In vielen lateinamerikanischen Ländern konnten strategische Allianzen mit *movimientos populares*, vor allem mit Sektoren der Landbevölkerung, aufgebaut werden. Dieser Netzwerkprozess mündete in der kontinentalen Kampagne *Movimiento 500 años de Resistencia Indígena y Popular* (500 Jahre indigener und popularer Widerstand), die am 12. Oktober 1992 die Feierlichkeiten von 500 Jahren Widerstand inszenierte (Gabriel 2004, Nash 2005b). Gabriel erklärt die Bereitschaft indigener Bewegungen zur Allianzbildung mit linken, dem Sozialismus verbundenen *movimientos populares* auch mit dem Hinweis auf den Zusammenbruch des Realsozialismus. »Denn solange orthodoxe Revolutionäre leninistischer, aber auch castristischer Prägung die Perspektive für eine politische Alternative besetzten, wurden die Indigenen innerhalb der lateinamerikanischen Linken entweder als *correa de transmission*, als Transmissionsriemen, betrachtet oder – wie in Nicaragua zu Beginn der 1980er Jahre – aufgrund ihrer Andersartigkeit überhaupt dem Klassenfeind zugerechnet« (Gabriel 2004: 28). Durchbruch für die Sichtbarmachung indigener Anliegen war schließlich der Zapatistenaufstand am 1. Januar 1994. Er markiert den Beginn des Identifikationsprozesses von indigenen und nichtindigenen sozialen AkteurInnen und den Startschuss für nationale Artikulations- und Vernetzungsprozesse mit dem Ziel, marginalisierte Basisbewegungen und Initiativen zusammenzuführen. Die EZLN hat einen wichtigen Anteil an der erfolgreichen Positionierung der indigenen Rechte und multikulturellen Autonomie in Praxis und Theorie lateinamerikanischer politischer Prozesse. Darüber hinaus hat ihre transnationale Komponente dazu beigetragen, indigenen sozialen Bewegungen moralische Autorität innerhalb der globalisierungskritischen Bewegung zu verschaffen und sie mit ihren Arbeitsmethoden und Kosmovisionen zu beeinflussen.

Die Politikwissenschaftlerin Deborah Yashar liefert in ihrem Buch *Contesting Citizenship in Latin America. The Rise of Indigenous Movements and the Postliberal Challange* (2005) eine bemerkenswerte Analyse der Gründe für die Auferstehung von indigenen sozialen Bewegungen in Lateinamerika. Yashar verknüpft den löchrigen Nationenbildungsprozess mit der Politisierung ethnischer Identität und rückt den Staat als wichtigste Beziehungsgröße ins Zentrum ihrer historisch-vergleichenden Untersuchung, in der sie die Entstehungsprozesse indigener sozialer Bewegungen in Bolivien, Guatemala, Ekuador, Mexiko und Peru

---

[3] Der Begriff des »Volkes« ist im deutschsprachigen Raum spätestens seit dem Nationalsozialismus diskreditiert und hat keine emanzipatorische, subalterne und antiimperialistische Konnotation wie das spanische *pueblo* oder *popular*. Deswegen werden in dieser Arbeit weitgehend die Bezeichnungen Indígenas oder Indigene und als politische AkteurInnen der Begriff indigene soziale Bewegungen verwendet, außer wenn Indigenität im Kontext indigener Rechte und des Völkerrechts behandelt wird (siehe Kapitel 2.3.).

nachzeichnet, wo geschätzte neunzig Prozent der Indígenas aus Lateinamerika, ca. 35 bis 40 Millionen Menschen, leben. Der Fokus liegt auf der Frage, wie lateinamerikanische Staaten versucht haben, die Interessensartikulation mit ihren Gesellschaften zu strukturieren, welche Sets von Politiken und Institutionen festgelegt wurden, um mit der Gesellschaft zu interagieren, und wie Segmente der Gesellschaft auf diese staatlichen Bestrebungen reagiert haben. Das Zauberwort, das diese Beziehung der Menschen zum Staat charakterisiert, lautet *citizenship* (StaatsbürgerInnenschaft bzw. BürgerInnenrecht). Form und Gehalt von *citizenship* verraten, unter welchen Bedingungen Menschen an Demokratie teilnehmen können. Yashar schlägt eine dreidimensionale Analyse von *citizenship* in Lateinamerika vor: Wer hat *citizenship*? Unter welchen Bedingungen kann *citizenship* praktiziert werden und welche Rechte und Praktiken beinhaltet *citizenship*?

Für die Frage nach dem Wer war in Lateinamerika bis ins 20. Jahrhundert das aristotelische Ideal der Maßstab für *citizenship*. Das aristotelische Ideal unterliegt dem normativen Glauben, dass nur »der vernünftige Mensch« Anspruch auf *citizenship* hat. Alle anderen bekamen einen zweitrangigen Status und wurden im schlechtesten Fall – wie die Indígenas – dem »zivilisatorischen Erziehungsimperativ« unterworfen und dem »Mythos der Moderne« geopfert (Dussel 1989, 1993). Spätestens mit der dritten Demokratisierungswelle in Lateinamerika Ende der 1970er Jahre wurde das aristotelische Ideal zunehmend aufgegeben und *citizenship* an das liberal-bürgerliche Prinzip *jus soli* (Recht des Bodens) gebunden, das sich entlang territorialer Linien und staatsbürgerlicher Pflichten orientiert. Der liberale Mythos eines kulturell neutralen Staates, der Gleichheit, Freiheit und Brüderlichkeit für alle BürgerInnen bereithalten sollte, mündete in der Förderung »einer gesellschaftlichen Kultur« (Kymlicka 1999: 22) und bewegt seither indigene Bewegungen, die Inklusionsfähigkeit der liberalen Prinzipien in Frage zu stellen und herauszufordern.

Unter welchen Bedingungen kann nun *citizenship* wahrgenommen werden und wie wird die Interessensartikulation zwischen Staat und Gesellschaft strukturiert? Es gibt zwei klassische Zugänge die Beziehung zwischen Staat und Gesellschaft zu charakterisieren. Der Liberalismus erkennt das Individuum als zentrale Einheit des politischen Lebens an. Die individuelle Freiheit steht vor staatlicher Intervention und Gruppenprivilegien. Der Kommunitarismus betont die Eingebundenheit des Individuums in eine Gemeinschaft. Für ihn ist die Gruppe die zentrale politische Akteurin. Der Staat definiert, welche Gruppen Vorrechte besitzen und Autonomie praktizieren dürfen.

Welche Rechte und Praktiken beinhaltet *citizenship*? *Citizenship* umfasst drei Dimensionen von Rechten: BürgerInnenrechte, politische Rechte und soziale Rechte, die je nach Staatsmodell unterschiedliche Akzentuierungen erfahren. Yashar bezeichnet als *citizenship regimes* die getroffene Kombination von unterschiedlichen Wahlmöglichkeiten, die diese drei Dimensionen betreffen – also wer Zugang zu *citizenship* hat, wie die Interessensartikulation strukturiert und was der Inhalt der staatsbürgerlichen Rechte ist. Laut Yashar haben die Veränderungen der *citizenship regimes* in lateinamerikanischen Staaten zur Politisierung von ethnischen Identitäten geführt, weil diese Veränderungen Enklaven lokaler Autonomie herausgefordert haben, die aufgrund des löchrigen Nationenbildungsprozesses weitgehend unerkennbar für den Staat geblieben sind. Wo staatliche Protektion fehlt und andere Möglichkeiten der Interessenartikulation nicht gegeben sind, entsteht Raum für den öffentlichen Ausdruck von privaten Identitäten. Staaten haben bestimmte Identitäten mit ihren *citizenship regimes* privilegiert, waren aufgrund ihrer mangelnden Reichweite und Durchdringung jedoch zu schwach, um sie flächendeckend durchzusetzen. Durch die uneinheitliche Ausdehnung entstanden lokale Enklaven, alternative politische Identitäten, Machtinstanzen und Autoritätsstrukturen die subnational mit dem dominanten Nationenbildungsprojekt koexistierten. Als neue Dynamiken des unfertigen Nationenbildungsprojekts die Autonomie dieser Enklaven herauszufordern begannen, regte sich der Widerstand, und Mobilisierungen entlang ethnischer Linien traten auf. In Lateinamerika kam es zu dieser neuen Dynamik durch einen Wechsel von korporatistischen *citizenship regimes* zu neoliberalen *citizenship regimes*. Erstere haben zivile und soziale Rechte entlang klassenbasierter Formen der Interessensvermittlung dynamisiert. Bauern- und ArbeiterInnenvereinigungen wurden vom Staat gefördert und durch klientelistische Formen der politischen Integration und Steuerung kontrolliert. Es entstanden neue Abhängigkeiten zwischen Bauernorganisationen und dem Staat, in deren Folge sich das staatliche Einflussgebiet weiter ausdehnte. Institutionalisierte Formen der Interessensmediation garantierten gleichzeitig die Ausweitung von Sozialpolitiken und ein Minimum an Wohlstand. Indígenas wurden vielerorts Arbeitsrechte zugesprochen, von Schuldknechtschaft befreit und als Bauern rekatalogisiert. Staatliche Organisationen und Gewerkschaften verliehen den Indígenas eine bäuerliche *mestizo*-Identität, die ihnen die Möglichkeit zur Interaktion mit dem Staat und Zugang zu Ressourcen einbrachte. Gleichzeitig befanden sich die jungen lateinamerikanischen Nationen erst in den Geburtswehen der Staatsformation. Staatliche Autorität, zentralisierte Bürokratie, Monopol der Gewaltanwendung, Definition des staatlichen Territoriums und die Identifikation der Bevölkerung mit dem Staat waren unfertige und herausgeforderte Prozesse. Deswegen blieben weite Gebiete außerhalb der Reichweite des Staates, in denen Patronage und Schuldknechtschaft erhalten blieben und die formale Rechtsstruktur unterwandert wurde. Die Indígenas des Amazonasgebietes konnten sich überhaupt weitgehende Unabhängigkeit von staatlichen und ökonomischen Prozessen bis in die späten 1960er Jahre bewahren. Demgegenüber führte eine größere Ausdehnung der staatlichen Kontrolle zur Steigerung der Bewegungsfreiheit indigener AkteurInnen durch die neu geschaffene Unabhängigkeit von lokalen Großgrundbesitzern. Aufgrund der mangelhaften Durchdringungskraft des Staates eröffneten Landreformen den Raum zur Entwicklung der lokalen indigenen Identität. Die Landreform von 1934 und die Verteilung von kommunalen Landtiteln, den *ejidos*, schaffte die geeignete Infrastruktur für die Ausdehnung lokaler indigener Autonomie in Mexiko. Yashar verweist diesbezüglich auf die Handlungsdualität indigener AkteurInnen, die nach Außen mit bäuerlichen Identitäten auftraten und nach innen lokale kulturelle Enklaven sicherten und entwickelten.

In den 1980er und 1990er Jahren wurden korporatistische *citizenship regimes* in neoliberale *citizenship regimes* transformiert. Die Machtzunahme von Bauernorganisationen, die ökonomischen Krisen und die Erschließung des nationalen Territoriums begünstigten den Aufwind von neoliberalen Ideen, die Förderung des freien Marktes und die Entmachtung korporatistischer Organisationen. In Mexiko ließ über Jahrzehnte das Engagement des Staates nach, die Landreform der 1930er Jahre umzusetzen. Dies führte zu einer stetigen Schwächung der staatlich subventionierten Bauernförderationen und der steigenden Bemühungen des Staates, lokale Politikarenen zu kontrollieren. Seit der dritten Demokratisierungswelle in Lateinamerika setzen Eliten neoliberale *citizenship regimes* durch, die bürgerliche und politische Rechte hoch halten, aber Limitierungen von sozialen Rechten einfordern. Bauern- und Arbeiterverbände verlieren staatliche Subventionen und institutionelle Einflussgebiete, das Budget von Landwirtschaftsministerien und Sozialprogrammen wird reduziert, Kreditförderungen zurückgeschraubt, Bildungsoffensiven vernachlässigt und Preisliberalisierungen durchgesetzt. Indem Bauern- und ArbeiterInnenverbände an politischem und sozialem Einfluss verlieren, brechen für Indígenas die formalen Verbindungen und der Zugang zu staatlichen Institutionen ab. Da nun die individuelle Freiheit vor korporatistischen Strukturen privilegiert wird, verflacht der politische Wille, spezielle Eigentumsrechte, wie kommunale Landtitel, aufrecht zu erhalten. Im Mexiko gipfelt dieser Prozess im Jahr 1992 in der Verfassungsänderung des Artikels 27. Dieser Angriff auf die lokale Autonomie der Indígenas, die zuvor durch die korporatistischen *citizenship regimes* gesichert war, führt zur zunehmenden Politisierung von indigener Identität, zum Protest gegen neoliberale Staatsreformen und zur Forderung nach Selbstbestimmungsrechten indigener AkteurInnen. Damit provozieren Veränderungen der *citizenship regimes* die Mobilisierung entlang ethnischer Linien und die Erarbeitung einer explizit indigenen Agenda. Diese besitzt aber keinen ethnonationalen Charakter wie in Ruanda oder Sri Lanka, sondern fordert die Redefinition der Inhalte von *citizenship*, also die Reformulierung der Bedingungen von Demokratie im Rahmen der Multikulturalismus-Debatte, damit individuelle *und* kollektive Rechte ausgeübt werden können (siehe Kymlicka 1999).

Die Veränderung der *citizenship regimes* und die damit einhergehende Bedrohung der lokalen Autonomie war Motiv für die Mobilisierung entlang ethnischer Linien. Die Fähigkeit zur Mobilisierung entspringt organisationstechnischen

Rahmenbedingungen. Zentraler Bestandteil dieser Rahmenbedingungen sind soziale Netzwerke (siehe Kapitel 4.). Yashar erkennt im Vorhandensein von »transcommunity networks« die organisatorische Voraussetzung zur Mobilisierung (Yashar 2005: 71). Sie fördern die Kommunikation und Kooperation zwischen Individuen und Gemeinschaften, durchqueren Sprachgrenzen, überbrücken Distanzen und kulturelle Unterschiede, ermöglichen Erfahrungsaustausch, die Identifikation von geteilten Problematiken und die Entwicklung einer gemeinsamen Rhetorik. Die Entwicklung von indigener Identität ist nicht allein auf das Lokale beschränkt, sondern in einen Prozess der »transcommunity indigenous identification« eingebettet (Yashar 2005: 71). Wichtige Rollen im Aufbau von Verbindungen zwischen indigenen Communities und Bewegungen spielen staatliche Institutionen, Gewerkschaften, Kirchen und NGOs. In Mexiko waren Bauernorganisationen staatlich gefördert und mit korporatistischen Parteien verbunden, die ihnen ökonomische Unterstützung, soziale Leistungen und Zugang zu Land ermöglichten. Diese staatlich geförderte Organisation der Landbevölkerung stellten Querverbindungen zwischen indigenen Communities her. Sie wurden später genutzt, um indigene Bewegungen zu bilden, die in manchen Gebieten in enger Verbindung zu Gewerkschaften und in anderen autonom operierten. »When confronted with changing rural-state relations that threatened property relations and local autonomy, these networks provided the organizational bases for coordinating significant indigenous mobilizing from the 1970s on« (Yashar 2005: 75). In Peru und Guatemala wurde das korporatistische Modell durch die staatliche Repression im Keim erstickt. Dies führte zur Niederschlagung von bäuerlichen Mobilisierungen und zur Verhinderung von Netzwerkprozessen. In Guatemala spielte die Kirche eine herausragende Rolle für populare Organisationsprozesse und den Aufbau von Netzwerken zwischen christlichen Basisgemeinden. Für den an Guatemala angrenzenden, südlichsten Bundesstaat von Mexiko, Chiapas, war Bischof Samuel Ruíz herausragender Wegbereiter für die zapatistische Widerstandsbewegung.

Neben der neoliberalen Umstrukturierung von *citizenship* als Protestmotivation und Netzwerken als Garant für erfolgreiche Ressourcenmobilisierung identifiziert Yashar die Existenz von *political associational space* als drittes Argumentationskriterium, um das Entstehen von indigenen Bewegungen in Raum und Zeit zu verorten. Darunter wird das Vorhandensein von politischen Freiräumen verstanden, die Vereinigungs- und Redefreiheit garantieren (siehe Kapitel 2.5.2.). Die politische Öffnung des Staates ist ein entscheidendes Kriterium für die Entfaltungsmöglichkeiten von sozialen Bewegungen. Denn generell haben geschlossene politische Räume zu einer Lähmung von Organisationsprozessen sozialer Bewegungen geführt. *Political associational space* kann gleichzeitig in unterschiedlichen Kontexten gegeben sein. So etwa in Demokratien, wo BürgerInnenrechte geschützt werden, in Übergangsregimen mit beginnenden Liberalisierungsprozessen und in Gegenden, in denen der Staat abwesend ist. In den Anden und in

Mesoamerika pendelten unterschiedliche Varianten von *political associational space* zwischen Zeiten politischer Geschlossenheit und Phasen der Liberalisierung. Erstere verhinderte die legale Organisationsbildung. Letztere führte zu rechtlicher und praktischer Organisationsfreiheit und bot Möglichkeiten, entlang ethnischer Linien zu mobilisieren. Yashar betont, dass nur in jenen Ländern, in denen *political associational space* eindeutig vorhanden war, auch nationale indigene Bewegungen entstehen konnten, wie die EZLN und der CNI (Congreso Nacional Indígena, zu dt. Nationaler Indígena-Kongress) in Mexiko, die CONAIE (Confederación de Nacionalidades Indígenas del Ecuador, zu dt. Konföderation der Indigenen Nationen Ecuadors) in Ekuador, die COMG (Consejo de Organizaciones Mayas de Guatemala, zu dt. Rat der Mayerorganisationen von Guatemala) in Guatemala sowie CSUTCB (Confederación Sindical Unica de Trabajadores Campesinos de Bolivia, zu dt. Bolivianischer Gewerkschaftsbund der ArbeiterInnen in der Landwirtschaft) und CIDOB (Confederación Indígena de Bolivia, zu dt. Konföderation der indigenen Völker Boliviens) in Bolivien. All diese Organisationen bauten auf bereits existierende Netzwerke auf, die transkommunale Beziehungen und die Konstruktion von panethnischen Bewegungen gestatteten. Wo diese Voraussetzungen nicht existierten, war es nahezu unmöglich, Organisationsprozesse außerhalb der eigenen Lokalität aufzubauen. Die politische Geschlossenheit unterband wie in Peru die langsame Entstehung von nationalen Bündnissen und indigenen Bewegungen.

Durch ihre politischen Erfolge konnten sich indigene soziale Bewegungen als neue Gesprächspartner für staatliche Institutionen etablieren. Sie erlangten internationalen Bekanntheitsgrad und kanalisierten Ressourcen für ihre Communities über die internationale Entwicklungszusammenarbeit. Ihre Anliegen fanden Eingang in nationale Verfassungen und internationale Deklarationen wie Konventionen. Das Auftreten dieser Bewegungen und die erfolgreiche Positionierung ihrer Forderungen wurden zum Referenzrahmen für eine neue Runde von Bewegungsformationen, die Yashar als »Bewegungen der 2. Generation« bezeichnet. Bewegungen der 2. Generation aktivieren die strategische Verwendung von Ethnizität als Mobilisierungsressource, indem sie die erkämpften politischen Freiräume der 1. Generation geltend machen. Die Bewegungen der 1. Generation wurden so, quasi rückwirkend, zu Prototypen für einen neuen Bewegungszyklus, der Protestrhetorik und -methoden nachzuahmen und modular einzusetzen versteht (vgl. Yashar 2005: 3-82). Während Yashar die Entstehungsbedingungen der 1. Generation indigener Bewegungen untersucht, fokussiert diese Arbeit auf Erscheinungsformationen indigener Bewegungen der 2. Generation.

5.2. Autonomie, rechtlich-politischer Pluralismus und neue Territorialität

> *»Das, was den Völker Leben gibt, ist in erster Linie das Land. Die indigenen Völker können sich nicht ohne Land erhalten... Das ist das wichtigste. Es ist der Schützengraben, aus dem sie rufen können: ›Hier sind wir!‹ Von hier leitet sich der Kampf ab... Also, der erste Schützengraben des Kampfes ist das Land« (Hidalgo 2006).*[4]

Auf den staatlichen Versuch der Integration wird von Seiten der Indígenas mit der Forderung nach Autonomie (Forderung nach kollektiven Rechten) und Weiterführung der eigenen Kultur geantwortet. Autonomie wird von den neuen indigenen Bewegungen nicht in Abgrenzung zum Nationalstaat und anderen ethnischen Gruppen verstanden. Autonomie ist die zentrale Voraussetzung für ein Ende der rassistischen Diskriminierung und für die eigenständige Teilnahme der Indígenas in einem dezentralen, pluriethnischen und demokratisch gestalteten Nationalstaat. Im Kampf um die Anerkennung ihrer Gleichwertigkeit und Andersartigkeit (*otredad*) stellen sich die neuen indigenen Bewegungen dem Versuch des Nationalstaates entgegen, sie durch Anpassung an die hegemoniale Kultur (*mestizaje*) zur Aufgabe ihrer Eigenständigkeit zu zwingen. Sie verstehen sich als pluriethnisches Projekt zur Wiedererlangung ihrer eigenen Handlungsfähigkeit. López y Rivas sieht eine zentrale Auswirkung der indigenen Freiheitskämpfe darin, »[…] dass die multikulturelle, multilinguale, multiethnische Natur der zeitgenössischen Nationalstaaten ins Zentrum der akademischen und politischen Diskussion gerückt wurde« (López y Rivas 2004a: 62). Die Anerkennung der indigenen Rechte in Form von multikultureller Autonomie[5] und des darauf basierenden rechtlich-politischen Pluralismus[6] gerät mit einigen Grundprämissen des modernen Verfassungsstaates in Konflikt: der proklamierten Gleichheit aller BürgerInnen, der Legitimierung des Staates durch das sogenannte Gemeinwohl und der Annahme des einheitlichen Staatsvolkes (Kuppe 2004). »Die Realisierung multikultureller Autonomie rüttelt somit an den Grundfesten des sogenannten ›modernen‹ Einheitsstaates, hinter dessen liberaler Fassade sich die Basis für Diskriminierung, Neokolonialismus und Ethnozid verbirgt« (Kuppe 2004: 59).

---

4 Interview mit Onesimo Hidalgo Dominguez, ehemaliger Mitarbeiter von CIEPAC, am 03.05.2006 in San Christóbal de las Casas, Chiapas, Mexiko (freie Übersetzung des Autors).

5 Mehr zur Autonomiedebatte siehe u.a.: Gabriel 2005, López y Rivas 2004b, Díaz-Polanco 1997.

6 Rechts- und staatsphilosophische Konstitutionalismusdebatten zu diesem Thema siehe u.a. Taylor 1997, Tully 2004, Kymlicka 1995 und 1999, Kuppe 2004.

Die Forderung nach Autonomie scheint die AkteurInnen indigener und nicht-indigener sozialer Bewegungen zu vereinen. Ohne die Landrechtsforderungen indigener Gruppen trivialisieren und in Frage stellen zu wollen, lässt sich die Autonomieforderung als zentrales Bindeglied zwischen den neuen sozialen Bewegungen in Lateinamerika erkennen. Ihre Form unterliegt diversen Interpretationen, und ihre Umsetzung wird in vielfältiger Weise ausgelebt. Sie impliziert einerseits die subjektive autonome Identität als *right to be yourself* und andererseits die Kollektividentität, die ethnische Identität als politisches Projekt und Strategie zur Stärkung der lokalen Eigenständigkeiten (Gerber 2003). Autonomie bezeichnet häufig die Unabhängigkeit neuer sozialer Bewegungen von staatlichen Institutionen und traditionellen politischen AkteurInnen (Blank 2004: 187). Ausdruck und Experimentierfeld findet sie in der Zivilgesellschaft (siehe Kapitel 2.3.). Der Überlebenskampf an konkreten Orten entwickelt sich zu einer »neuen Territorialität« sozialer Bewegungen (Zibechi 2004, 2005). Diese Territorialität findet den »physischen Ort der neuen kollektiven Handlungsformen« in indigenen Communities, urbanen Stadtvierteln, Kulturzentren und besetzten Häusern mit mannigfaltiger Funktionalisierung (Blank 2004: 184). Die dadurch gewonnene Unabhängigkeit ermöglicht den AkteurInnen, von machtlosen BittstellerInnen zu selbstständigen ProduzentInnen sozialer, kultureller, politischer und wirtschaftlicher Realitäten zu werden und mit anderen Politikarenen in Beziehung zu treten. Es geht um »[...] die Herausbildung neuer Handlungsräume jenseits der Dichotomie von Staat und Gesellschaft oder Staat und Zivilgesellschaft, d.h. um die Vervielfältigung politischer und sozialer Räumlichkeiten und die damit einhergehende Entfaltung neuer Logiken der Artikulation zwischen diesen« (Blank 2004: 190).

5.3. Neoliberale Gegenbewegung, Konfrontation und Innovation

Viele lateinamerikanische Staaten haben auf die Mobilisierungen indigener sozialer Bewegungen und die Anfang der 1980er Jahre entwickelten internationalen und völkerrechtlichen Richtlinien (ILO-Konvention 169) und unverbindlichen Vorschläge (*UN Draft Declaration on the Rights of Indigenous Peoples*) mit Verfassungsreformen reagiert (Kolumbien 1991, Ecuador 1998, Venezuela 2000, Bolivien 1994, Mexiko 1992 und 2002, Brasilien 1988). Doch bleiben die Art und Weise der Reformen und deren Umsetzung unzureichend. Paradoxerweise kam es in der UN-Dekade für indigene Völker (1995-2004) zu neoliberalen Gegenbewegungen, die Gesetzgebungen unterwanderten, Handelsliberalisierungen förderten und sich besonders an indigenen Landrechten stießen. »Die 1990er Jahre stellen also nicht nur eine wichtige Dekade für die Anerkennung indigener Rechte dar, sondern kennzeichnen auch den Übergang zu einer bedrohlichen Stärkung des internationalen Freihandelssystems« (Schabus 2004: 93). Die in nationale Peripherien und Marginalisierung vertriebene indigene Bevölkerung befindet sich vielerorts erneut im Zentrum geopolitischer Konflikte am Ende des fossilen Energieregimes (Altvater 2006). »Many of these formerly marginalized areas have become frontiers of the latest capitalist advances, where we find indigenous people engaged in a fight for their territories and their way of life« (Nash 2005b: 177). Nash betont, dass genau bei diesen Auseinandersetzungen die größten transformativen Veränderungen stattfinden würden. Die Betroffenen dieser Konflikte sind Motoren sozialer und politischer Innovation. Sie stellen der von neoliberaler Globalisierung provozierten Deterritorialisierung des sozialen, kulturellen und geographischen Raumes eine »politics of place« entgegen (Nash 2005a: 17). Gerade die indigenen Völker besitzen die Fähigkeit, aus ihren vitalen Erfahrungen von Eroberung und Ausgrenzung alternative soziokulturelle Projekte entstehen zu lassen, die dem Kulturimperialismus der modernen Staaten alternative Sinnzusammenhänge und eine im Alltagsleben eingebettete Kultur des Widerstandes entgegenstellen konnten und können. »So ist auch die große Bedeutung verständlich, die einer Erforschung und Neuinterpretation der eigenen Geschichte zugemessen wird, als Überwindung einer aufgezwungenen, ideologischen Blockierung und als Aufhebung der kolonialen Identitätsverfälschung (desinterpretación!)« (Grünberg 1982: 10). Das *méxico profundo* blickt in den Spiegel der Selbstwahrnehmung und kombiniert ortsbezogene Verteidigungskämpfe mit kulturellen und politischen Alternativprojekten (Bonfil Batalla 1990).[7] Nationale wie transnationale Artikulationsprozesse indigener sozialer Bewegungen komplimentieren diese Dynamik.

Das erwachte Selbstbewusstsein von indigenen Gruppen führt zu einem Kampf um neue politische Räume, zu einer Politisierung des Alltags und zu einer Kulturalisierung des politischen Protests. Kämpfe über Bedeutungen und Definitionsmacht dehnen dabei das Politische auf das kulturelle Feld aus und vice versa (vgl. Kastner 2004: 259). Ihre Erfahrungen von 500 Jahren Widerstand und soziokulturellen Alternativprojekten wurden zum neuen Referenzpunkt angeknackster nationaler wie entfremdeter Identitäten subalterner AkteurInnen. Es

---

[7] Das *méxico profundo* (das profunde Mexiko) ist nach dem mexikanischen Ethnologen Bonfil Batalla die Jahrtausende alte und untergetauchte Zivilisation, die um ihre Vergangenheit weiß, aber in der Gegenwart lebt (Bonfil Batalla 1990). Ihr wichtigster Wert nach Kaller-Dietrich ist »das Tätigsein im Jetzt« (Kaller-Dietrich 2003: 126). Demgegenüber charakterisiert das *méxico imaginario* (das imaginierte Mexiko) die Imagination davon, was sein soll. Die Gegenwart wird den zukünftigen Vorstellungen unterworfen und überschattet die präsenten Gesichter des *méxico profundo*. Imaginäre Kulturen betrachten das Vorgefundene durch die Brille der Ideologien, welche die Welt von einem materiellen und linearen Geschichtsbild aus zeichnen. »Hier hat man es mit einem Kulturbegriff zu tun, der besagt, was sein wird, anstatt zu sehen, zu verstehen und zu beschreiben, was vor sich geht« (Kaller-Dietrich 2003: 127). Die imaginäre Kultur kontrolliert die öffentliche Ordnung, den dominanten politischen Raum. Die profunden Kulturen werden im Privaten geduldet und folkloristisch in Szene gesetzt, von der Politik aber verbannt.

kommt zu einem »Prozess der Indianisierung« (Gabriel 1994: 69) der Volksbewegungen, der neue ideologische Inhalte positioniert, wie die bereits erwähnte transmoderne Befreiungsideologie. Gómez Suárez spricht deswegen auch von einer günstigen »ideologischen Möglichkeitsstruktur«, die fernab vom Ost-West-Konflikt auf individuelle und kollektive Menschenrechte baut und im Streben nach Autonomie und Selbstbestimmung gegenseitige Anknüpfungspunkte finden lässt (Gómez Suárez 2003: 14).

5.4. Indigene Bewegungen zwischen Widerstand und Alternativprojekt

Wie bereits erwähnt, nimmt der Widerstand indigener Völker in Lateinamerika die Gestalt ortsbezogener Verteidigungskämpfe gegen die erzwungene Einführung neoliberaler Wirtschaftsprogramme an. Zunehmend rückt die Forderung nach Autonomie und Territorium auch ins politische Programm neuer sozialer Bewegungen in Lateinamerika, die ausgehend von konkreten physischen Orten autonome Räume entstehen lassen, selbstbestimmte soziokulturelle Kreativwerkstätten außerhalb der dominanten Gesellschaftsstrukturen.

> *»Die Schlacht spielt sich nun mal auf der Straße ab. An diesem Ort des Aufschreis, wo man ruft: Hier sind wir und wir wollen nicht. Zugleich gibt es auch einen anderen Raum, der sich aufs Territorium bezieht. Und dieser Ort, der sich auf das Territorium bezieht, hat damit zu tun, wo die Menschen leben. Hier steht man gegen den Bau von Staudämmen, gegen die Plünderung von natürlichen Ressourcen, gegen die Plünderung von Wasser und gegen die Privatisierung des Landes auf. Man widersteht dem Wechsel von Anbaumethoden durch transnationale Konzerne, kämpft gegen die Systeme des Landbesitzes, gegen die Veränderung der Kultur. Die Menschen widerstehen dem Tod. Die Leute erheben sich gegen das ganze Modell, das diese Auswirkungen auf die Comunidades und Völker mit sich bringt. Es ist die Landkrise, die Krise der Migration, die politische, soziale und kulturelle Krise des Landes. Man widersteht der Einführung der Drogensucht und kämpft gegen die absolute Kontrolle ihrer Territorien durch Mafia und Drogensyndikate« (Hidalgo 2006).*[8]

Der aktuelle indigene politische Aktivismus transzendiert jedoch die bloße Verteidigung des eigenen Lebensraumes. In einer immensen Vielfalt von Protestformen sucht er – je nach politischen Möglichkeitsstrukturen – durch bewaffnete Aufstände, friedliche Blockaden und Demonstrationszüge, den Aufbau von autonomen Territorien, der Partizipation an staatlichen Institutionen durch politische Parteien oder Verhandlungen und Dialog mit staatlichen Autoritäten politische

8 Interview mit Onesimo Hidalgo Dominguez, ehemaliger Mitarbeiter von CIEPAC, am 03.05.2006 in San Christóbal de las Casas, Chiapas, Mexiko (freie Übersetzung des Autors).

Räume zu erkämpfen und an einem »demokratischen Nationalprojekt« mitzuarbeiten (López y Rivas 2004a: 72). Dabei verlassen indigene soziale Bewegungen die reine Logik des Widerstandes, indem sie alternative politische und soziale Projekte – außerhalb und innerhalb der *political culture* des jeweiligen Landes – gestalten.

> *»Der Widerstand alleine erhält sich nicht. Also: Wenn wir gegen das neoliberale Modell widerstehen wollen, können wir das. Das Problem ist, bis wann. Genau bei diesem Punkt sollten wir nicht die Kraft verlieren, sondern neue Energien investieren Wir können den Widerstand als Möglichkeit wahrnehmen, Neues aufzubauen... Der Widerstand ist auch eine Möglichkeit zu wachsen ... Wenn Du Alternativen aufbaust, erhältst Du trotzdem den Widerstand aufrecht. Indem du ein neues Lebensmodell erschaffst, gehst du über den Widerstand hinaus. Ich glaube, dass sich genau in dieser Situation der Widerstand der Völker befindet, nicht allein der Völker von Zentralamerika, sondern von ganz Lateinamerika und der Welt. Das Modell des Lebens wird Stück für Stück das Modell des Todes ersetzen« (Hidalgo 2006).*[9]

Die Resolution der »Jornadas Latinoamericanas: Movimiento Indígena, resistencia y proyecto alternativo« (Lateinamerikanische Tagung: Indigene Bewegung, Widerstand und Alternativprojekt)[10] veranschaulicht die Positionierung der indigenen sozialen Bewegungen im nationalen und kontinentalen Kontext, und kann als Reflexionsgrundlage für kommende politische Entwicklungen herangezogen werden. Die Resolution skizziert gleichzeitig die wichtigsten Ansatzpunkte für eine kultur- und sozialanthropologische Bewegungsforschung zu indigenen sozialen Bewegungen in Lateinamerika: indigene Bewegungen als kollektive Akteurinnen innerhalb der politischen Prozesse von Nationalstaaten; politische Projekte indigener sozialer Bewegungen; Fragen der Repräsentation in nationalen und internationalen Institutionen; Artikulations- und Allianzprozesse mit nicht indigenen sozialen Bewegungen und indigener Internationalismus; Stellung der Frau in indigenen sozialen Bewegungen; indigene Bewegungen und Globalisierungsprozesse; indigene Bewegungen als plurale politische Projekte. Die Resolution veranschaulicht auch im Sinne des *Framing*-Ansatzes der Bewegungsforschung die Selbstdarstellung, Positionierung und Vermarktung der Bewegungen im Feld des Politischen (siehe Kapitel 2.5.5.). Im Folgenden werden die Eckpfeiler

---

9 Freie Übersetzung des Autors.

10 Es handelte sich hierbei um ein Diskussionsforum, das im Mai, Oktober und Dezember des Jahres 2003 namhafte Vertreter indigener sozialer Bewegungen und libertäre wie linksgerichtete AkademikerInnen (einige davon in dieser Arbeit zitiert) in Mexiko Stadt zusammenführte, um über die aktuelle Phase indigener politischer Bewegungen zu reflektieren. Die Ergebnisse wurden in dem Sammelband »Movimiento indígena en América Latina: resistencia y proyecto alternativo« (Indigene Bewegung in Lateinamerika: Widerstand und Alternativprojekt), herausgegeben von Fabiola Escárzaga und Raquel Guitérrez (2005), publiziert.

der Resolution in zusammengefasster Weise präsentiert. Direkte Übersetzungen von Schlagwörtern setze ich zur Verdeutlichung in Anführungszeichen.

1. Indigene Bewegungen sind zu fundamentalen sozialen Kräften »lateinamerikanischer Nationen und Völker« geworden, die gegen das »neoliberale System« Widerstand leisten. In einigen Ländern haben sie sich zu zentralen Kräften bei Mobilisierungen und im Widerstand gegen Staat, ökonomische Eliten und »imperiale Einmischung« gewandelt. In vielen Ländern ergänzen sie die Kämpfe der anderen popularen, urbanen und ruralen Sektoren. Im Allgemeinen lässt sich sagen, dass indigene Bewegungen unabdingbar für die soziale, politische und wirtschaftliche Transformation des Staates geworden sind. Es kann keine lateinamerikanische Zukunft von Demokratie, Gerechtigkeit und wirtschaftlicher Entwicklung ohne die Präsenz und Partizipation indigener sozialer Bewegungen geben.

2. Indigene Bewegungen tragen »das historische Gedächtnis von Jahrhunderten des Widerstandes und der Selbstorganisation gegenüber kolonialer Herrschaft und republikanischer Exklusion« mit sich. Ihre Dauerhaftigkeit ist das Resultat der eigenen organisatorischen Fähigkeiten, vererbt und reaktiviert, und ihrer Unabhängigkeit gegenüber dem Staat, der nur mit Vernichtung, Diskriminierung und Manipulation Bezug auf sie nimmt.

3. Indigene Bewegungen fordern ihre Partizipation in nationalen und internationalen Foren, auf denen Problematiken indigener Völker diskutiert werden, damit ihre autonome Stimme gehört und staatliche Eigenmächtigkeit reduziert werden kann. Alarmierend ist der Zustand, in dem sich Prozess der Anerkennung indigener Rechte befindet, sei es die Qualität von Gesetzen oder deren mangelnde Umsetzung.

4. Die Resolution betont die Notwendigkeit eines »indigenen Internationalismus« (*internacionalismo indígena*), der Artikulationsprozesse indigener Bewegungen fördert, um Wissenstransfer, Erfahrungsaustausch und gegebenenfalls gemeinsame politische Aktionen zu ermöglichen.

5. Indigene Bewegungen fordern ihre eigenen kulturellen wie politischen Codes ein, um sich »ideologisch zu dekolonialisieren«, Methoden der Unabhängigkeit gegenüber dem Staat und dem traditionellen Parteiensystem zu festigen und um organisatorische Strukturen zu erzeugen, die fähig sind, der *poder estatal* (Staatsmacht) Varianten von *poder indígena* (indigener Macht) entgegenzustellen bzw. parallel dazu aufzubauen.

6. Indigene Bewegungen erkennen die Notwendigkeit, eigene *espacios de poder* (Räume der Macht) aufzubauen, deren Fundament die eigenen kommunitären, städtisch-ländlichen Strukturen bilden. Je nach politischen Möglichkeitsstrukturen ergaben und ergeben sich für indigene Bewegungen folgende politische Strukturen und Strategien: Indigene Parlamente; territoriale Selbstregierung und autonome juristische wie öffentliche Administration; die Macht zu übernehmen, »[…] verstanden als Revolutionierung der Regierungsstrukturen, um sie an die neuen Praktiken, wie Politik verstanden wird, anzupassen und die Administration des

öffentlichen Sektors zur eigenen Sicherheit zurückzuerobern« (Escárzaga/Guitérrez 2005: 43).[11]

7. Indigene Bewegungen betonen die Notwendigkeit einer flexiblen Kombination unterschiedlicher Protestvarianten. Einerseits werden die legalen Protestformen innerhalb existierender Institutionen als mögliche Wege gesehen, Gerechtigkeit einzufordern. Andererseits wird auf unkonventionelle Protestformen verwiesen, die sich außerhalb des offiziellen Systems bewegen und deren Fundament in Selbstorganisation und der Fähigkeit zur Mobilisierung gegen den Staat liegt.

8. Indigene Frauen fordern ihr Recht zur Partizipation und Gleichstellung innerhalb und außerhalb der indigenen sozialen Bewegungen ein.

9. Indigene Bewegungen verweisen auf die Notwendigkeit der Allianzbildung mit anderen sozialen Bewegungen. Einerseits, um die Anerkennung indigener Rechte auch an den Orten ohne indigene Mehrheit zu gewährleisten, und andererseits, um »[…] Wege zur politischen Macht mittels einer breiten gegenhegemonialen Front subalterner Kräfte« zu ermöglichen (Escárzaga/Guitérrez 2005: 44).

10. Eine politische Schwäche von indigenen Bewegungen ist ihre Heterogenität und daraus resultierende interne Fragmentierungen, die durch Methoden der Aufstandsbekämpfung ausgenützt und verstärkt werden. Zudem sollten indigene Bewegungen nicht vereinheitlicht dargestellt werden. Sie unterliegen einer dynamischen sozialen Vielfalt mit unterschiedlichsten Manifestationen und politischen Projekten. Homogenität soll aber genauso wenig wie totale Entzweiung unterstellt werden.

11. Indigene Bewegungen erkennen die Notwendigkeit, ihre lokalen und regionalen Auseinandersetzungen mit globalen Themen zu verbinden. Damit wird die Spannung zwischen der Fähigkeit zu lokalem Widerstand und der Schwierigkeit zur Projektion und Kommunikation der eigenen Anliegen in einen globalen Horizont thematisiert (vgl. Escárzaga/Guitérrez 2005: 42-45).

5.5. Indigene Rechte und indigene Identität als politische Strategie

Auf internationaler Ebene gibt es keine verbindliche Definition des Begriffs *indigene Völker*. Nach Kuppe lassen sich aber in der Debatte um indigene Rechte drei Definitionselemente für indigene Völker konstant wiederfinden (Kuppe 2004). Aus diesen Merkmalen lässt sich eine normative Relevanz ableiten, die

[11] Es wird hier auch auf die zapatistische Befreiungsbewegung verwiesen, die nicht das Ziel einer politischen Machtübernahme teilt. Das bringt den Zapatismus und die Andere Kampagne wieder einmal in eine Sonderposition. Die Zeit wird es zeigen, ob – wie in Mexiko – in anderen Zentralamerikanischen Staaten jenseits von traditionellen Politikarenen breite politische Projekte entstehen, die eine andere Form, Politik zu machen, anstreben, um die Welt zu verändern, ohne die Macht zu übernehmen. Dies eröffnet auch eine kritische Reflexion über Thesen von TheoretikerInnen, die indigene soziale Bewegungen als antihegemonial und nicht gegenhegemonial ansehen.

Rechte indigener Völker legitimieren helfen (siehe Kapitel 2.3.). Die Merkmale basieren auf der UN-Studie von Martínez-Cobo über die Menschenrechtslage indigener Völker aus dem Jahr 1986.

a. Indigene Völker stehen in historischer Verbindung zu Bevölkerungen, die durch externen Kolonialismus unterworfen wurden. Daraus lassen sich originäre Rechte ableiten, Ansprüche auf Land- und Ressourcenrechte.

b. Sie leben aktuell in politischer, wirtschaftlicher und struktureller Marginalisierung. Aus diesen Unrechtserfahrungen und einer vielfältigen Diskriminierung ergibt sich das Recht auf Gleichstellung (trotz Bewahrung der kulturellen Verschiedenheit).

c. Indigene Gruppen verstehen sich als kulturell verschieden gegenüber den dominanten Segmenten der Bevölkerung (dem kulturellen Mainstream). Sie streben nach der Wahrung ihrer kulturellen Eigenheiten. Daraus lässt sich der Schutz der kulturellen Identität ableiten.

Nach Kuppe müssen die einzelnen Komponenten als integral verwobene Bestandteile gesehen werden, wobei die Marginalisierung nur durch kollektive Landrechte aufgehoben werden kann und die kulturelle Besonderheit nur durch die danach genannten Komponenten garantiert bleibt. Diese Kriterien gewinnen durch die ILO-Konvention 169 an Flexibilität. Im Artikel 2. der genannten Konvention wird »self-identification« zum fundamentalen Anerkennungskriterium für Indigenität gemacht. Sylvain hebt hervor, dass es diesem multidimensionalen Charakter und seiner variablen Auslegung und Interpretation zu Verdanken ist, dass er für eine Vielzahl von Rechtsstreitigkeiten einsetzbar gemacht werden kann. »Different criteria can be highlighted depending on the priorities and agendas of advocacy organizations and the criteria themselves are malleable enough too for advocacy organizations to elaborate on their ontological significance in different ways for different contexts« (Sylvain 2005: 218).[12] Diese Dynamik in den politisch-rechtlichen Umweltbedingungen öffnet politische Räume und die Möglichkeit, über ethnisch determinierte Anliegen kollektive Menschenrechte einzufordern. Im Folgenden werden kultur- und sozialanthropologische Perspektiven auf die Begriffe Ethnos, Ethnizität und kulturelle Identität skizziert und die Konzepte von politisierter Ethnizität wie strategischem Essentialismus thematisiert, um eine breitere Perspektive auf den kollektiven Identitätsansatz in der Bewegungsforschung und speziell in der Analyse von indigenen sozialen Bewegungen zu ermöglichen.

5.5.1. Ethnos, Ethnizität und kulturelle Identität

Ethnizität verweist auf »[…] die Gesamtheit der Wesenszüge eines Ethnos« (Wernhart 2001: 93). Das Ethnos oder die ethnische Gruppe lässt sich dabei »[…]

[12] Mehr zu dieser Thematik siehe: Kuper 1999, Lattas 1993, Turner, 1993, Kymlicka 1995.

durch ihr jeweils mittels Normen und Werten definiertes Selbstverständnis charakterisieren« (Wernhart 2001: 81). Dieses Selbstverständnis wird als kulturelle Identität verstanden und setzt sich aus kognitiven (subjektivistischen) Aspekten zusammen. Normen und Werte einer ethnischen Gruppe entstehen im Spannungsfeld von Sprache, Kosmovisionen, Traditionen, Selbstzuschreibung und Fremdzuschreibung, sozialen Institutionen, sozioökonomischen Faktoren, historischer Dimension sowie Eintritts- und Austrittsbarrieren. Eine ethnische Gruppe ist nicht als abgeschlossene und starre Einheit zu verstehen, sondern als relativ offenes Beziehungssystem mit fluiden Komponenten, das ein »struktural-funktional-integrales Gefüge« aufweist (Wernhart 2001: 88). Seine Variationsbreite reicht von kleinen Lokalgruppen bis hin zu großen Gemeinschaften. Die kulturelle Identität manifestiert sich im Selbstverständnis eines Individuums, einer Gruppe, Ethnie oder Nation im Hinblick auf Normen, Werte, Fähigkeiten und Gewohnheiten. Sie unterliegt zwei Prozessen. Einerseits der sozioemotionalen Persönlichkeitsbildung (Sozialisation). Andererseits dem Prozess der Enkulturation, das Erlernen von Regeln, Normen und Werten, »[...] die das soziale Leben bestimmen und die von den einzelnen Mitgliedern erlernt werden müssen, um als vollwertige Teile des Ganzen akzeptiert zu werden« (Haller 2005: 121). Kulturelle Identität des Individuums entsteht durch das Eingebundensein in die kulturelle Identität eines Kollektivs bei gleichzeitiger Autonomiebewahrung der eigenen Identität und Widerstand gegenüber kulturellen Normen und Zwängen (Kulturmuster) (Wernhart 2001). »Die soziale Interaktion ist deshalb zentrales Untersuchungsfeld zur Erforschung der Identitäten, dieser relationalen, wandelbaren und doch auch durch Sozialisation, Erfahrungen, Diskriminierung und Geschichte geprägten Selbst- und Fremdwahrnehmung« (Gerber 2003: 6). Soziale Interaktion und Kommunikation als bestimmende Determinanten von kulturellen Identitäten weisen auf deren Konsistenz als Beziehungsverhältnis hin und positionieren gleichzeitig teilnehmende Beobachtung als wichtiges methodisches Werkzeug zur Erforschung sozialer Bewegungen (vgl. Wernhart/Zips 2001: 26-32). Gingrich verweist auf Ethnizität als dynamisch konstruiertes, soziales Verhältnis zwischen Lokalgruppen oder Gesellschaften, »[...] unter welchen die Auffassung vorherrscht, dass sie sich voneinander in kultureller Hinsicht unterscheiden. Diese Auffassung zieht entsprechende Praktiken einer dynamischen und durchlässigen Grenzziehung nach sich« (Gingrich 1999: 259).[13] Diese Perspektive verwehrt es, kulturelle Identität als objektivierbare Eigenschaft zu verdinglichen, und verweist auf den subjektivistischen wie interaktiven (oder auch kommunikativen) Paradigmenwechsel in der Kultur- und Sozialanthropologie (siehe Kapitel 1.2.).

---

13 Führende kultur- und sozialanthropologische TheoretikerInnen der Ethnizitätsdebatte sind T. Hylland Eriksen, M. Banks, R. Jenkins oder S. Tambiah.

5.5.2. Politisierung von Ethnizität

Es gibt zwei grundlegende Konzepte über Ethnizität. Die ModernisierungstheoretikerInnen der 1950er und 1960er Jahre gingen von primordialistischen und essentialistischen Theorien von Ethnizität aus, wonach die ethnische Gruppenidentität eine Grundtatsache sozialer Existenz sei. Ich schreibe aus der Perspektive des konstruktivistischen Ansatzes, der nicht eine überhistorische und quasi-natürliche Grundgegebenheit von Ethnizität annimmt, sondern Ethnizität als durch spezifisch historisch-politische Konstellationen geformte und nach Bedarf konstruierte soziale Ressource zur Organisation von Gruppenbeziehungen darstellt, ohne dabei die Selbstwahrnehmung der indigenen AkteurInnen in Frage stellen zu wollen (Radke 1995). Eine Gruppe von Menschen, die sich als Ethnie begreift, hat ein besonderes Bewusstsein von ihrer Eigenheit als Gruppe, wie objektivierbar ihre Definitionskriterien auch sein mögen (vgl. Tetzlaff 1993; Tetzlaff/Peters/Wegemund 1991). »Politisierte Ethnizität liegt vor, wenn ethnische Gruppenzugehörigkeit im Kontext soziopolitischer Prozesse als politische Ressource instrumentalisiert und als Mobilisierungsmittel in Macht- und Verteilungskämpfen eingesetzt wird« (Kreile 1997: 12). Ich unterscheide zwischen einer politisierten Ethnizität von oben und einer politisierten Ethnizität von unten. Politische Ethnisierung von oben (zum Beispiel während des Kolonialismus, des Nationenbildungsprozesses und in postkolonialen afrikanischen Staaten) bezeichnet die Instrumentalisierung ethnischer Loyalitäten zur Machtabsicherung politischer Führer im harten Verteilungskampf, die ethnische Zugehörigkeiten zum bevorzugten Kriterium von gesellschaftlicher Inklusion und Exklusion machen (vgl. Nuscheler/Ziemer 1980). MachthaberInnen übernehmen dieses Konzept, um die Eliten entlang ethnischer Lager aufzuspalten. Die auserwählten Segmente der Gesellschaft übernehmen in ihrem eigenen Interesse die Erfindungen von Tradition und Geschichtsmythos und wirken tatkräftig an einer historisch-mythologischen Fundierung und Legitimation für Diskriminierung, Assimilation und Exklusion mit. Ein tragisches Beispiel für diese Vorgehensweise ist die historische Entwicklung des Genozid in Ruanda (siehe Des Forges 2002).

Eine politisierte Ethnizität von unten würde ich demgegenüber als Aktivismus popularer, subalterner und indigener AkteurInnen bezeichnen, die Kultur politisieren, um kollektive Menschenrechte geltend zu machen. Sie liegen in internationalen ideologischen Möglichkeitsstrukturen eingebettet und werden durch das internationale Rechtssystem begünstigt (Gómez Suárez 2003: 14). Die politisierte Ethnizität von unten lässt sich durch den Begriff *strategic essentialism* konkretisieren. Kollektive Identitäten bedingen geradezu einen diskursiven Prozess der Essentialisierung und Homogenisierung, da sich unterschiedliche AkteurInnen auf gemeinsam geteilte Prämissen einigen müssen (siehe Kapitel 2.5.4.). Trotz aller internen Unterschiede resultieren, extern gelesen, die Forderungen indigener sozialer Bewegungen in homogenen Identitäten. Die Entwicklung einer Organisationsidentität aus strategischen Gründen radiert aber nicht die internen Unterschiede der kollektiven AkteurInnen aus.[14] Das kollektive politische Subjekt orientiert sich an externen Dynamiken, den Umweltbedingungen und Möglichkeitsstrukturen einer Bewegung. Die Umweltbedingungen spielen eine große Bedeutung für die Art und Weise der Begründung von politischem Protest. Dieser Prozess beschreibt die Fähigkeit einer Bewegung, mit ihrem Bezugssystem in Resonanz zu treten. Zu den Umweltbedingungen zählen Globalisierungsprozesse, die Entwicklung des Menschenrechtsdiskurses und ihre Auswirkungen auf die Realpolitik, den steigenden Ressourcenkampf (NAFTA, PPP, ALCA), die Eingebundenheit in die globalisierungskritische Bewegung, die Interaktion mit NGOs und die Abhängigkeit von externen Geberinstitutionen. Nach Sylvain gibt es verschiedene Möglichkeiten, wie Kultur politisiert werden kann (Sylvain 2005). Essentialistische Konzepte von Kultur können als strategische Ressourcen im politischen Kampf verwendet werden und sich als eine Komponente in den gesamtgesellschaftlichen, subversiven wie gegenhegemonialen Diskurs einbringen. Essentialistische Strategien können aber auch Fallen sein, insofern indigene AkteurInnen stereotypen Definitionen ihrer kulturellen Identität zu entsprechen suchen, um damit indigene Sonderrechte zu ergattern. Dies limitiert das politische Potential für die Bildung von Allianzen auf »Klassenbasis« und fördert langfristig die Marginalisierung der Betroffenen (Sylvain 2005: 228). Kultur als Mobilisierungsfaktor und Plattform für politischen Aktivismus sollte also nicht darin münden, Vorurteilen von primordialen Identitäten entsprechen zu müssen, um Menschenrechte geltend machen zu können. Dies kann zur Exklusion von Klasseninteressen führen. Denn wie Sylvain folgert, greift Kultur und Klasse in der gelebten Praxis indigener Gruppen ineinander.

Generell können wir festhalten, dass der Mythos eines kulturell neutralen Staates zu einer verzerrten Darstellung des Verhältnisses von Staat und Kultur beiträgt. »Der Staat ist zwangsläufig in der Anerkennung und Reproduktion besonderer ethnokultureller Gruppen einbezogen, so dass die Politisierung kultureller Identitäten in einem gewissen Ausmaß unausweichlich ist« (Kymlicka 1999: 18). Der Nationenbildungsprozess beinhaltet die Förderung einer gesellschaftlichen Kultur. Sie manifestiert sich als »territorial verdichtete Kultur«, deren Kernstück eine geteilte Sprache ist, die über ein großes Spektrum gesellschaftlicher Institutionen (Schulen, Medien, Recht, Wirtschaft, Verwaltung) transportiert wird. Die Teilhabe daran erschließt ein Repertoire sinnhafter Lebensmuster, die den gesamten Be-

---

[14] Natürlich sind auch die Diskussionsräume im Inneren der Bewegungen von Machtstrukturen durchzogen. Es kommt zu Interessensunterschieden, Parteienbildungen und Konflikten. Basisdemokratie, herrschaftsfreier Diskurs und die *ideale Sprechsituation* nach Habermas (vgl. Zips 2002: 25; siehe Habermas 1981) sind Maßstäbe, Analysekriterien und Ideale, die in sozialen wie politischen Experimenten herausgefordert werden.

reich menschlicher Tätigkeiten abdecken (vgl. Kymlicka 1999: 22). Lebenschancen hängen also davon ab, ob man an den gemeinsamen gesellschaftlichen Institutionen partizipieren kann. So ist die Partizipation an der eigenen gesellschaftlichen Kultur der wichtigste Kontext für die Wahrnehmung individueller Freiheit. »Die Nutzung staatlicher Politik, um eine bestimmte gesellschaftliche Kultur oder bestimmte gesellschaftliche Kulturen zu fördern, ist ein unvermeidlicher Zug eines jeden modernen Staates« (Kymlicka 1999: 27). Dadurch wird das Streben nach Konstruktion einer eigenen gesellschaftlichen Kultur innerhalb des modernen Nationalstaates zu einer politischen Angelegenheit, wie etwa die Autonomiebestrebungen indigener AkteurInnen, »[...] die die Nutzung und Kontrolle einer Vielzahl politischer Befugnisse und Institutionen verlangt« (Kymlicka 1999: 60).

5.5.3. Kulturelle Anachronismen

Flexible Anerkennungskriterien für Indigenität im internationalen Menschenrechtsdiskurs können auf lokaler Ebene dazu führen, mit essentialistischen und primordialen Konzepten von Kultur gesättigt zu werden. Insofern indigene Kultur als im Land verwurzelt, aber getrennt von politischen und sozioökonomischen Beziehungen dargestellt wird, tendiert sie dazu, in essentialistischen und statischen Begriffen definiert zu werden. »But, because land rights are a priority in indigenous peoples struggles, we find essentializing tendencies in which the criteria for indigenous status emphasize a unique relationship to the land« (Sylvain 2005: 218).[15] Wenn Indigenität nur durch die Beziehung zum Land erklärt wird, liegt der Gedanke nahe, landlose indigene Gruppen mit »Kulturverlust« in Verbindung zu bringen. Damit verblassen ihre politischen Forderungen im Rahmen indigener Rechte.[16] Dadurch wird ausgeblendet, dass sozioökonomische Entwicklungen und historische Prozesse die Erscheinungsbilder kultureller Identitäten formen. Politische Forderungen sind nämlich kontextbezogen. Die Selbst-Identifikation als »indigenes Volk« variiert mit den historischen Erfahrungen und gegenwärtigen soziökonomischen Lebensbedingungen der Menschen (Sylvain 2005).

Sylvain streicht heraus, wie die zwei dominierenden Trends im internationalen indigenen Rechtsdiskurs, die Betonung von Selbstbestimmung und *cultural survival*, dazu führen können, kollektive Anstrengungen nach sozialer Gerechtig-

---

[15] Der Artikel 13 der ILO-Konvention und der Artikel 25 der *UN Draft Declaration* verweisen auf diese spirituelle Beziehung indigener Völker zum Land und enthalten somit essentialisierende Dynamiken.

[16] »First, pegging culture to natural resource use may suggest that indigenous peoples´ cultural rights are limited to the preservation of their (traditional) culture. Second, limiting a definition of indigenous culture to a particular relationship to the land precludes any role for political economy in the historical formation of cultural identities or cultural practices« (Sylvain 2005: 219).

keit zu verdunkeln. Der Startschuss für den politischen Aktivismus vieler indigener AkteurInnen ist durch den Druck der internationalen Öffentlichkeit zustande gekommen. Erst durch UN Behörden, NGOs mit internationalen Verbindungen und die internationale indigene Bewegung wurden nationalstaatliche Räume für indigenen politischen Protest geöffnet. Dieser wiederum oszilliert innerhalb des Wechselverhältnisses von internationalen ideologischen Referenzsystemen und lokalen ideologischen Kulturmustern, also »lokalen ideologischen Definitionen« von Indigenität (Sylvain 2005: 225). Meine bereits formulierte These, dass indigener Widerstand Resonanz in internationalen Rechtsdiskursen und globalisierungskritischen Bewegungen provoziert hat und zur Öffnung nationaler und internationaler politischer wie ideologischer Möglichkeitsstrukturen geführt hat, lässt sich auch im viel debattierten Artikel »Return of the Native« vom britischen Anthropologen Adam Kuper (2003) wiederfinden. Diese Möglichkeitsstrukturen werden für indigene soziale Bewegungen zum Referenzrahmen ihres politischen Aktivismus und münden vielfach in einem »strategic essentialism in action« (Robins 2003; zitiert nach Kuper 2003: 398). Akademische Debatten mögen darüber verzweifeln, ob die Henne oder das Ei, der Aktivismus von Basisbewegungen oder internationale ideologische Referenzsysteme diese komplexen sozialen Prozesse initiiert haben (siehe Kapitel 5.1.). Festhalten können wir auf jeden Fall, dass die Vereinten Nationen, die Weltbank, die internationale Entwicklungszusammenarbeit, NGOs und die globalisierungskritischen Bewegungen auf den Zug des indigenen Diskurs aufgesprungen sind, indigenen sozialen Bewegungen einen neuen Stellenwert als politische Subjekte eingestehen und indigenen Aktivismus auf vielfältige Weise begünstigen (siehe Yashar 2005). Ohne die Forderungen nach Landrechten trivialisieren oder deren Legitimität in Frage stellen zu wollen, sollten aber auch diese Dynamiken nicht unkritisch reflektiert bleiben, da sie auf lokaler Ebene ungewünschte Auswirkungen hervorrufen können.

Der globale indigene Diskurs, Sylvain bezeichnet ihn als »global indigenism«, hat Kultur politisiert und zu einem strategischen Instrument für lokale soziale AkteurInnen gemacht. Demgegenüber unterlag der Begriff »Klasse« einer schleichenden Depolitisierung. Daraus zieht Sylvain den Schluss, dass Indígenas dazu genötigt werden, zwischen zwei Möglichkeiten entscheiden zu müssen: Entweder von der Debatte ausgeschlossen zu sein oder ihre Forderungen über eine essentialisierende und primordiale Rhetorik geltend zu machen (Sylvain 2005: 216). Die einzige Möglichkeit, ihre Anliegen sichtbar zu machen, ist, populären Vorurteilen, lokalen ideologischen Kulturmustern und dem globalen indigenistischen Diskurs zu entsprechen, die wiederum die angefochtenen Klassenunterschiede reproduzieren würden. Bei diesem Unternehmen werden sie von regionalen panindigenen Interessensgemeinschaften, Menschenrechtsnetzwerken und Entwicklungsorganisationen unterstützt. Regionale und internationale Netzwerke helfen den indigenen AkteurInnen bei der Artikulation ihrer kollektiven Ziele und ihrer Repositionierung als »indigenes Volk« im staatlichen Kontext, um Landrechte und die Kontrolle über natürliche Ressourcen zu sichern, staatliche Anerkennung ihrer politischen FührerInnen zu erlangen, ihre Interessen gegenüber dem transnationalen Kapital zu wahren und über Entwicklungsprojekte gefördert zu werden (Sylvain 2005: 217). So werden Indígenas zu einem essentialisierenden Schritt getrieben, dessen wichtigste Komponente die spirituelle Beziehung zum Land ist. Landrechte sind Voraussetzung für die Bewahrung oder Wiedererlangung einer traditionellen, primordialen kulturellen Identität. Kämpfe für soziale Gerechtigkeit werden somit zu Kämpfen um den Erhalt von archaischen Lebensweisen umgedeutet. Dies verweist auf den in der Überschrift genannten kulturellen Anachronismus, der die Konstruktion kultureller Formationen charakterisiert, die den soziokulturellen Realitäten ausgebeuteter Indígenas nicht entsprechen. Kuper verweist diesbezüglich auf die Gefahren der Naturalisierung von Kultur, die allzu leicht als Rechtfertigung von Apartheid und Ethnonationalismus dienen kann. Nach Kuper verwandelt sich der Begriff Kultur im alltäglichen Sprachgebrauch in einen Euphemismus für »Rasse« und öffnet die Tür zu Ethnonationalismen (Kuper 2003: 389).[17] Das entspricht laut Kuper dem internationalen indigenen Diskurs der Vereinten Nationen, der Archaik, historische Kontinuität und kulturelle Authentizität indigener Völker hervorhebt und mit einer »natural-harmony thesis« verbindet. Diese entdeckt in der Lebensweise indigener Völker eine Quelle der ökologischen Nachhaltigkeit, unbefleckter Natürlichkeit, sündenfreier Wildheit und moralischer Autorität für die zivilisationsgeschädigte westliche Konsumgesellschaft (siehe Kapitel 3.6.). Die Argumentationslinien für Landrechtsforderungen indigener AkteurInnen basieren auf einer veralterten anthropologischen Auffassung und romantisierenden ethnographischen Vorstellungen (vgl. Kuper 2003: 395).

Zwischen Assimilation und Apartheid öffnet sich jedoch ein immenses Feld von Gestaltungsmöglichkeiten für indigenen politischen Protest, der sich je nach sozioökonomischen und politischen Kontexten unterschiedlich formt und vielerorts mehr Varianten bietet, als die zwei genannten strategischen Vorgangsweisen. Die Landfrage mag zentraler Konfliktherd indigener und bäuerlicher Gemeinschaften in Lateinamerika sein, sie darf aber nicht auf einen indigenen Diskurs von *cultural survival* reduziert werden, sondern muss in einem weiteren Rahmen, nämlich dem der sozialen Gerechtigkeit analysiert werden. Auch hier scheint es förderlich, das Konzept vom *environmentalism of the poor* heranzuziehen, um

[17] Kuper dazu: »A drift to racism may be inevitable where so-called cultural identity becomes the basis for rights, since any cultural test (knowledge of a language, for example) will exclude some who might lay claim to an identity on grounds of decent. In the indigenous-peoples movements, descent is tacitly assumed to represent the bedrock of collective identity« (Kuper 2003: 392).

indigenistische Perspektiven zu transzendieren und *indigenous environmentalism* aus seiner Selbstbezüglichkeit zu befreien, ohne dabei die *cultural politics* der indigenen AkteurInnen zu vergessen. Erst damit wird der Vielfalt sozialer AkteurInnen im Kampf um soziale Gerechtigkeit entsprochen. Die Dekonstruktion von essentialisierenden Ideologien kann dabei ein erster Schritt sein, lokale komplexe soziokulturelle Realitäten zu verstehen und in einen Kontext einzubetten. Denn Landrechtsforderungen auf die Bewahrung kultureller Formationen zu reduzieren, verschleiert die sozialen Kämpfe und die kulturelle Identität von indigenen AkteurInnen, die in den gesellschaftlichen Mainstream inkorporiert sind (vgl. Sylvain 2005: 225).

5.6. Panindigene Diskurse und Praktiken

Wie bereits kontrastiert, profitieren indigene Bewegungen von dem hohen Grad der politischen Öffnung des internationalen Systems. Die Entwicklung des Völkerrechts, die Ausarbeitung zahlreicher Dokumente, Deklarationen und Richtlinien[18], die Entstehung zahlreicher supranationaler Organisationen und Organismen zur Überwachung und Durchsetzung indigener Rechte[19] und deren Resonanz in nationaler Gesetzgebung haben dazu beigetragen, politische Räume für indigenen politischen Aktivismus zu öffnen und indigene AkteurInnen als anerkannte politische Subjekte zu positionieren. Davon ausgehend, kann man von einer »estructura de oportunidad ideológica internacional« (internationale ideologische Möglichkeitsstruktur) sprechen (Gómez Suárez 2003: 14). Das Auftreten dieser neuen sozialen Subjekte geht mit dem Zusammenbruch der traditionellen bipolaren Auseinandersetzung von Kapitalismus und Realsozialismus einher. In deren Schatten entstand laut Rodolfo Stavenhagen, UN-Sonderberichterstatter für die Rechte Indigener Völker, abseits von traditionellen ideologischen Grabenkämpfen eine globale Ideologie der sozialen Gerechtigkeit rund um individuelle und kollektive Menschenrechte, in deren Fokus sich die menschliche Würde und die Anerkennung der Gleichheit in Vielfalt befinden (Stavenhagen 1996: 12-13). Diese kraftvolle »ideology of social justice« erhält je nach Region ein spezifisches Framing (Guha/Martinez-Alier 2000: 119). So hat Mahatma Gandhi den indischen UmweltschützerInnen Techniken des gewaltfreien Protests und ein moralisches Vokabular des Widerstandes überlassen. Thai Bauern beziehen sich auf den Bud-

[18] Z.B. die *UN Draft Declaration on the Rights of Indigenous Peoples*, die ILO Konvention 169 oder die *Interamernican Declaration on Rights of Indigenous Peoples* – im September 2007 wurde nach zwanzigjährigen Verhandlungen die Deklaration der Rechte indigener Völker von der Generalversammlung der Vereinten Nationen angenommen.

[19] Z.B. die *Comisión Interamericana de Derechos Humanos* (Interamerikanische Kommission für Menschenrechte, kurz OEA).

dhismus, um ihr soziales Engagement ideologisch einzubetten und PolitikerInnen an ihre Verpflichtung zu Gerechtigkeit, Mäßigung und Harmonie mit der Natur zu erinnern. »In Latin America, the ideology most conveniently at hand is popular Catholicism and its contemporary variant, ›liberation theology‹, which makes clear the commitment of the clergy, of the Church as a whole, to redirect its energies towards the poor« (Guha/Martinez-Alier 2000: 122). Als zweite dominierende ideologische Strömung sozialer Bewegungen in Lateinamerika kann man einen pan-indigenen Diskurs erkennen, die Rückbesinnung auf indigene Identität als materiell-strategisches Werkzeug und moralische ethische Einbettung des sozialen Widerstandes und der sozialen Innovation. In den Petitionen, Protestschreiben und Deklarationen von Bewegungen und Bewegungsnetzwerken wird stetig auf die moralische Autorität der »indigenen Völker« hingewiesen. In Mexiko und Guatemala entwickelte sich nach Warren ein indigener ökologischer Diskurs, der Maya-Kosmologien, landwirtschaftliche Rituale, Strategien für sozioökonomische Gesellschaftsveränderung und Land- wie Menschenrechtskämpfe miteinander verbindet (vgl. Warren 1998b: 65). Im Mittelpunkt der »Ideologie der sozialen Gerechtigkeit« in Lateinamerika finden wir die Notwendigkeit einer neuen Beziehung zwischen Mensch und Natur, eines politisch-ökologischen Diskurses der Nachhaltigkeit und der erneuerbaren Energien. Sie wird von den negativen Auswirkungen der neoliberalen Modernisierungsprozesse und des modernen Entwicklungsparadigmas getragen, die Ökonomisierung und Merkantilisierung von sozialen Beziehungen zur Folge haben (siehe Kapitel 3.6.). Diese Zivilisationskritik wird von unterschiedlichen AkteurInnen neuer sozialer Bewegungen vorgetragen und verbindet sich mit indigenen ökologischen Diskursen rund um »indigenous environmentalism«[20] und der Umweltbewegung des »cult of wilderness« (Guha/Martinez-Alier 2000: 107). Konkret findet sich diese konstante Bezugnahme auf Indígenas als moralische Autoritäten im Umweltschutz der Anti-WTO Bewegung (vgl. Nash 2005b: 182) oder der weltweiten Wasserbewegung (Libert Amico/Schön 2006). Albro und Brysk erkennen eine »globale panindigene Bewegung«, bei der indigene Führer Patronage über verschiedene Events (Solidaritätsreisen, Workshops, Foren) und Netzwerke übernehmen und Inhalte spirituell aufbereitet werden (Albro 2005: 262; siehe Brysk 2000: 97-104). So zeichnet Albro (2005) den Weg von Oscar Olivera nach, eines internationalen Wasseraktivisten von Cochabamba, Bolivien, der auf der globalen AktivistInnen-Bühne die regionale Bürgerrevolte gegen die Privatisierung der Wasserversorgung als »indigenous environmentalism« darstellt (siehe Kapitel 4.8.2.).

---

20 Indigener Umweltschutz: »Use of territorial rights and ethnic resistance against external use of resources« (Guha/Martínez Alier 2000: 113).

6. Soziale Prozesse in Mexiko: Der zivile Zapatismus

Während der Präsidentschaft von Vicente Fox (2000-2006) von der rechtskonservativen PAN (*Partido de Acción Nacional*, zu dt. Partei der Nationalen Aktion) kam es zu keinem Abbau der gesamtgesellschaftlichen Spannungen in Mexiko, obwohl ihm die historische Wende nach 71-jähriger Vorherrschaft der PRI (*Partido de la Revolución Institucional*, zu dt. Partei der institutionellen Revolution) einen Vertrauensvorschuss in der Bevölkerung einbrachte. Die unbeantwortete indigene Frage ermöglicht einen Identifikationsprozess von in die Marginalisierung verbannten indigenen und nicht-indigenen AkteurInnen. Die ZapatistInnen waren ausschlaggebend für eine politische Öffnung der indigenen Organisationen in Mexiko. Sie provozierten Verhandlungen mit der Regierung, leiteten einen Diskussions- und Organisationsprozess indigener AkteurInnen ein, unternahmen zudem von Beginn an den Versuch, eine landesweite Oppositionsbewegung zu initiieren und die Demokratisierung Mexikos voranzutreiben (Yashar 2005). Hatte Vicente Fox im Jahr 2000 seinen Amtsantritt mit dem Versprechen eingeleitet, den Chiapas-Konflikt in 15 Minuten lösen zu wollen, stand er am Ende seiner Amtszeit vor unvollendeten Tatsachen und verhärteten Fronten. Die politischen Projekte der Konfliktparteien hatten sich als zu divergent erwiesen.

Die Änderung des Artikels 27 der mexikanischen Verfassung wurde 1992 Grundvoraussetzung für den Beitritt Mexikos zur Nordamerikanischen Freihandelszone und war zugleich ausschlaggebendes Kriterium für den zapatistischen Aufstand.[1] Der Aufstand der EZLN (Ejército Zapatista de Liberación Nacional, zu dt. Zapatistische Armee der Nationalen Befreiung) im Bundesstaat Chiapas zog am Tag des Inkrafttretens des NAFTA Abkommens, dem 1.1.1994, nationale und internationale Blicke auf sich (siehe Díaz 1995, De Vos 2002, Aubry 2005). Nach einem zwölftägigen Kriegszustand handelten die ZapatistInnen und die

[1] Der Verfassungsartikel 27 war eine Errungenschaft der mexikanischen Revolution und Kern der damaligen Landreform. Die Landverteilung wurde institutionalisiert und legte das Fundament für das mexikanische Ejido-System. Unter dem ehemaligen Präsidenten Salinas de Gotari (PRI) erfolgte Ende der 1980er Jahre ein Umlenken: Die geringe Produktivität des Ejido-Systems wurde kritisiert und langsam der Privatwirtschaft geöffnet. Dies führte zur Änderung des Verfassungsartikels 27. Keine Petitionen um Land werden seitdem mehr angenommen. Die institutionalisierte Form der Landverteilung kam damit zum Erliegen. Ejido-Zellen können nun verpachtet oder unter Zustimmung eines Teils der Ejidoversammlung in Privatbesitz umgewandelt werden. Damit verlor das Kommunalland seinen unverjährbaren, unveräußerbaren und nicht-beschlagnahmefähigen Charakter. Die Umwidmung geschieht über das staatliche Landregistrierungsprogramm PROCEDE, das im Zentrum der Kritik von Bauern- und Indígenaorganisationen steht. Auf Gemeindeebene werden kollektive Lösungsansätze entworfen, um interne Kontrollmechanismen trotz des PROCEDE aufrecht zu erhalten, mit dem Ziel Landprivatisierung, Migration und Zersetzung der Gemeinden entgegenzuwirken.

Regierung einen Waffenstillstand aus. Auf dieser Basis wurde zwischen den Konfliktparteien zwei Jahre später das Abkommen über Indigene Rechte und Kultur in San Andrés Larráinzar unterzeichnet, ein Meilenstein in der Reformulierung der Beziehung zwischen Regierung und indigenen Organisationen (siehe Navarro/Herrera 1998, Purkarthofer 1998). »In diesem Gesetz wurde den indigenen Gemeinden in ganz Mexiko Autonomie zugesichert, die territoriale Souveränität über ihre Gebiete, kollektives Eigentum und juristische Selbstbestimmung beinhaltete. Das Gesetz bot jedoch Zündstoff für einen grundsätzlichen Interessenkonflikt. Die Territorien, die unter der Verfügungsgewalt indigener Gemeinden standen, bergen begehrte strategische alte und neue Rohstoffe wie Erdöl, Erdgas, Wasser und Biodiversität in sich, die im Zuge der neoliberalen Transformation der mexikanischen Gesellschaft verstärkt in den Blickwinkel transnationaler Unternehmen und der mit ihnen verbundenen neuen Eliten gerieten, die das Hauptinteresse des Staates darauf orientierten, nationales Territorium für ausländische Investitionen zur Verfügung zu stellen« (Zimmering 2006: 2). Im Folgenden versickerte die gemeinsame Erklärung in nationalen Entscheidungsinstanzen, und eine Umsetzung rückte in weite Ferne. Daraufhin verweigerten die ZapatistInnen den Dialog mit der Regierung und riefen nach groß angelegten Landbesetzungen autonome comunidades (Dörfer) und municipios (Gemeindebezirke) aus, um eine *de-facto*-Autonomie zu etablieren. Die Regierung fühlte sich provoziert und brach bald den Waffenstillstand. Es kam zur Großoffensive gegen das zapatistische Territorium und zur langsamen Institutionalisierung militärischer Unterdrückung, dem sogenannten „»Krieg niederer Intensität« (siehe Hidalgo Domínguez 2006, Arronte/Soto/Lewis 2000). Mit dem Sieg von Vicente Fox bei den Präsidentschaftswahlen 2000 brachen die ZapatistInnen ihr langes Schweigen und kündigten ihre Bereitschaft an, mit der neuen Regierung in Dialog zu treten, wenn diese ihr Entgegenkommen signalisiere. Anstatt das Versprechen in die Realität umzusetzen, verabschiedete der mexikanische Kongress im August 2001 ein neues Gesetz über indigene Kultur und Rechte. Dieses sogenannte »Ley Indígena« (Indigenes Gesetz) widersprach in seinen Schlüsselpunkten den bereits im nationalen Kontext gewonnenen Übereinkommen von San Andrés. Es zerstörte den seit 1994 geführten Dialog zwischen indigenen AkteurInnen und der mexikanischen Zentralregierung, umging alle bereits gewonnenen Einsichten und verstieß gegen internationale Menschenrechtsnormen, wie der 1990 von Mexiko unterzeichneten ILO Konvention 169. Im Jahr 2002 lehnte der Oberste Gerichtshof von Mexiko alle Klagen gegen das Ley Indígena als unzulässig ab. Damit wurde der nationale Weg Gerechtigkeit für die indigenen Bewegungen Mexikos einzufordern, endgültig verschlossen. Die ZapatistInnen blieben in die Illegalität gedrängt, bauten ihre Autonomie weiter aus und formalisierten ihre basisdemokratische Verwaltung durch die Ausrufung und Etablierung autonomer regionaler Verwaltungszentren, den fünf *caracoles* (Schneckenhäuser). Nachdem die multiplen Anstrengungen, einen gesamtgesellschaftlichen Wandel herbeizuführen, gescheitert waren, der Chiapas-Konflikt in öffentlichen Meinungsbildungsprozessen als lokales Phänomen unterzugehen drohte und Verschleißerscheinungen dem zapatistischen Widerstand zusetzten, machten die ZapatistInnen die Not zu einer Tugend und kündigten im Juni 2005 durch die *Sechste Erklärung aus dem Lakandonischen Urwald* (kurz *Sexta* genannt) eine lang vorbereitete Strategieentwicklung an. Im Herz der Sexta findet sich der Aufruf zu einer nationalen Kampagne, die dazu dient, »für eine andere Politik, für ein linkes Programm und eine neue Verfassung« zu kämpfen (CCRI-CG 2005b). Das Ziel ist der Aufbau einer nationalen, außerparlamentarischen und antikapitalistischen Bewegung, die eine politische Alternative zum bevorstehenden Präsidentschaftswahlkampf sichtbar machen sollte. Im Juli, August und September 2005 fanden sechs Vorbereitungstreffen im lakandonischen Urwald zwischen ZapatistInnen und politischen, sozialen wie indigenen Organisationen, Kollektiven, NGOs sowie Vereinigungen und Einzelpersonen aller Coleur statt. Sie waren dem Aufruf der Sexta gefolgt, um die neue Kampagne vorzubereiten. Am 1.1.2006, zwölf Jahre nach dem NAFTA Beitritt Mexikos und dem zapatistischen Aufstand, brach eine zapatistische Delegation namens »Sechste Kommission«, unter Leitung von Subcommandante Marcos, nunmehr *Delegado Zero* (Delegierter Null), zu einer Erkundungsreise durch die 32 mexikanischen Bundesstaaten auf, um die AnhängerInnen dieser Kampagne, »Otra Campaña« (Andere Kampagne) genannt, kennen zu lernen.

Der umstrittene Wahlsieg von Felipe Calderón (PAN) mit einer hauchdünnen Mehrheit von 0,5% im Juli 2006 rüttelt an den Grundfesten der mexikanischen Demokratie. Der Präsidentschaftskandidat der linksliberalen PRD (Partido de la Revolución Democrática, zu dt. Partei der demokratischen Revolution), Andrés Manuel López Obrador, ehemaliger Bürgermeister von Mexiko Stadt, wirft Calderón Wahlbetrug vor, lässt sich in einem symbolischen Akt als »legitimer Präsident« von Mexiko küren, mobilisiert die Massen und ruft eine Parallelregierung aus. Die politischen Spannungen vor und nach dem Präsidentschaftswahlkampf deuten gleichzeitig darauf hin, dass freiwillige Gebietsabtretungen an ProtagonistInnen der BürgerInnenschaft kaum zu erwarten sind (vgl. Roth/Ruch 1991: 26). So erfahren im Vorfeld der Wahlen soziale AkteurInnen eine Welle der Repression. AnhängerInnen der Anderen Kampagne erleben landesweit Einschüchterungen und Übergriffe durch staatliche Autoritäten. Anfang Mai 2006 nimmt ein lokaler Konflikt zwischen Polizei und BlumenhändlerInnen in Texcoco, nahe Mexiko Stadt, unerwartete Ausmaße an. Die Organisation »Frente de los Pueblos por la Defensa de la Tierra« (Front der Völker zur Verteidigung der Erde, kurz FPDT) aus der autonomen Nachbarschaftsgemeinde Atenco unterstützt die ambulanten BlumenhändlerInnen gegen die Räumung ihres Blumenmarktes. Die FPDT feierte im Jahr 2002 einen historischen Sieg gegen den Puebla-Panama-

Plan durch die Opposition gegen einen geplanten Flughafenbau und die Zwangsräumung ihrer Gemeinde und war seither positiver Referenzpunkt sozialer Bewegungen sowie ein Dorn im Auge der mexikanischen Zentralregierung. Der Konflikt eskaliert, Straßenschlachten zwischen PolizistInnen und DemonstrantInnen sind die Folge. Am nächsten Tag stürmen über 3.000 schwer bewaffnete PolizistInnen Atenco, liefern sich Straßenschlachten mit der lokalen Bevölkerung und nehmen die Stadt ein. Dieser irrationale Gewaltakt, organisiert von der städtischen Regierung (PRD), ausgeführt von der staatlichen Polizei und der Präventiven Bundespolizei (Policía Federal Preventiva, kurz PFP), fordert zwei Menschenleben. Hunderte Menschen werden eingesperrt (wobei etliche weiterhin im Gefängnis verharren und zu langjährigen Haftstrafen verurteilt wurden, drei davon wegen Geiselnahme zu 67 Jahren Haft). Photos und Zeugenaussagen von Folter und sexuellen Misshandlungen der Gefangenen gehen um die Welt. Ende Mai 2006 eskalieren die Proteste der Lehrergewerkschaft in Oaxaca Stadt. Im Zuge der Proteste und den gewaltsamen Auseinandersetzungen mit Einheiten der Präventiven Bundespolizei flieht der Gouverneur Ulises Ruiz Ortiz (PRI) aus seinem Regierungspalast. Die Stadt wird von den Protestierenden eingenommen und Barrikaden verhindern über Monate die Räumung der Bürgerrevolte, die sich als »Asamblea popular de los pueblos de Oaxaca« (Volksversammlung der Völker Oaxacas, kurz APPO) organisiert und über 350 Gewerkschaften, Bauern-, Studenten- und Indígenaorganisationen vereint. Auch die internationale Solidaritätsgemeinschaft protestiert gegen die zunehmende Kriminalisierung der sozialen Proteste in Mexiko. Zwischen Ende Mai 2006 und Februar 2008 besucht die Internationale Zivile Kommission zur Beobachtung der Menschenrechte (CCIODH) drei Mal das Land um den Vorfällen in Atenco und Oaxaca nachzugehen (siehe URL 15). Nach den Vorfällen von Atenco unterbricht die Sechste Kommission ihre Rundreise, verweilt in Mexiko Stadt und widmet sich der Aufgabe, Unterstützung und Solidarität für die Gefangenen von Atenco zu mobilisieren. Der langsam geplante Entwicklungsprozess der Anderen Kampagne beschleunigt sich im Angesicht der labilen politischen Situation und rüttelt an der Konsistenz und Kohärenz des im Aufbau befindlichen Bewegungsnetzwerkes. Die massiven Mobilisierungen der AnhängerInnenschaft von López Obrador nach dem vermeintlichen Wahlbetrug verunsichern die AnhängerInnen der Anderen Kampagne. Auf die Weigerung der EZLN, sich den Mobilisierungen rund um AMLO anzuschließen, reagieren die ProtagonistInnen der linken Opposition mit Ablehnung. Dadurch wächst bei manchen AnhängerInnen der Anderen Kampagne die Sorge, zunehmend in die politische Isolation zu rutschen und den »revolutionären Moment« zu verpassen.

Der neue Präsident Felipe Calderón forciert von Anfang an eine neoliberale Modernisierung und zeigt keine Bereitschaft, Zugeständnisse an Gewerkschafts- Indigene- und Bauernorganisationen im Süden Mexikos machen zu wollen. Er setzt auf Freihandelsabkommen, Privatisierungen, Infrastrukturprojekte und eine

Politik der harten Hand für ihre Umsetzung. Kurz nach seinem Amtsantritt im Dezember 2006 betont Calderón, den unter Präsident Fox in einen Schönheitsschlaf versetzten Puebla-Panama-Plan revitalisieren zu wollen (Wilson 2008). Seine rechtskonservative Politik und Legitimationsverluste im Zuge der ominösen Wahlergebnisse isolieren Mexiko zunehmend auf lateinamerikanischer Ebene (CIEPAC 2007). Gleichzeitig nehmen die negativen Auswirkungen der Freihandelsära zu. Anfang des Jahres 2007 stürzt Mexiko in die Tortilla-Krise. Seit den liberalisierten Einfuhrbedingungen für subventionierten und gentechnisch veränderten Billigmais aus den USA verlieren Kleinbauernfamilien ihre Lebensgrundlage und Mexiko seine Ernährungssouveränität. Die steigenden Weltmarktpreise für Mais im Zuge der globalen Lebensmittelkrise sind im Angesicht von landesweiten Massenprotesten eine weitere Belastungsprobe für die neue Regierung.

Vor diesem Hintergrund bahnt sich die Andere Kampagne langsam ihren Weg durch sich schnell verändernde politische Landschaften und Konjunkturen. Im Folgenden werden der Entstehungsprozess dieses neuen politischen Projekts charakterisiert, die Sexta und die Andere Kampagne analysiert und Wesensmerkmale ihrer Entwicklung bis zum Jahr 2007 nachgezeichnet.

6.1. Von Brüchen mit der institutionalisierten Linken und Wahlkampagnen

Im Vorfeld der mexikanischen Präsidentschaftswahlen 2006 herrscht in AktivistInnenkreisen rege Unsicherheit, wie die Kandidatur von Andrés Manuel Lopéz Obrador von der PRD und die Andere Kampagne einzuordnen seien. Die Gerüchteküche brodelt. Hat Lopéz Obrador das Zeug zum Evo Morales von Mexiko oder versteckt sich hinter seiner linken Rhetorik eine aufgeweichte neoliberale Praxis?[2] Soll man ihn wählen oder nicht? Soll man überhaupt wählen oder

---

[2] Bolivien ist das jüngste Beispiel in Südamerika für die Suche nach einem neuen Verhältnis zwischen Regierenden und Regierten. Evo Morales charakterisiert in seiner Antrittsrede am 22. Januar 2006 das Verhältnis zwischen Regierung und sozialen wie indigenen Organisationen. Es sei notwendig, eine andere Form der Regierungsorganisation zu finden. Diese schließt regionale Autonomie und Autonomie für die indigenen Völker mit ein. Evo Morales bittet diese um Zusammenarbeit mit der Regierung, damit sie zu einem »Heer im Kampf für die 2. Unabhängigkeit Boliviens« wird (La Jornada 2006). Der koloniale Staat müsse abgeschafft, Privatisierungen eingestellt oder rückgängig gemacht sowie eine Landreform umgesetzt werden. »Dieses Wirtschaftsmodell taugt nichts«, meint der indigene Präsident, und stellt diesbezüglich fest: Wenn das Parlament dazu nicht bereit ist und diese Aufgabe nicht erfüllen kann, liegt es an den sozialen und indigenen Organisationen, den Kampf für die Vertiefung der Demokratie weiter zu führen. Morales ruft zur Einheit der indigenen Bewegungen auf und schließt seinen Diskurs mit der Erklärung über die Methodik seines Regierens: »[...] wie sagt Subcommandante Marcos – dem Volk gehorchend befehlen« (La Jornada 2006).

sich generell von politischen Parteien und offiziellen politischen Prozessen distanzieren, wie es die Sexta nahe legt?

Der mexikanische Soziologe Enrique Pineda formulierte zu Beginn des Jahres 2006 in seinem Artikel »La ›otra campaña‹ y el camino electoral. Mitos y demonios que hay que exorcizar« (Die Andere Kampagne und die Wahl. Mythen und Dämonen, die man austreiben muss) eine in AktivistInnenkreisen viel diskutierte Analyse der politischen Prozesse in Mexiko, die hilft, den Wandel im Verhältnis von Bewegung und Partei zu charakterisieren. Für Pineda ist die Sexta das Ergebnis eines historischen Prozesses in Mexiko: die Spaltung der Linken durch den Legitimationsverlust des Parteiensystems. Ausschlaggebend dafür waren die politischen Versäumnisse der PRD nach dem Ende PRI-Herrschaft, die versandeten Abkommen von San Andrés und das enttäuschende Ley Indígena. Die Sexta ist vor allem eine Reaktion auf die realen Missstände, den schmutzigen Krieg im Südosten Mexikos, die politische Isolation von marginalisierten AkteurInnen und den Wunsch nach Veränderung. Die fortschreitende Distanz zwischen PRD und sozialen Bewegungen ist Ausdruck einer wahrnehmbaren Entwicklung, die sich nach Pineda anhand folgender Brüche darstellen lässt (vgl. Pineda 2006: 1-3):

1. Der organische Bruch. Die parteipolitische Linke wurde von Institutionalität, Korruption, und Klientelismus aufgesaugt. Der Bundesstaat Chiapas ist ein gutes Beispiel dafür. 2006 gewann Juan Sabines Guerrero für die PRD die Gouverneurswahlen in Chiapas. Bevor er zum Kandidaten der PRD gekürt wurde, hatte er jedoch eine Schlüsselposition in der chiapanekischen PRI inne. Dort trat er als Präsident des Gemeindebezirks Tuxtla Gutiérrez zurück, um sich für die PRI als Gouverneurskandidat aufstellen zu lassen. Sabines unterlag wie auch Roberto Albores Guillen, ein Viehzüchter aus Comitán und Ex-Gouverneur von Chiapas zwischen 1998 und 2000, gegen seinen Parteikollegen José Antonio Aguilar Bodegas in der internen Vorwahl um die chiapanekische Gouverneurskandidatur. Albores und Sabines schlossen daraufhin einen Pakt. Albores würde Sabines durch sein politisches Netzwerk darin unterstützen, die Gouverneurswahlen als Kandidat für die PRD zu gewinnen, wenn sich dieser im Gegenzug dazu verpflichtet, einen von Albores ausgearbeiteten Entwicklungsplan für Chiapas in die Tat umzusetzen. Als »Erklärung von Comitán« bekannt, als »mini Puebla-Panama-Plan« bezeichnet und als offizieller Entwicklungsplan von Sabines präsentiert, zielt das Entwicklungsprojekt auf eine neoliberale Modernisierung des Bundesstaates, auf den Ausbau der Verkehrsinfrastruktur, Plantagenbetriebe für den Export, Maquiladora-Industrie und Massentourismusprojekte. Sabines gewann die Wahlen, hielt sein Versprechen und baute ein eigenes Sekretariat zur Umsetzung des Abkommens auf (»Sekretariat für Tourismus und strategische Projekte«), das von Albores Sohn Roberto Albores Gleason geleitet wird (Wilson 2008).

2. Der ideologisch-taktische Bruch. Die PRD hat die Straßen und den Kampf von unten verlassen und widmet sich dem Machtkampf im Kongress und inner-

halb der Regierungen. Die Beziehung zur StudentInnenbewegung der UNAM (Universidad Nacional Autónoma de México, zu dt. Nationale Autonome Universität Mexikos), ist seit dem UNAM-Streik von 1999/2000 konfliktbeladen (siehe Rajchenberg/Fazio 2001) und die Entfernung zur indigenen Bewegung liegt auf der Hand. Die Verabschiedung des Ley Indígena lässt die ZapatistInnen ein für alle Mal mit der politischen Klasse brechen, da es die Abkommen von San Andrés ad absurdum führt. Es gibt keine Verbindung zur globalisierungskritischen Bewegung und keinen Ausdruck internationaler Solidarität mit den linken Regierungen Lateinamerikas.

3. Der programmatische Bruch. Durch die Verabschiedung des Ley Indígena wurde eine Tendenz offensichtlich, die sich bis heute in zahlreichen Gesetzesänderungen materialisiert hat. Die PRD verkauft sich nach außen als linke Partei, verabschiedet und stimmt aber für rechts-konservative Gesetze.

4. Der strategisch-ethische Bruch mit sozialen Bewegungen. Während die Andere Kampagne vorschlägt, gesellschaftliche Prozesse von unten und von links zu konstruieren, scheint die Methodik der PRD von oben und von rechts zu kommen. Sie versuchen nicht, von unten zu organisieren, mobilisieren und politisieren, sondern Allianzen mit den politischen Mächten einzugehen. Dies wird im Regierungsprogramm der PRD in Mexiko Stadt auf neoliberale Weise sichtbar: Höchste Gewinne für die Eliten und Almosenverteilung für die armen Bevölkerungsschichten. »Stabilität und Vertrauen für oben, Stabilität und Hilfe für unten«, lautet ihre Strategie (Pineda 2006: 2).

6.2. Die 6. Erklärung aus dem Lakandonischen Urwald und die Andere Kampagne

Die EZLN lancierte die Sexta nachdem die interne Restrukturierung der autonomen zapatistischen Territorien abgeschlossen war. Mit der Geburt der zapatistischen Caracoles und den Räten der Guten Regierung im Jahr 2003 wurde die Trennung zwischen dem politisch-militärischen Apparat der EZLN und den zivilen Strukturen der zapatistischen Gemeinden vollzogen. Zeitgleich zur langsamen Formalisierung der autonomen Verwaltung in den zapatistischen Territorien, wuchs die kritische Haltung gegenüber den politischen Mächten des Landes. Während der Präsidentschaftswahlkampf voranschreitet, gewinnt eine strategische Frage für die EZLN zunehmend an Gewicht: Wie auf den Wahlkampf und López Obrador reagieren?

> *»Der EZLN präsentierten sich somit drei mögliche Wege: sich der ›Welle‹ von Lopez Obrador anzuschließen und die Anzeichen und Hinweise über ihre wahre Tendenzen zu ignorieren (das heißt, inkonsequent zu sein); das Schweigen zu bewahren und den Ausgang des Wahlprozesses abzuwarten oder das Projekt, das wir vorbereiteten, zu lancieren« (Marcos 2006).*

Am 19. Juni 2005 wird von der EZLN der »Rote Alarm« ausgerufen – diesmal für drei Wochen. Der Ausnahmezustand ist eine präventive Sicherheitsmaßnahme gegen eine mögliche Militäraktion der Regierung während einer internen Basisbefragung im Rebellengebiet. Ziel der internen Consulta ist es, über die kommende politische Strategie abzustimmen.

»Das CCRI-CG [Geheimes Revolutionäres Indigenes Komitee – Generalkommandatur] der EZLN legt deren Mitgliedern eine Einschätzung der Phase, in der sich unsere Organisation befindet, und eine Analyse der gegenwärtigen nationalen Lage vor. Es schlägt den Unterstützungsbasen – die das oberste Kommando unserer Bewegung bilden – ebenfalls einen neuen Schritt in diesem Kampf vor, einen Schritt, der unter anderem das Risiko einschließt, das Viele oder Wenige, das wir erreicht haben, zu verlieren, und möglicherweise eine Verschlimmerung der Verfolgung und Bedrohung der zapatistischen Gemeinden impliziert« (CCRI-CG 2005a).

In der Basisbefragung stimmen die zapatistischen Gemeinden für die Sexta, für »ein nationales Kampfprogramm der Linken« und für »die nationale Kampagne der Anderen Politik«. Fast zeitgleich mit der Ausrufung des Roten Alarms veröffentlicht Marcos das Kommuniqué »Die unmögliche Geometrie der Macht in Mexiko«. Darin offenbart sich eine fundamentale Kritik an allen politischen Parteien, insbesondere der PRD und ihrem Präsidentschaftskandidaten Lopéz Obrador. Marcos verlautbart in diesem Schreiben, dass die letzten Beziehungen zwischen ZapatistInnen und der chiapanekischen Regierung beendet wurden. Der Bruch ist vollkommen. Die PRD wird als die »Partei der taktischen Fehler« bezeichnet.

»Des taktischen Fehlers, mit ihren Wahlkoalitionen die als Parteien verkleideten Familienunternehmen zu stärken. Des taktischen Fehlers, sich in einigen Bundesstaaten mit der PAN zu verbünden und in anderen mit der PRI. Des taktischen Fehlers der Konterreform zur Indígena-Reform und der Paramilitärs in Zinacantán. Des taktischen Fehlers von Rosario Robles und den Skandalvideos. Des taktischen Fehlers, die Studentenbewegung der UNAM 1999 zu bedrohen und zu unterdrücken. Des taktischen Fehlers des ›Ebrard-Gesetzes‹ und des ›Monsanto-Gesetzes‹. Des taktischen Fehlers, den Zócalo von Mexiko Stadt den Event-Monopolen zu überlassen. Des taktischen Fehlers, sich mit den Psalmisten zusammenzuschließen. Des taktischen Fehlers der importierten ›Zero-Tolerance-Politik‹ und der Verfolgung von Jugendlichen, Homosexuellen und Lesben wegen ihres ›Verbrechens‹, anders zu sein. Des taktischen Fehlers, die Erinnerung ihrer Toten zu verraten, deren Mörder zu ihren Kandidaten zu ernennen und die Übriggebliebenen der PRI-Kandidatur zu recyceln. Des taktischen Fehlers, Bürgerbewegungen in die Bürokratie von Partei und Staat umzuwandeln. Des taktischen Fehlers, den Tod von Digna Ochoa und Pável González zu manipulieren, um der Rechten zu schmeicheln. Des taktischen Fehlers, sich nicht bezüglich der Widerstands- und Befreiungsbewegungen in anderen Ländern zu definieren, den Kopf zu senken vor der Macht der USA und zu versuchen, sich das Wohl-

> *wollen der Mächtigen zu sichern. Des taktischen Fehlers der innerparteilichen Kämpfe und des Betrugs bei internen Wahlen« (Marcos 2005).*

Ende Juni verkündet das CCRI-CG der EZLN die Sechste Erklärung aus dem lakandonischen Urwald. Am 11. Juli wird der Rote Alarm beendet, und bereits zwei Tage später legen die ZapatistInnen in einem Kommuniqué den Zeitplan für die ersten Schritte des »landesweiten Kampfprogramms« fest – die Vorbereitungstreffen der Personen, Organisationen, Kollektive und Gruppen, die sich der Sechsten Erklärung aus dem Lakandonischen Urwald anschließen (siehe CCRI-CG 2005c).

6.2.1 Die 6. Erklärung aus dem lakandonischen Urwald

Die Sexta gliedert sich in sechs Teile. Die ersten vier Teile ziehen ein Resümee, behandeln den Ist-Zustand des zapatistischen Widerstandes und die Kosmovision der EZLN, die letzten beiden sprechen von den geplanten Veränderungen und Vorhaben der ZapatistInnen. Aufgrund der Wichtigkeit der Sexta werden im Folgenden die einzelnen Teile kurz zusammengefasst.

Teil I – Von dem, was wir sind.

Im ersten Teil wird die Geschichte des zapatistischen Widerstandes aufgerollt, die militärischen Auseinandersetzungen mit der Staatsgewalt, ihre politischen Aktivitäten und die Gründe für den Bruch mit der föderalen Regierung: der Aufstand von 1994, der Krieg, die Massendemonstrationen der mexikanischen Zivilgesellschaft, der Waffenstillstand, die nationalen Befragungen und internationalen Treffen, der Kampf für die Anerkennung der indigenen Rechte und Kultur, die Abkommen von San Andrés, die Offensiven des Militärs und das Massaker in Acteal, der Krieg niedriger Intensität, der Marsch der 1.111 ZapatistInnen, der zapatistische Marsch für die indigene Würde und der Vertrauensbruch mit der politischen Klasse nach der Unterzeichnung des Ley Indígena.

> *»Und da sahen wir also, dass Dialog und Verhandlung mit den schlechten Regierungen Mexikos umsonst gewesen waren... Das heißt, dass die Politiker der PRI, der PAN und der PRD an dem Tag, als sie ein Gesetz beschlossen, das nichts taugt, gleichzeitig den Dialog töteten und deutlich sagten, dass es ihnen egal ist, was sie vereinbaren und unterzeichnen, denn ihr Wort ist nichts wert... Wir sahen, dass ihnen das Blut, der Tod, das Leid, die Mobilisierungen, die Befragungen, die Anstrengungen, die nationalen und internationalen Erklärungen, die Treffen, die Vereinbarungen, die Unterzeichnungen, die Verpflichtungen egal waren... Damit verschloss die politische Klasse nicht nur wieder einmal den indigenen Völkern die Tür, sondern versetzte auch einer friedlichen Lösung des Konflikts auf Basis von Verhandlungen und Dialog den Todesstoß. Jetzt kann man ihnen nicht mehr glauben, dass sie irgendein Abkommen mit irgendjemandem einhalten« (CCRI-CG 2005b).*

Teil II – Wo wir jetzt sind.

Nach der gescheiterten Gesetzgebung entschloss sich die EZLN, die Abkommen von San Andrés über die Rechte und Kultur der Indígenas »unilateral« zu erfüllen. Dieser Teil der Sexta erzählt vom Aufbau der autonomen zapatistischen Bezirke, auf den sich die EZLN zwischen Mitte 2001 und Mitte 2005 konzentrierte. Die ungleiche Verteilung der Unterstützungen innerhalb der zapatistischen Territorien und der überdimensionale Einfluss des politisch-militärischen Arms der EZLN auf zivile Entscheidungsprozesse waren der Anlass für eine Restrukturierung der autonomen Verwaltung. 2003 nahmen die Räte der guten Regierung in den ehemaligen zapatistischen Hauptorten, den Aguascalientes, ihre Arbeit auf, um die Ausübung des Prinzips »gehorchend Regieren« zu verfeinern, die Entscheidungsprozesse in Richtung »demokratisch gewählter VertreterInnen der Völker« zu verlagern und Unterstützungsleistungen der nationalen und internationalen Zivilgesellschaft besser zu verteilen. Die zeitlich begrenzte Übernahme von Verantwortung in den Räten sollte nicht nur die zivilen Regierungskompetenzen verbessern, sondern auch die Beaufsichtigung der Guten Regierung von der EZLN auf die zapatistischen Unterstützungsbasen verlagern. Obwohl das CCRI-CG in der Sexta eine positive Bilanz über die rezenten Entwicklungen zieht, verweist es gleichzeitig auf die strukturellen Limitierungen, die trotz der unternommenen Anstrengungen ein weiteres Wachstum der EZLN behindern.[3]

> *»Nach unserem Ermessen und dem, was wir in unserem Herzen sehen, sind wir an einem Punkt angekommen, an dem wir nicht weiterkommen können, und an dem wir außerdem alles verlieren könnten, was wir haben, wenn wir so bleiben, wie wir sind, und nichts mehr tun, um weiter fortzuschreiten. Das heißt, dass der Moment gekommen ist, wieder alles zu riskieren und einen gefährlichen Schritt zu wagen, der es aber wert ist. Denn vielleicht können wir vereint mit anderen sozialen Sektoren, die unter den gleichen Entbehrungen wie wir leiden, das erreichen, was wir brauchen und was wir wert sind. Ein neuer Schritt nach vorn im indigenen Kampf ist nur möglich, wenn sich der Indígena zusammenschließt mit den Arbeitern, Bauern, Studenten, Lehrern, Angestellten...also mit den Arbeitern aus Stadt und Land« (CCRI-CG 2005b).*

---

[3] Laut Sexta haben sich die Lebensbedingungen auf zapatistischem Gebiet seit dem Aufstand 1994 verbessert, mehr ZapatistInnen übernehmen mittlerweile Verantwortung und lernen »Regierung zu sein«, die Partizipation der Frauen an Entscheidungsfindungsprozessen habe sich zwar zögerlich, aber dennoch verbessert, auch die Koordination der Räte der Guten Regierung untereinander, der Räte mit anderen Organisationen und offiziellen Behörden macht Fortschritte, das Landproblem hat sich durch die Verteilung der wiedergewonnenen Ländereien entschärft, die Kanalisierung der Unterstützung der nationalen und internationalen Zivilgesellschaft ist strukturierter, und der geglückte Generationswechsel innerhalb der Unterstützungsbasen, der Milizen, regionalen Verantwortlichen, der zapatistischen politisch-organisatorischen Leitung und des politisch-militärischen Teils lässt darauf schließen, dass die EZLN an Stärke gewonnen hat (siehe CCRI-CG 2005b).

Teil III – Wie wir die Welt sehen &
Teil IV – Wie wir unser Land Mexiko sehen.

Der dritte Teil der Sexta verweist auf den Kapitalismus als Grundübel der strukturellen Ungerechtigkeiten und auf seinen alle Lebensbereiche strukturierenden Charakter, auf die Mechanismen einer alles umfassenden Kommodifizierung, dessen Ziel es ist, die Menschen, »die Natur, die Kultur, die Geschichte und das Gewissen« zu einer Ware zu machen. Der Motor, der den ganzen Planeten in einen Markt, in einen großen Konzern verwandeln will, ist die neoliberale Globalisierung, die nichts anderes als »ein weltweiter Eroberungskrieg ist, ein Weltkrieg, ein Krieg des Kapitalismus um die Weltherrschaft« (CCRI-CG 2005b).

> *»Um also, wie es heißt, zusammenzufassen, basiert der Kapitalismus der neoliberalen Globalisierung auf der Ausbeutung, der Plünderung, der Verachtung und der Unterdrückung jener, die sich nicht ergeben. Das heißt, genau wie vorher, nur jetzt eben globalisiert, weltweit« (CCRI-CG 2005b).*

Dieser »Weltkrieg« manifestiert sich in Mexiko durch die Freihandelsabkommen. Sie verursachen die De-Industrialisierung Mexikos. Bauern und Bäuerinnen, ArbeiterInnen und kleine UnternehmerInnen sind schutzlos dem Preisdumping multinationaler Unternehmen ausgeliefert. Die Maquiladora-Industrie boomt. Hungerlöhne und Arbeitsrechtsverletzungen sind an der Tagesordnung und zwingen die MexikanerInnen, in Massen ihre Heimat zu verlassen. Die mexikanischen PolitikerInnen aller Parteien stehen unter dem Diktat des Neoliberalismus, der »sie dazu brachte, so zu werden wie die Angestellten eines Ladens, die alles in ihrer Macht stehende tun müssen, um alles billig zu verkaufen« (CCRI-CG 2005b). Die staatliche Erdölfirma PEMEX, die Sozialversicherung, das Bildungswesen, Elektrizität, Wasser, Land und Biodiversität sind zur Privatisierung freigegeben. Der Rechtsstaat wird ausgehöhlt und die Verfassung ist »abgenutzt und verändert«, zu einer bloßen Fassade verkommen.

> *»Sie [Anm. die Verfassung] beinhaltet nicht mehr die Rechte und Freiheiten des arbeitenden Volkes, sondern nur noch die Rechte und Freiheiten der Neoliberalisten, damit sie ihre großen Profite machen können. Und die Richter sind nur noch dazu da, um diesen Neoliberalisten zu dienen, weil sie immer zu ihren Gunsten urteilen, und den Armen lassen sie nur die Ungerechtigkeiten, die Gefängnisse, die Friedhöfe« (CCRI-CG 2005b).*

Als Gegenkraft zur neoliberalen Globalisierung verweist die Sexta auf die »Globalisierung der Rebellion«, die weltweite Vernetzung von Menschen die gegen den Neoliberalismus und für Menschlichkeit kämpfen. »Und das sehen wir auf der ganzen Welt, und unser Herz versteht, dass wir nicht alleine sind« (CCRI-CG 2005b). So auch in Mexiko, wo »Indígenas, Campesinos, Stadtarbeiter, Studenten, Frauen, Jugendliche, Homosexuelle, Lesben, Transsexuelle, Priester, Nonnen und Sozialkämpfer« aller Art gegen diesen »Weltkrieg« Widerstand leisten. »Und wir hoffen, dass unser ›wir‹ all diese Rebellionen einbeziehen kann« (CCRI-CG 2005b).

Teil V – Was wir tun wollen.

> *»Und wir wollen der ganzen Welt sagen, dass wir gerne möchten, dass sie groß wird, so groß, dass alle Welten hineinpassen, die Widerstand leisten, weil die Neoliberalisten sie vernichten wollen, und weil sie sich nicht ergeben, sondern für die Menschlichkeit kämpfen« (CCRI-CG 2005b).*

Das CCRI-CG verlautbart die strategische Neuausrichtung der EZLN, die auf zwei Ebenen verläuft: der nationalen und transnationalen. Die EZLN richtet sich zuerst an alle Menschen, »die auf ihre Weise und in ihren Ländern Widerstand leisten und kämpfen« und bietet ihre Unterstützung an. Die EZLN will nach Wegen suchen, »um ihnen in ihren Kämpfen beizustehen und mit Ihnen zu sprechen, um zu lernen, denn wenn wir etwas gelernt haben, dann ist es, zu lernen«. Auf nationaler Ebene will die EZLN ein »landesweites Kampfprogramm« mit »Personen und Organisationen der Linken« ausarbeiten. Ganz Mexiko soll bereist werden, um die Menschen zu fragen »[...] wie sie leben, wie sie kämpfen, wie sie über unser Land denken, und was wir tun können, um nicht besiegt zu werden.«

> *»Und vielleicht können wir, die wir einfach und bescheiden sind, untereinander eine Übereinkunft erzielen und uns gemeinsam im ganzen Land organisieren und unsere Kämpfe zusammenführen, die jetzt allein und voneinander isoliert sind, und können so eine Art Programm finden, das alles beinhaltet, was wir uns alle wünschen, und ein Plan darüber, wie wir dieses Programm, das sich ›Landesweites Kampfprogramm‹ nennt, umsetzen wollen« (CCRI-CG 2005b).*

Teil VI – Wie wir das tun wollen.

Die EZLN kündigt eine friedliche und politische Initiative an, ohne die Verteidigung ihrer Unterstützungsbasen vernachlässigen zu wollen. Auf globaler Ebene werden ZapatistInnen Kontakte zu Personen und Organisationen knüpfen, die »gegen den Neoliberalismus und für die Menschlichkeit Widerstand leisten und kämpfen«. Zudem wird die EZLN im Rahmen ihrer Möglichkeiten Unterstützungsleistungen in Form von Nahrungsmitteln und Kunsthandwerk an die AkteurInnen sozialer Kämpfe schicken. In Mexiko will die EZLN ihren Kampf für die Rechte indigener Völker ausweiten, und »mit allen Ausgebeuteten und Enteigneten Mexikos« an einem »landesweiten Kampfprogramm« arbeiten, das »eindeutig linksgerichtet sein wird, das heißt antikapitalistisch bzw. antineoliberalistisch«. Der Aufruf ergeht auch an die MexikanerInnen, die in die USA auswanderten (und dort im März 2006 maßgeblich an den Mobilisierungen für die Rechte von MigrantInnen teilnehmen sollten).[4] Sie kündigen den Versuch an, eine neue Art der Politik zu errichten, und laden die MexikanerInnen dazu ein, eine neue Verfassung zu schreiben, »[...] die die Rechte und Freiheiten des Volkes anerkennt und den Schwachen gegen den Starken verteidigt«. Dazu werden sie eine Delegation ihrer Führung entsenden, um mit nicht parteigebundenen Bewegungen »von unten und für unten eine Alternative zur neoliberalen Zerstörung zu errichten..., um eine andere Form des Politikmachens zu schaffen, für ein nationales und linkes Kampfprogramm und für eine neue Verfassung.«

> *»Weltweit werden wir uns stärker mit den Widerstandskämpfen gegen den Neoliberalismus und für die Menschlichkeit verbrüdern. Und wir werden diese Kämpfe unterstützen, wenn auch nur ein wenig. Und wir werden mit gegenseitigem Respekt Erfahrungen, Geschichten, Ideen und Träume austauschen. In Mexiko werden wir das ganze Land bereisen, durch die Ruinen, die der neoliberale Krieg zurückgelassen hat, und durch die Oasen des Widerstandes, die dazwischen blühen. Wir werden diejenigen suchen und finden, die diesen Boden und diesen Himmel so sehr lieben wie wir« (CCRI-CG 2005b).*

6.2.2 Die Andere Kampagne

Im August und September 2005 finden auf zapatistischem Territorium die Vorbereitungstreffen mit politischen, indigenen und sozialen Organisationen, mit Nicht-Regierungs-, künstlerischen und kulturellen Organisationen, Gruppen, Kollektiven wie Einzelpersonen statt, die sich der Sexta angeschlossen haben.[5] Am 16. September übergibt die EZLN das als »Andere Kampagne« bezeichnete politische Projekt in die Obhut der AnhängerInnen, verlautbart den Beginn der Rundreise und ihren ersten Kundschafter, den Delegierten Null, Subcommandante

---

[4] Am 1. Mai 2006, dem »Tag ohne MigrantInnen« (A Day Without Immigrants), forderten in den USA zehn Millionen MigrantInnen, AktivistInnen und UnterstützerInnen die Rechte von MigrantInnen ein. »In less than a week, two million people, mostly of Latin American origin, have demonstrated in the streets of various U.S. cities. In Chicago, 200.000 on March 10. In Phoenix, at least 20.000 and in Milwaukee 10.000 on March 24. On March 26 in Los Angeles, 500.000 people marched in what may have been the largest demonstration in the city's history« (Pickard 2006).

[5] Bis zum 20. November 2005 zählten zu den BefürworterInnen der Sechsten Erklärung und der Anderen Kampagne laut EZLN »64 linke politische Organisationen, 120 indigene Organisationen und Völker, 203 soziale Organisationen, 498 Nichtregierungsorganisationen, Gruppen und Kollektive, 2.020 Personen, Familien, Barrios oder Gemeinden, und 427 Internationale«.

Marcos. Von nun an werden die Tätigkeiten der ZapatistInnen in drei Arbeitsbereiche aufgeteilt. Auf lokaler Ebene steht die Verteidigung und Entwicklung der zapatistischen Autonomie unter der Leitung des CCRI-CG auf dem Programm, auf nationaler Ebene kümmert sich die »Sechste Kommission« der EZLN um die Andere Kampagne und auf transnationaler Ebene ist die »Intergalaktische Kommission« für den internationalen Austausch von Bewegungen verantwortlich.

Die Andere Kampagne startet am 1. Januar 2006 in San Christóbal de las Casas im zentralen Hochland von Chiapas, dem südlichsten Bundesstaat von Mexiko. Die erste Etappe soll bis Juni 2006 laufen, dem Ende des offiziellen Präsidentschaftswahlkampfes. Es ist eine strategische Entscheidung, die Andere Kampagne inmitten der Präsidentschaftskampagnen anzusetzen. Mit ihrer Haltung gegen die »politische Klasse« will die EZLN ein Zeichen setzen und die Spreu ihrer SympathisantInnen vom Weizen trennen, zudem soll die Konzentration auf den Wahlkampf der Anderen Kampagne politische Freiräume schaffen und die partizipierenden AktivistInnen vor Repressionen schützen. Dies soll die erste von vier Etappen werden, die das Gesamtprojekt der Anderen Kampagne umfassen wird. Diese erste Etappe steht im Zeichen des Kennenlernens und gegenseitigen Austausches. »Dann eine anschließende Etappe, um die Bekanntschaften zu vertiefen und die Möglichkeiten der Kommunikation und Unterstützung (das Netzwerk) zwischen den AnhängerInnen auszubauen, um uns gegenseitig zu unterstützen und verteidigen zu können« (Marcos 2006). Diese Phase werde von September 2006 bis Ende des Jahres 2007 dauern. Für die öffentliche Präsentation gewonnener Erkenntnisse sowie für die Debatte und Definition des Profils der Anderen Kampagne ist das gesamte Jahr 2008 vorgesehen. »Im Jahr 2009, drei Jahre nach ihrer Initiierung, könnte die Andere Kampagne bereits in der Lage sein, der mexikanischen Bevölkerung mit eigenem Gesicht und eigener Stimme gegenüber zu treten, die von allen gemeinsam erschaffen worden sind. Das ist der Beginn des nationalen Kampfprogramms, links und antikapitalistisch, von und für die Menschen von unten« (Marcos 2006). Das Fundament der Anderen Kampagne würde dann zum tragen kommen und eine politische Alternative bieten, wenn nach zapatistischer Analyse die Wahlversprechen von Lopéz Oprador versickert wären.

Doch vieles kam anders als geplant. »Während ihrer ersten Etappe wurde die Andere Kampagne mit unvorhergesehenen Ereignissen konfrontiert: Zuerst war da die Repression von Atenco, aufgrund derer die landesweite Reise zeitweise ausgesetzt werden musste. Dann folgte der Aufstand in Oaxaca, der die Dynamik der sozialen Konfrontation in Mexiko veränderte. Und letztendlich stand sie dem Wahlbetrug und dem Triumph von Felipe Calderón gegenüber« (Hernández Navarro 2007). Nach den Zwischenfällen in Atenco konzentrierten sich die AnhängerInnen der Anderen Kampagne und die »sechste Kommission« der EZLN darauf, eine landesweite Solidaritätskampagne ins Leben zu rufen, um für Gerechtigkeit und die Freilassung der politischen Gefangenen zu mobilisieren.

Marcos schreibt Ende des Jahres 2006 in einem Rückblick auf die Geschehnisse von damals: »Während die EZLN für die Andere Kampagne einen langsamen Fortschritt in mehreren Etappen vorausgesehen hatte (mit ein oder zwei Vollversammlungen pro Jahr), fanden in Mai und Juni 2006 sogar ganze vier Vollversammlungen statt, alle davon in D.F., da sich ein Großteil der Aktivitäten für Atenco dort konzentrierte« (Marcos 2006). Diese Solidaritätsveranstaltungen verwandelten sich im Rausch der Ereignisse in beschlussfassende Instanzen, wurden von »Versammlungsprofis« dominiert und missachteten eins der wichtigsten Vorsätze der Sexta: »die Meinung aller einzubeziehen« (Marcos 2006). Es offenbarte sich ein schon in den Vorbereitungstreffen erkanntes Vakuum, das nach Marcos »durch das Fehlen grundsätzlicher Definitionen entstanden ist (wie den Stellenwert der Debatte und die Art und Weise, wie Beschlüsse zu treffen sind)« (Marcos 2006). Die Gefahr für die Andere Kampagne bestand darin, von den »Vorschlägen und Vorgehensweisen« derer ausgehöhlt zu werden, die an den Veranstaltungen teilnehmen und »[...] stundenlang ausharren können, um im richtigen Augenblick (das heißt, wenn ihnen der Sieg sicher ist) ihren Vorschlag abstimmen zu lassen, oder die Abstimmung durch Anträge abzuwenden (wenn sie zu verlieren drohen)« (Marcos 2006). Die mangelnde Repräsentation indigener und bäuerlicher AkteurInnen bei den Vorbereitungstreffen und Vollversammlungen führte zu einer Kluft zwischen »Indios und Mestizen, Provinz und Mexiko Stadt« und einer Verzerrung des »Gesichts und der Stimme« der Anderen Kampagne. Die meisten AnhängerInnen der Sexta sind Indígenas, auch wenn sich das in den Veranstaltungen und Versammlungen nicht widerspiegelte. Eine vorsichtige Schätzung der EZLN ergibt, dass »wenn sich sämtliche Anhänger irgendwann mal zur gleichen Zeit und am gleichen Ort versammeln sollten... ein Verhältnis von 10 Indígenas für jede Person einer anderen politischen oder sozialen Organisation, NGO, Gruppe, Kollektiv, Familie oder Einzelperson bestehen würde« (Marcos 2006). Für die Zukunft besteht deswegen die Notwendigkeit, »die Definition der Räume und Mechanismen für Information, Debatte und Entscheidungsfindung« zu erarbeiten, um die Vormachtstellung einzelner AkteurInnen zu minimieren, den langsamen Fortschritt der Anderen Kampagne zu pflegen und »kämpfend [zu] lernen, ›wir‹ zu sagen« (Marcos 2006).

6.3. Die postelektorale Mobilisierung von AMLO und die Andere Kampagne

Nach dem ominösen Sieg von Felipe Calderón (PAN) bei den Präsidentschaftswahlen formt sich aus dem linken Wahlbündnis *coalición por el bien de todos* (Allianz für das Gute für alle), zusammengesetzt aus der PRD, der Arbeitspartei PT und der sozialdemokratischen *Partido de Convergencia*, das Oppositionsbündnis *Frente Amplio Progresista* (Breite Progressive Front, kurz FAP). Es unterstützt Andrés Manuel Lopez Obrador bei der Mobilisierung seiner fünfzehn Millionen WählerInnen gegen den vermeintlichen Wahlbetrug (vgl. SIPAZ 2007). Nach der Bekanntgabe des Wahlergebnisses verweilten zehntausende AMLO AnhängerInnen annähernd zwei Monate lang in einer Zeltstadt im Zentrum von Mexiko Stadt. Die größte Versammlung der lopezobradoristischen Bewegung fand am 31. Juli mit ungefähr drei Millionen TeilnehmerInnen statt. Für den 16. September wurde eine *Convencion Nacional Democratica* (CND), ein Nationaler Demokratischer Konvent, einberufen. Es versammelten sich über eine Million Delegierte aus ganz Mexiko, die Lopéz Obrador zum »legitimen Präsidenten« Mexikos ernannten und ihm den Auftrag zur Regierungsbildung erteilten. In Zukunft werden 2.500 Gemeinden des Landes bereist, um ein nationales Netz von RepräsentantInnen der »legitimen Regierung« aufzubauen.

Der politische Ausnahmezustand fordert Positionierungen innerhalb der Anderen Kampagne. Laut Marcos gibt es bei ihren AnhängerInnen die »unehrliche und opportunistische Position«, die davon ausgeht, dass sich Mexiko kurz vor einem »prä-revolutionärem« Moment befindet, der die aktive Teilnahme an der lopezobradoristischen Bewegung verlangt. Daneben kursiert eine Position, welche die politische »Isolation« ihrer Initiative befürchtet, falls sie nicht den Protesten und Mobilisierungen von AMLO folgt (ohne dabei selbst für die PRD und ihr Politikverständnis zu sein). Gleichzeitig existiert eine weitere Position, die laut Marcos die Mehrzahl der AnhängerInnen der Anderen Kampagne vereint.

> *»Diese Position (die auch wir als Zapatisten vertreten) besagt, dass die lopezobradorische Mobilisierung nicht unsere Schiene ist, und dass wir fortfahren müssen, nach unten zu blicken und als Andere Kampagne zu wachsen, weder danach suchend jemand zu führen und befehligen, noch nach jemanden verlangend, der uns führt und befiehlt. Und diese Position besagt eindeutig, dass sich die Überlegungen, die der Sechsten Erklärung Antrieb gaben, nicht geändert haben, das heißt, eine Bewegung hervorzubringen und zum Wachsen zu bringen, die von unten, antikapitalistisch und links ist« (Marcos 2006).*

Das Misstrauen der Anderen Kampagne richtet sich gegen den linken avantgardistischen Populismus der politischen Eliten in Mexiko und Lateinamerika. Der Vorwurf lautet (abgesehen von allen inhaltlichen Differenzen), dass sich linke politische FührerInnen auf *movilización popular* (zum Begriff siehe Kapitel 2.3.) als strategisches Werkzeug stützen, um ihre persönlichen und parteigebundenen Interessen durchzusetzen. Durch die steigende Vereinnahmung linker Organisationen und sozialer Bewegungen werden gleichzeitig die Proteste gegen ihr politisches Projekt neutralisiert und delegitimiert. Sobald die Macht gesichert ist, verlässt die politische Elite den popularen Weg. Oder: Sobald die Unmittelbarkeit der Forderungen verstreicht, verstummen die Mobilisierungen und das Demokratisierungspotenzial der Bewegung verpufft aufgrund des Fehlens einer langfristigen politischen Vision und der Verwurzelung in der (Zivil-)Gesellschaft. Dementsprechend charakterisiert das chiapanekische Forschungszentrum CIEPAC für Mexiko das Zusammenleben von sogenannten *movimientos inmediatistas* (unmittelbare Bewegungen), das sind z.B. Mobilisierungen gegen steigende Preise oder politische Machtkämpfe, und der Anderen Kampagne, »[...] die auf den Aufbau eines neuen Mexikos und die Errichtung einer neuen Verfassung abzielt, und die Bedürfnisse der BürgerInnen zum Motor der Veränderung macht« (CIEPAC 2007).

Nach dem Abbruch der ersten Etappe der Anderen Kampagne, dem Aufbau einer permanenten Solidaritätskampagne für die Gefangenen von Atenco, dem Aufstand in Oaxaca, dem Wahlbetrug, den postelektoralen Mobilisierungen von AMLO, dem Amtsantritt von Felipe Calderón, der Wiederauferstehung des Puebla-Panama-Plans, der zunehmenden Militarisierung des Landes und Kriminalisierung der sozialen Proteste in ganz Mexiko beginnt am 25. März 2007 die zweite Etappe der zapatistischen Initiative. Eine Delegation der Sechsten Kommission der EZLN rund um Subcommandante Marcos soll bis zum Ende des Jahres erneut das Land bereisen, um das Kennenlernen und den gegenseitigen Austausch von AnhängerInnen der Sexta wieder aufzunehmen und das Bewegungsnetzwerk zu dynamisieren. Die Rückkehr der Anderen Kampagne beginnt wiederum in einer komplexen politischen Situation (vgl. Hernández Navarro 2007). In Chiapas kommt es zum Schulterschluss zwischen PRD und PRI durch den neuen Gouverneur Juan Sabines und zur Wiederbelebung der paramilitärischen Gruppen, allen voran die der PRI nahe stehende *Organisation zur Verteidigung der Indigenen und Bäuerlichen Rechte* (OPDDIC). Landkonflikte und Angriffe auf autonome Gemeinden nehmen zu, da paramilitärische Gruppen das von Unterstützungsbasen der EZLN und demokratischen Bauernorganisationen besetzte und bearbeitete Land zurückerobern wollen. Das Militär bleibt in Chiapas stationiert, jedoch nicht wegen der Grenzsituation zu Guatemala, wie die Regierung 2006 verlautbart. Laut Menschenrechtszentrum Fray Bartolomé de Las Casas handelt es sich vielmehr um einen »militärischer Plan, um die indigene Bevölkerung und ihr Land zu kontrollieren« (vgl. SIPAZ 2007). Zudem ist der Protest gegen die hohen Strompreise in Chiapas ein wiederkehrender Konfliktherd. Indigene und Bauernorganisationen reagieren darauf mit Zahlungsverweigerung und beklagen Repressionen durch die Nationale Kommission für Elektrizitätswerke (CFE). Auf nationaler Ebene hat Felipe Calderón dem Drogenhandel den Kampf angesagt und beschert Mexiko mit dem Einsatz von 30.000 Soldaten in über einem Dutzend Bundesstaaten eine »neue Etappe der Militarisierung« (vgl. SIPAZ 2007). Seine modernisierungstreue Politik der harten Hand lässt auch für den chiapanekischen Konflikt keine nachhaltigen und friedlichen Problemlösungsversuche zu. Das linke Oppositionsbündnis, die Breite Progressive Front (FAP), ist trotz interner Dispute weiterhin vereint und bestätigt am 1. Juli 2007 – während der zweiten

Vollversammlung des Nationalen Demokratischen Konvent (CND) – Lopéz Obrador als »legitimen Präsidenten« Mexikos. Der CND füllt wieder den Zócalo von Mexiko Stadt mit Delegierten aus dem ganzen Land und wird so zur physischen Manifestation der ungebrochenen Entrüstung vieler BürgerInnen über den vermeintlichen Wahlbetrug von Felipe Calderón. AMLO tourt bereits in ganz Mexiko und widmet sich dem »Aufbau einer elektoralen Kraft« für die kommenden Präsidentschaftswahlen (Hernández Navarro 2007). In Oaxaca hält die *Volksversammlung der Bevölkerung von Oaxaca* (APPO) den militärischen Repressionen stand und bewahrt sich ihre Widerstands- und Mobilisierungskraft. Obwohl der Gouverneur Ulises Ruiz nicht zurückgetreten ist, bleibt der Imageschaden an ihm haften. Erhebliche Legitimationsverluste seiner Regierung sind die Folge der monatelangen Auseinandersetzungen.

Die Beziehung von PRD und der lopezobradorischen Bewegung zur Anderen Kampagne ist mittlerweile feindlicher geworden. Der in der Sexta veröffentlichte Beziehungsbruch mit der PRD, die Ablehnung von AMLO während dem Präsidentschaftswahlkampf und die Zurückweisung der lopezobradorischen Mobilisierungen haben in den Reihen der PRD, in traditionellen linken Organisationen, bei »linken« Intellektuellen und bei JournalistInnen der Tageszeitung *La Jornada* Kritik an der EZLN laut werden lassen und Antisympathien provoziert. Die Andere Kampagne und die EZLN kommen durch die Vereinnahmung des politischen Freiraumes durch den CND-Aktivismus, dessen Festhalten am elektoralen Weg sowie einem traditionellen linken Politikverständnis, und der »eigenen Isolierung von den mittelständischen Sektoren der Gesellschaft« unter Druck und verlieren an Unterstützung (Hernández Navarro 2007). Darüber hinaus setzen die ideologischen und strategischen Verschachtelungen zwischen PRI, PAN und PRD der EZLN auf lokaler Ebene zu. Marcos analysiert Mitte Dezember 2007 auf dem internationalen Kolloquium »Planet Erde: Bewegungen gegen das System« zum Andenken von Andrés Aubry in San Cristobal de Las Casas die aktuelle Situation, in der sich die Andere Kampagne und die EZLN befinden.

> *»Wie schon seit langer Zeit nicht mehr, sind unsere Gemeinden, unsere Compañeras und Compañeros Angriffen ausgesetzt. Das ist natürlich schon früher der Fall gewesen. Aber er ist das erste Mal seit jenem Morgen im Januar 1994, dass die soziale, nationale und internationale Antwort darauf belanglos oder gleich null gewesen ist. Es ist das erste Mal, dass diese Aggressionen völlig offen von Seiten angeblich linker Regierungen erfolgen oder mit der unverhohlenen Unterstützung der institutionellen Linken verübt werden. In der Zeitung von heute ist zu lesen, dass gerade jener Repräsentant der Finqueros von Chiapas, von denen ich Ihnen gestern erzählte, Señor Constantino Kanter, gerade eben zum Funktionär der PRD-Regierung von Juan Sabines ernannt worden ist, in eine Position, von der aus er problemlos die finanziellen Ressourcen für die paramilitärischen Gruppen fließen lassen kann…*

> *[...] der Präsident der Demokratischen Revolutionspartei (PRD), Leonel Cota Montaño, [beschuldigte uns], mit unseren Kritiken die Wahlniederlage von López Obrador bei den Präsidentschaftswahlen von 2006 provoziert zu haben (seine Worte). Und davor, praktisch seit dem Start der Sechsten Erklärung aus dem Lakandonischen Urwald, wurden dem illustren Lopezobradorismus alle Räume geöffnet, um uns anzugreifen, während sie uns verschlossen wurden... Um die Worte eines ›linken‹ Intellektuellen nach dem Wahlbetrug von 2006 zu wiederholen: ›Das werden wir Marcos nicht verzeihen‹... Wir verstehen, dass unsere Positionen nicht mit die gleichen Offenheit und Toleranz aufgenommen werden wie vor einigen Jahren. Wir verstehen, dass nur eine politische Vision und Position unterstützt und publiziert wird und man sich gegen jede Hinterfragung oder abweichende Haltung versperrt. Wir verstehen auch, dass einige Medien nur dann von uns Notiz nehmen, wenn wir töten oder sterben, aber für jetzt zumindest ziehen wir es vor, dass sie keine Notiz von uns nehmen, während wir weiterhin versuchen, das zivile und friedliche Unterfangen zu konsolidieren, das immer noch Die Andere Kampagne heißt, und uns gleichzeitig darauf vorbereiten, gegen die Reaktivierung der Aggressionen gegen uns, ob durch Armee, Polizei oder Paramilitärs, alleine Widerstand zu leisten. Wir, die im Krieg gekämpft haben, wissen die Wege zu erkennen, auf denen er vorbereitet wird und auf denen er sich nähert. Die Zeichen des Krieges am Horizont sind deutlich. Der Krieg, wie die Furcht, hat auch einen Geruch. Und sein übel riechender Gestank beginnt sich über unserem Land bereits bemerkbar zu machen. Um die Worte von Naomi Klein zu benutzen, wir müssen uns auf den Schock vorbereiten...« (Marcos 2007)*

6.4. Ziviler Zapatismus und Bewegungsforschung

Die Intention der Sexta ist es, einen Identifikationsprozess subalterner AkteurInnen zu initiieren – mit dem Ziel, ein Netz zwischen den verschiedensten Widerständen zu knüpfen. Sie formuliert den Gründungsmythos für eine neue nationale soziale Bewegung und vollbringt außergewöhnliche Konstruktions- und Kommunikationsleistungen, um auseinanderstrebende Teile der Bewegung auf ein gemeinsames Ziel zu fokussieren (vgl. Hellmann 1999: 99-100). Ihre interaktionsübergreifende Verständigungsbasis beruht auf einer politischen Prozession, der Anderen Kampagne, die lokale Widerstände in ganz Mexiko zusammenführen soll, und Netzwerktreffen an für die Bewegung sinnstiftenden Orten des Zusammenkommens wie z.B. den zapatistischen *caracoles* (Schneckenhäuser). Gleichzeitig spielen alternative Medien und – als einziges Massenmedium – die kritische Tageszeitung *La Jornada* eine wichtige Rolle im Aufbau von Gegenöffentlichkeiten und Artikulationsprozessen zwischen Bewegungen. Im Angesicht vielfältiger Hindernisse besteht die Herausforderung der Anderen Kampagne darin, eine Struktur und eine stabile nationale Koordination aufzubauen, die das Netzwerk von Beziehungen mit Basisbewegungen im ganzen Land festigt. So soll der konservativen und repressiven Politik von Felipe Calderón Opposition geboten und eine alternative Plattform der politischen Partizipation errichtet werden. Innerhalb dieser neuen nationalen sozialen Bewegung teilen die unterschiedlichen lokalen Widerstände, Protestgruppen und Netzwerke ein gemeinsames Grundverständnis: Eine andere Art zu finden, Politik zu machen. Ihr Ziel: Ein nationales Programm des linken und antikapitalistischen Kampfes zu konstruieren. Dessen Bestimmung: Eine neue Konstitution zu verfassen. Diese soll einen neuen Gesellschaftsvertrag beinhalten, der von links unten, basisdemokratisch und respektvoll erarbeitet werden soll. Die Methodik: Zuhören und lernen (SIPAZ 2005). In der Sexta kommt ein strategischer Vorschlag zum Ausdruck, der nach Pineda folgende Tendenzen beinhaltet: Sichtbarmachung einer Vielfalt von Widerständen und Pluralität der Methoden; Identifikation einer gewachsenen, aber bis dahin nicht verbundenen Zivilgesellschaft und die Entstehung eines neuen zivilen Zapatismus; Aufbau einer Bewegungsinfrastruktur für die Umsetzung eines nationalen Aktionsplanes. Die TeilnehmerInnen der Anderen Kampagne sind aktive Subjekte einer Konstruktionsleistung von unten und nicht passive Wähler eines von oben geschaffenen Vorschlags. Die Sexta öffnet somit den Raum zu einer komplexen und strategischen Diskussion über den zukünftigen Weg der neuen sozialen Bewegungen und ihr Selbstverständnis gegenüber den politischen Eliten (vgl. Pineda 2006: 10-11).

Um was für eine soziale Bewegung handelt es sich nun beim zivilen Zapatismus in Mexiko? Wie ist er im Sinne der Bewegungsforschung einzuschätzen und zu charakterisieren? Unter *zivilem Zapatismus* wird hier die Multitude der sozialen Kämpfe in Mexiko (und im Sinne der Sexta auch der *Chican@s* in den USA und der *Internacionalistas* in Mexiko) verstanden, die sich mit der Sexta identifizieren und *adherentes* (AnhängerInnen) der Anderen Kampagne sind. Das zapatistisch inspirierte Projekt der Anderen Kampagne ähnelt auf vielen Ebenen neuen sozialen Bewegungen, wie z.B. durch die nichtstaatliche Orientierung, die Ablehnung politischer Parteien oder den Fokus auf die Zivilgesellschaft, und transzendiert sie gleichzeitig in diversen Bereichen (vgl. Zimmering 2006: 1).

6.4.1. Der zivile Zapatismus: eine plurale populare Bewegung

Die Sexta zielt auf den Aufbau einer breiten nationalen und darüber hinaus internationalen sozialen Bewegung. In diesem Sinn sollen lokale Proteste, Basisgruppen und die außerparlamentarische Linke zusammengeführt werden. Eine Herausforderung besteht in der Annäherung von ländlichen, bäuerlichen und urbanen Bewegungen, von urbanem und ruralem zivilen Zapatismus (vgl. Holloway 2006: 56-69). Der Aufbau von vernetzten Kommunikations- wie Koordinationsstrukturen zwischen lokalen Bewegungen ist eine Voraussetzung für die Dauerhaftigkeit der Bewegung. Wir können bei der Anderen Kampagne auch von dem Versuch sprechen, eine »plurale populare Bewegung« zu bilden (Albro 2005: 254). Falls zukünftig breite kollektive Aktionen aus dem Projekt entstehen, kann diese Perspektive für die Dekonstruktion von medial vereinheitlichten und homogenisierten Darstellungen behilflich sein. Populare Bewegungen müssen als ein pluralistischer Anerkennungs- und Artikulationsprozess von unterschiedlichen konstituierenden Netzwerken gedacht werden. Diese pluralistische Perspektive setzt die Anerkennung von multiplen kollektiven Einheiten voraus, die zusammen an einem größeren politischen Gebilde teilhaben. Dieser Identifikationsprozess orientiert sich anhand von Knotenpunkten der gegenseitigen Anerkennung, die sich, weniger auf eine geteilte kulturelle Identität als auf eine geteilte missliche Lage, geteilte Erfahrungen, Aktionsformen und Strategien beziehen: die geteilte materielle und symbolische Dringlichkeit von Rohstoffen; eine geteilte Abneigung gegenüber der neoliberalen Ausrichtung des Staates; eine geteilte Verpflichtung zu und lokale Erfahrungen mit kollektiven politischen Aktionen; der geteilte Gebrauch von strategischen Essentialisierungen; das Vorhandensein und die Inanspruchnahme von regionalen NGO Netzwerken, die verschiedene Menschen aus diversen sozialen Sektoren zusammenbringen (vgl. Albro 2005: 255-256).[6] Dazu gesellt sich die Erfahrung der Solidarität, das gegenseitige Kennenlernen als Verbündete, die persönliche Bekanntschaft als Motivation zu solidarischen Aktionen. Die EZLN hat für diesen Identifikationsprozess ihre eigene Metapher gefunden: »Detrás de nosotros estamos ustedes« – Hinter dem Wir sind wir Ihr.

> *»Hinter dem Wir sind wir Ihr. Hinter unseren Skimützen befindet sich das Gesicht aller ausgeschlossenen Frauen. Aller vergessenen Indígenas. Aller verfolgten Homosexuellen. Aller verachteten Jugendlichen. Aller misshandelten MigrantInnen. Aller für ihr Wort und ihre Gedanken Eingesperrten. Aller demütigen ArbeiterInnen. Aller vergessenen Toten. Aller einfachen und gewöhnlichen Männer und Frauen, die nicht zählen, die nicht gesehen werden, die keinen Namen und kein Morgen haben« (CCRI-CG 1996).*[7]

6.4.2. Konzept, Zweck, Reichweite

Im Fall der Anderen Kampagne ist es ihre außerparlamentarische linke und antikapitalistische Gesinnung, die eine Abkehr von der dominanten politischen Kultur propagiert, und für den Aufbau von gesellschaftspolitischen Alternativen einsteht. Der staatlichen Macht soll nicht nur eine Art Gegenmacht präsentiert

---

[6] Die Analyse sollte sich deswegen am Prozess der »network identification« orientieren (Albro 2005: 264) und soziale Bewegungen als »mobilisierte Netzwerke von Netzwerken« (Neidhardt 1985: 197) betrachten werden, um mystifizierende Vereinheitlichungen aufzudecken und zu dekonstruieren.

[7] Freie Übersetzung des Autors.

werden, sondern etwas Neues soll entstehen: gesellschaftspolitische Alternativen mit der Fähigkeit und Potenz, das offizielle System langfristig zu substituieren. Der Zweck der Anderen Kampagne ist die Bildung einer kollektiven Akteurin, ein die Individuen einbindender kollektiver Handlungszusammenhang, der genug Macht und Stärke besitzt, um sozialen Wandel herbeizuführen (vgl. Raschke 1991: 33). Die Reichweite der in der Sexta formulierten Ziele korreliert mit der beabsichtigten Dauerhaftigkeit einer im Aufbau befindlichen Bewegung. Das Projekt nimmt in seiner Anfangsphase die Gestalt einer politischen Prozession mit zeitlich offenem Charakter an, die sich ihren Weg durch ganz Mexiko bahnt. Damit verkörpert es ein wesentliches Merkmal neuer sozialer Bewegungen: die aktive und permanente Suche nach Unterstützung, Kooperation und Solidarität, das »In-Bewegung-Bleiben«. Der Suchprozess, in dem Bewegungen ihre Ziele definieren und allmählich eine symbolische Gemeinschaftsidentität ausbilden (vgl. Boehme/Walk 2002: 14), drückt sich in der rudimentären Ideologie der ZapatistInnen, in ihrem poetischen Leitmotiv aus, das mit dem Slogan *preguntando caminamos* (fragend gehen wir voran) für Offenheit und Inklusion steht und vor allem der leninistischen Autoritätsgläubigkeit und dem kommunistischen Avantgardeprinzip widerspricht.

6.4.3. Rollenverteilungen und Dezentralisierung

Die Andere Kampagne korreliert mit zwei Eigenschaften neuer sozialer Bewegungen. Auf der einen Seite existieren Rollendifferenzierungen und Machtprozesse innerhalb der Bewegung, die sich in lokalen Grabenkämpfen widerspiegeln, wo um die Gunst der Stunde, mediale Aufmerksamkeit und die lokale Vorreiterrolle gestritten wird. Subcommandante Marcos repräsentiert ungewollt die Schlüsselfigur, die charismatische Führerschaft in diesem Prozess. Der Graben zwischen Andrés Manuel und Marcos könnte nicht tiefer sein und spiegelt das Legitimationsproblem vom offiziellen Wahlsystem und der dominanten politischen Kultur wider. Dennoch – und angeregt durch den Personenkult rund um Marcos – verwächst in medialen Öffentlichkeiten zu Beginn der Anderen Kampagne dieser Graben zu einer Karikatur des Konkurrenzkampfes von zwei Politikern am traditionellen politischen Bankett. Die Emotionen der AktivistInnen für die ZapatistInnen aus dem lakandonischen Urwald oszillieren zwischen mythischer Vergötterung, kritischer Distanz und horizontaler Kooperationsbereitschaft. Die Kritik mancher AktivistInnen bezieht sich unter anderem auf ihren, wie Holloway es bezeichnet, »Militarismus als Organisationsform« (Holloway 2006: 107), die für viele AktivistInnen verwirrende Zurückweisung der PRD und des parteipolitischen Veränderungspotenzials oder eben auf den Personenkult um Marcos. Die in den ersten Monaten der Anderen Kampagne absolvierten Arbeitstreffen zwischen der zapatistischen Delegation rund um Subcommandante Marcos und den lokalen Basisorganisationen glichen im Sinne der Sexta eher Happenings, Willkommensfeiern und Kennenlern-Festen als strategischen Meetings einer im Aufbau befindlichen nationalen sozialen Bewegung. Dieser Personen- und EZLN-Kult provozierte in AktivistInnenkreisen Kritik, wurde aber als die erste und notwendige Phase des Kennenlernens, gegenseitigen Austauschs und der Entmystifizierung einer legendären Bewegung bewertet. Denn die Distanzen zwischen dem Südosten und anderen Regionen Mexikos sind nicht nur geographisch gemessen groß, auch die Lebensbedingungen, historischen Erfahrungen und Kosmovisionen unterscheiden sich stark. Die EZLN hat sich aufgrund ihres Befreiungskampfes in mexikanischen Bewegungslandschaften moralische Autorität erarbeitet, blieb aber für viele Basisbewegungen ein ferner und exotischer Stern am Bewegungshimmel, der darüber hinaus all zu oft allein mit Subcommandante Marcos identifiziert wurde. Die Andere Kampagne bietet zugleich die Möglichkeit, das zapatistische »detrás de nosotros estamos ustedes« (Hinter dem Wir sind wir Ihr) in mexikanische Bewegungswelten zu tragen und einen breiten Identifikationsprozess einzuläuten.

Neben der gegenseitigen Beschnupperungsphase, dem Machtgefälle, der unterschiedlichen und noch verschwommenen Rollenspezifikation einzelner Teilbewegungen und charismatischer Führungspersönlichkeiten finden wir eine starke Dezentralisierung. Das bedeutet, dass die einzelnen Gruppen der Bewegung in großem Maß autonom sind und kein organisatorisches Zentrum aufweisen, »[...] das verbindlich über Programmatik und Strategie entscheiden könnte« (Rucht/ Neidhardt 2001: 541). Diese Dezentralisierung finden wir innerhalb der Basisgruppen wie auch in ihrem Verhältnis zueinander. Die Andere Kampagne zieht im Sinn der Sexta zum Großteil kleine und lokale Bewegungen mit segmentierter, dezentral und autonom organisierter netzwerkartiger Struktur an. In der Wahrnehmung der AktivistInnen schafft sie damit eine Alternative zu den von starren Hierarchien, Korruption, Spaltung und parteipolitischer Abhängigkeit durchzogenen Gewerkschafts- und Bauernbewegungen in Mexiko und dient als Vernetzungsplattform von marginalisierten BewegungsakteurInnen.[8]

---

[8] In den Jahren 2003 und 2004 wurde in Mexiko das seit längerem interessanteste politische Projekt von Bauernorganisationen lanciert. Es bildete sich eine Allianz von Bauernorganisationen, die die Kampagne »el campo no aguanta más« (das Land erträgt nicht mehr) initiierten. Ihre Forderung, den Agrarsektor aus dem NAFTA-Vertrag zu nehmen, veranlasste am 31. Januar 2003 über hunderttausend Bauern und Bäuerinnen in der mexikanischen Hauptstadt ihren Protest kund zu tun. Ihr Projekt versandete aber durch die internen Spaltungen der Allianz, die sich an der Schnittstelle von parteipolitisch abhängigen und unabhängigen Organisationen auftaten (vgl. Pickard 2006).

6.4.4. Herausforderung und Paradoxon

> *»Die große Herausforderung besteht in der Formierung einer Bewegung aus diesen zahlreichen, aber kleinen und isolierten Gruppen, Organisationen und lokalen Bewegungen. Das ist die große Herausforderung, die die ZapatistInnen vor sich haben« (Pickard 2006).*[9]

Im Aufbau eines nicht hierarchisch strukturierten nationalen Aktions- und internationalen Bewegungsnetzwerkes liegt die Herausforderung des Projektes. Die EZLN lanciert diese politische Initiative mit dem Ziel, sich selbst zu zerstören, sich selbst zu entwaffnen und in eine neue Gestalt zu transformieren. Sie propagiert keinen Aufruf zur Eroberung der mexikanischen Regierung, sondern motiviert die zersprengten Mikrowiderstände, sich zu organisieren, zu vereinen, mobilisiert zu bleiben und Alternativen aufzubauen.

> *»Die Waffen sind immer eine Versuchung. Und hier existieren sie. Aber sie sind auch eine Überlebensgarantie. Deswegen spielen sie in diesem Konflikt eine wesentliche Rolle... Eine militärische Bewegung, die sich dazu entschließt, Politik zu machen, ist eine Bewegung neuer Art. Die EZLN trachtet danach, eines Tages keine EZLN mehr zu sein, sondern etwas Neues, etwas Anderes, dass sie vielleicht so ist wie die Bewegung für eine Fünfte Republik, eine mit all den anderen Bewegungen des nationalen Kampfes vereinte mexikanische Bewegung« (Hidalgo 2006).*[10]

Diese Ausführungen verweisen auf ein wichtiges Paradoxon im Zapatismus und der Anderen Kampagne, das sie zudem von neuen sozialen Bewegungen unterscheidbar macht. Dieses Paradoxon charakterisiert eine neue soziale Bewegung, die als militärisch-politische Organisation mit dem Ziel entstanden ist, sich selbst zu entwaffnen. Ihr Abrüstungsplan verläuft über die Belebung der Zivilgesellschaft und die Vertiefung der Demokratie. Zudem wurde die militärische Ohnmacht mit der symbolischen Macht ihrer Worte kompensiert (siehe Huffschmid 2004). Die Sexta, die zu einem landesweiten, antikapitalistischen und friedlichen Kampfprogramm aufruft, ist die logische Fortsetzung der zapatistischen Abrüstungsstrategie.

---

[9] Interview mit Miguel Pickard, Mitarbeiter von CIEPAC, am 02.05.2006 in San Christóbal de las Casas, Chiapas, Mexiko (freie Übersetzung des Autors).

[10] Interview mit Onesimo Hidalgo Dominguez, ehemaliger Mitarbeiter von CIEPAC, am 03.05.2006 in San Christóbal de las Casas, Chiapas, Mexiko (freie Übersetzung des Autors). Der mexikanische Soziologe verweist auf die venezolanische *Movimiento Quinta República* (Bewegung für eine Fünfte Republik, kurz MVR) als eine vorstellbare Zukunftsprognose für die Andere Kampagne. Die MVR ist eine linksgerichtete Partei der Bolivarischen Republik Venezuelas, ein Wahl- und Regierungsbündnis, das linke Gewerkschaften, sozialistische Gruppierungen, die Kommunistischen Partei und soziale Bewegungen umfasst.

6.4.5. Der zivile Zapatismus: mobilisiertes und mobilisierendes Bewegungsnetzwerk

> *»Folgendes ist die Essenz der zapatistischen Bemühungen: Sie bieten uns eine Identifikationsmöglichkeit. Sie zeigen uns, dass wir die Fähigkeit zur Mobilisierung besitzen und in den Verlauf der Ereignisse eingreifen können, obwohl wir kleine und isolierte Bewegungen sind... Das ist die große Herausforderung – uns effektiv mobilisiert zu halten. Genau das bedeutet der Aufruf der ZapatistInnen« (Pickard 2006).*[11]

Die Erfolge, Popularität und moralische Autorität der ZapatistInnen waren dafür ausschlaggebend, dass ihr Ruf nach dem Aufbau einer nationalen Bewegung dermaßen Resonanz in der Zivilgesellschaft hervorrufen konnte und die Mobilisierungen tatsächlich in Bewegung kamen. Wir müssen diese Resonanz aber auch in Bezug auf die aktuelle politische Situation in Mexiko und die aktuelle Lage der mexikanischen Bewegungslandschaft sehen. Mit dem Aufbau ihrer internen Arbeiten an Autonomie und Selbstbestimmung legte die EZLN den Grundstein für den riskanten Aufruf. Gleichzeitig wurde die Andere Kampagne in einem neuen politischen Lebenszyklus lanciert. Nach Pineda sind in Mexiko seit den 1990er Jahren eine Vielzahl von neuen sozialen Bewegungen entstanden, die – motiviert durch zapatistische Mobilisierungskampagnen, die Folgen der Freihandelsabkommen, den Zusammenbruch des PRI-Monopols und den Legitimationsverlust der PRD – an Stärke und Selbstvertrauen gewonnen haben. Ihr Einfluss auf den politischen Mainstream ließ öffentlichkeitswirksame oppositionelle Positionierungen der Linken zur Kandidatur von Lopéz Obrador während des Präsidentschaftswahlkampfs entstehen (vgl. Pineda 2006: 9).

Die Sexta war nicht der erste Versuch, eine landesweite Oppositionsbewegung zu initiieren. Der CND (*Convención Nacional Democrática*, zu dt. Nationale Demokratische Konvent), der in der 3. Erklärung aus dem Lakandonischen Urwaldes formulierte Aufruf zur Bildung einer MLN (*Movimiento de Liberación Nacional*, zu dt. Bewegung der Nationalen Befreiung) und die FZLN (*Frente Zapatista de Liberación Nacional*, zu dt. Zapatistische Front zur Nationalen Befreiung) waren bereits Aufbauversuche landesweiter Oppositionsbündnisse (vgl. Kerkeling 2003: 193-199). Daneben unternahm die EZLN mehrere breite Mobilisierungskampagnen zur Belebung der mexikanischen Zivilgesellschaft. Die erste *Consulta* (Befragung) im August 1994 mobilisierte mehr als 1,3 Millionen Menschen, Solidarität mit den Forderungen der EZLN zu demonstrieren. Am »1.

---

[11] Interview mit Miguel Pickard, Mitarbeiter von CIEPAC, am 02.05.2006 in San Christóbal de las Casas, Chiapas, Mexiko (freie Übersetzung des Autors).

Intergalaktischen Treffen gegen den Neoliberalismus und für die Menschheit« beteiligten sich Ende Juli 1996 auf zapatistischen Territorium drei- bis fünftausend solidarische Menschen aus allen fünf Kontinenten, um einen »neuen Kommunikations- und Mobilisierungsprozess« lateinamerikanischer und globaler Linker einzuläuten (Kerkeling 2003: 201). Der Marsch der 1.111 ZapatistInnen im September 1997 für die Umsetzung der Abkommen von San Andrés wurde von etwa 100.000 Menschen in Mexiko Stadt empfangen. An der *Consulta Nacional* von 1999 beteiligten sich drei Millionen MexikanerInnen, um den Forderungen der ZapatistInnen Anerkennung zu zollen. »Der zapatistische Marsch für die indigene Würde« von 2001, angeführt vom Führungsgremium der EZLN, entwickelte sich zu einer Bus- und PKW-Karawane von mehr als 2.000 solidarischen Personen, die nach etwa zwei Wochen von 200.000 begeisterten Menschen in Mexiko Stadt empfangen wurden (vgl. Kerkeling 2003: 199-209; siehe Michel/Escárzaga 2001). Im Jahr 2003 beendete die EZLN ihren internen Organisationsprozess mit den Eröffnungsfeiern ihrer autonomen Regierungszentren, den *Caracoles* und *Juntas de Buen Gobierno* (Räte der Guten Regierung), und im Jahr 2004 wurden nationale und internationale Feierlichkeiten zu 20 Jahre EZLN und 10 Jahre ZapatistInnenaufstand initiiert (Muñoz Ramírez 2003).

6.4.6. EZLN, *political culture* und *cultural politics*

Das eigentümlich Neue im Zapatismus und der Anderen Kampagne spiegelt sich auch in ihrem Verhältnis zur offiziellen politischen Landschaft und ihrem Bezugssystem wider. Die Forderungen der EZLN nach regionaler Autonomie offenbaren die Notwendigkeit einer Bewegung politische Ziele zu formulieren, die von institutioneller Seite anerkannt werden können. So führten die radikal revolutionären Bestrebungen – kombiniert mit einer radikaldemokratisch belebten, rebellisch romantischen Rhetorik, ausformuliert in der 1. Erklärung aus dem Lakandonischen Urwald – in die Formulierung konkreter Autonomieverträge im Zuge der Friedensverhandlungen von San Andrés (siehe Navarro/Herrera 2000).

Dass die ZapatistInnen mit der 6. Deklaration aus dem Lakandonischen Urwald ihr Initialprojekt der nationalen Befreiung (wie ja bereits im Namen der EZLN – zu dt. Zapatistischen Heer der Nationalen Befreiung – zu erkennen) mit neuer strategischer Ausrichtung fortsetzen wollen, ist der einleuchtende Schritt nach dem gescheiterten Dialog mit den offiziellen Regierungen, der Konsolidierung und Umstrukturierung der eigenen Basis und der Umsetzung einer *autonomía de hecho* (faktische Autonomie). Zu dem gesellt sich ein weiterer und wichtiger Umstand. Die mexikanische Regierung hat es militärisch geschafft, die EZLN auf chiapanekischem Gebiet einzukapseln und in die Ecke zu treiben. Der »Krieg niederer Intensität« hat sich in der Region festgesetzt und offenbart die eigentliche Politik der Regierung – die militärische Umzingelung des lakandonischen

Urwaldes, die mediale Negation des Konflikts und die paramilitärische Ausbildung von (landlosen) Kleinbauern zur Zerschlagung der autonomen Gebiete. Nach zwölf Jahren der Auseinandersetzung wird der Konflikt als ein zunehmend chiapanekisches Problem dargestellt und medial verkauft. Auf der Suche nach einem Ausweg lanciert die EZLN die Andere Kampagne, nicht zuletzt um der militärischen Vernichtung zu entgehen. In der Sexta verweisen die ZapatistInnen mit Nachdrücklichkeit darauf, dass ihr Widerstand die regionalen Grenzen überschreitet, im Kern strukturelle wie nationale Probleme repräsentiert und daher weitreichende Problemlösungsansätze verlangt.

> *»Die EZLN versucht, einen Vorteil daraus zu schlagen, dass der Konflikt kein spezifisch chiapanekisches Problem ist. Der Konflikt ist im ganzen Land präsent« (Hidalgo 2006).*[12]

Die EZLN überschreitet damit wieder einmal indigenistische Lösungsansätze und verweist auf ihren translokalen Charakter, die gesamtgesellschaftliche Bedeutung ihres Widerstandes und die Reichweite ihrer Ziele. Da die PRI, die PAN und die PRD keine geeigneten Lösungsansätze offerieren, hebt die Sexta die vernetzte *poder popular* von sozialen Basisbewegungen als Methode der Gesellschaftsveränderung hervor (zum Begriff siehe 2.3.). Anhand der *cultural politics* der Anderen Kampagne wird ersichtlich, dass es sich hier nicht um eine rein ökonomische und politische Initiative handelt, die das Ziel verfolgt, am dominanten politischen Diskurs zu partizipieren. Die Andere Kampagne verkörpert darüber hinaus ein alternatives kulturelles Projekt, dessen inhärente Ausrichtung die dominante *political culture* von Mexiko in Frage stellt und zu erschüttern versucht (Alvarez/Dagnino/Escobar 2004). Die Veränderung der dominanten politischen Kultur ist die Voraussetzung für eine nachhaltige Umsetzung der zapatistischen Forderungen.

> *»Vertrauen gibt es nur in das organisierte und strukturierte Volk. Und dieses Volk, an der Basis organisiert und strukturiert, beginnt, Vorschläge für die Konstruktion eines neuen und anderen Staatsmodells zu lancieren. Ich glaube, das ist alles, wonach die Andere Kampagne trachtet« (Hidalgo 2006).*[13]

Und dies geschieht über den Aufbau von gegenkulturellen Konzepten, Systematiken, Netzwerken und Lebensweisen, die zum Maßstab des Politischen werden und eine veränderte Wahrnehmung auf das Politische erlauben. Eine transmoderne Befreiungsideologie, die eine neue Form der politisch-praktischen Ethik formuliert (Michel 2001) und im *mandar obedeciendo* (gehorchend befehlen) wie

---

[12] Interview mit Onesimo Hidalgo Dominguez, ehemaliger Mitarbeiter von CIEPAC, am 03.05.2006 in San Christóbal de las Casas, Chiapas, Mexiko (freie Übersetzung des Autors).

[13] Freie Übersetzung des Autors.

preguntando caminamos (fragend gehen wir voran) ihren Ausdruck findet.[14] In der Transzendierung des Alltäglichen liegt ein weiterer Unterschied zur deutschen Bewegungslandschaft. Während die deutschen sozialen Bewegungen immer mehr vom politischen Bereich abprallten und einzige Zuflucht und Entfaltungsmöglichkeit im kulturellen Bereich fanden (vgl. Roth/Rucht 1991: 12), revitalisiert die Andere Kampagne den politischen Einflussbereich der mexikanischen sozialen Bewegungen. Es findet ein Umkehrprozess der postmateriellen Wertewandel-These statt, wonach sich der Schwerpunkt von Problemen der Produktions- auf solche der Reproduktionssphäre, von Eigentums- und Verteilungsfragen auf solche der Lebensweise verschoben haben (vgl. Brand 1991: 42). Das »asymmetrische Verhältnis« zur offiziellen Politik drängt die TeilnehmerInnen der Anderen Kampagne nicht in die kulturelle Ecke sondern verleitet sie dazu, eigene Subsysteme der Macht aufzubauen (Brand 1991: 44).

> *»Die sozialen Bewegungen müssen nicht ihre Führer hervorbringen, um in die Regierung zu kommen. Man sollte die Dinge verkehrt herum angehen. Das, was wir als Basisbewegung haben, ist das organisierte Volk. Und das Volk an sich ist schon eine Macht… Die reale Macht ist die Macht des Volkes, ist die Macht der Zivilgesellschaft. Und wenn diese Macht strukturiert und organisiert ist, ist sie fähig zu befehlen, ohne in der Regierung zu sein… Was zählt ist Folgendes: Um zu regieren, muss man nach unten schauen. Wer befiehlt? Und es ist hier, wo Demokratie eingefordert wird« (Hidalgo 2006).*[15]

Der Abwendung von der formalen politischen Sphäre folgt die Hinwendung zur soziokulturellen Sphäre, die wiederum zum Ausgangspunkt und Labor für neue politische Projekte wird. Das Ziel ist nicht, die formale Macht zu übernehmen, sondern sich seiner eigenen und popularen Macht bewusst zu werden und sie in vernetzter Form zu potenzieren, um ein Parallelsystem entstehen zu lassen. Die Andere Kampagne verkörpert den größeren Zusammenhang, das größte gemeinsame Vielfache der kleinen zersplitterten Teilbewegungen. Anders als in der europäischen Bewegungsforschung, wo sozialen Bewegungen der Rang von gesellschaftlichen Alarmanlagen und Schulinspektoren zugesprochen wird, besteht zumindest innerhalb der mexikanischen Bewegungslandschaft die Idee einer »utopic recovery« (Albro 2005: 264). Netzwerke wie die Andere Kampagne sind von einer gemeinsamen Orientierung abhängig, vom kleinsten gemeinsamen Nenner, der das verbindende Element zwischen den Teilbewegungen ist. Wie bereits erwähnt, ist dies ihre außerparlamentarische linke und antikapitalistische

---

[14] Dass diese zwei Prinzipien laut Kastner auch alte libertäre und basisdemokratische Politikelemente repräsentieren (Kastner 2003), zudem zentrale Eigenschaften von neuen sozialen Bewegungen sind und gleichzeitig gerne von indigenen AkteurInnen und deren SympathisantInnen essentialisiert werden, bleibt hier nur am Rande erwähnt.

[15] Freie Übersetzung des Autors.

Ausrichtung, die sich mit den Phrasen »fragend gehen wir voran« gegen dogmatische Weltbilder verwehrt, und mit »befehlend gehorchen« ihre anti-technokratische, partizipationsorientierte und egalitäre Stoßrichtung anzeigt. Damit symbolisiert die Andere Kampagne die Rückgewinnung einer utopischen gesamtgesellschaftlichen Utopie, die in den unzähligen Auswirkungen der neoliberalen Reformen verloren gegangen ist (vgl. Albro 2006: 253-256). Die Andere Kampagne transzendiert die klassische Funktion von sozialen Bewegungen in der deutschen Bewegungsforschung, nämlich die des bloßen Impulsgebers für sozialen Wandel (vgl. Rucht/ Neidhardt 2001: 542), und arbeitet langfristig für dessen Steuerung und Durchsetzung. Die AkteurInnen rekrutieren sich nicht aus dem traditionellen politischen Sektor, sondern sind populare soziale Bewegungen.

> *»Wenn die traditionellen Sektoren der Gesellschaft auf die gesamtgesellschaftlichen Spannungen nicht reagieren, werden wir die Geburt von neuen sozialen AkteurInnen, oder eines neuen sozialen Subjekts, erleben. Im Zuge der Umstrukturierung der politischen Landschaft werden populare Organisationen voraussichtlich politische Partizipation auf höchster Ebene erlangen« (Pickard 2006).*[16]

Miguel Pickard kontrastiert die sozialen Mobilisierungen, Bewegungslandschaften und Artikulationsprozesse in Mexiko und Lateinamerika mit der ihnen immanenten Herausforderung der Konstruktion eines neuen sozialen Subjekts, das potent genug ist, die politische Konjunktur des Landes zu beeinflussen. Methodisch gesehen, entwickelt sich dieses Subjekt in den konkreten politischen Aktionsformen und Mobilisierungen und nicht anhand zentral festgelegter Strukturen. Wie bereits erwähnt, kann die Andere Kampagne als Artikulationsprozess verstanden werden, der sich anhand bestimmter Knotenpunkte der gegenseitigen Anerkennung vollzieht. Zu ihren politischen und ökonomischen Zielsetzungen gesellt sich ein soziokulturelles Projekt, das an den Grundmauern des etablierten Systems rüttelt. Laut Doane wird um die Bedeutung dessen gestritten, was es heißt, Mexikaner zu sein (vgl. Doane 2005: 190-192). Auch der Neoliberalismus hat sein soziokulturelles Programm, und die Konstruktion des »neoliberalen Mexikaners« mit seiner technokratisch-industriellen Rationalität kollidiert mit der Anderen Kampagne (Doane 2005: 192). Interessanterweise argumentieren beide Varianten in eigens interpretierten Nationalismen. Wurde die *Mestizaje*, die Konstruktion einer national-populären BürgerInnenschaft, mit dem Ziel gestartet, die kulturellen Identitäten als Mobilisierungsressource zu entkräften und langfristig zu homogenisieren, unterliegt sie im Zuge der Anderen Kampagne ebenfalls einer Umdeutung. Es mag radikalen europäischen Bewegungen merkwürdig erscheinen, dass sich der Zapatismus weiterhin und ohne

---

[16] Interview mit Miguel Pickard, Mitarbeiter von CIEPAC, am 02.05.2006 in San Christóbal de las Casas, Chiapas, Mexiko (freie Übersetzung des Autors).

klares Argument an einem nationalstaatlichen Rahmen orientiert. Es gilt dennoch feinfühlig zwischen revolutionärem und dogmatischem Nationalismus, also dem Festhalten an den Werten und der Mystifizierung des Agrarsozialismus der Mexikanischen Revolution, und diesem neuen pluralen, lokalen, kulturell konnotierten wie popularen Projekt zu unterscheiden, dessen Ziel die selbstbestimmte Teilhabe an politischen, ökonomischen und gesellschaftlichen Prozessen innerhalb einer »Nation« ist (siehe Kapitel 2.3.).

6.4.7. Zukunftsprognosen und Erfolgschancen

Welche Erfolgschancen besitzt die Andere Kampagne, und wie ließe sich ihr Erfolg eigentlich einordnen? Können man in Hinblick auf die Zukunftsprognosen dieser Bewegung von der möglichen Ausbildung eines Bewegungssektors und von der Belebung der Zivilgesellschaft sprechen? Oder sind diese beiden Begriffe zu kurz gegriffen, um die Trag- und Reichweite der zapatistischen Anliegen zu verstehen?

Das Verknüpfungspotenzial sozial-revolutionärer Bewegungen mit Konzepten der *citizenship* (Bürgerschaft) und Zivilgesellschaft (aus liberaler Tradition) wirkt zwar auf die Repräsentation am internationalen AktivistInnen-Bankett förderlich, andererseits wird auf die mögliche Aushöhlung und Verniedlichung der sozial-revolutionären Gestalt von Bewegungen hingewiesen, wie dies Albro anhand der *Coordinadora* und Oscar Olivera für den bolivischen Wasserkrieg in Cochabamba feststellt (siehe Kapitel 4.7.2.). Über dies hinaus und besonders für die deutsche Bewegungsforschung fällt die Überlegung an, ob neue soziale Bewegungen und Zivilgesellschaft als ein Motor der Veränderung oder ein Markt, den es von liberalen WirtschaftsakteurInnen zu erobern gilt, gesehen wird. Das käme aus der Bewegungsperspektive einer Aushöhlung und Entpolitisierung von BewegungsakteurInnen gleich, da es per Definition um eine fundamentale Kritik am herrschenden System und der Entwicklung alternativer Arbeits- und Lebensweisen geht, und nicht um einen Arbeitsplatz in einem *emergent market* der ausgelagerten sozialen Verantwortung. Von einer symbiotischen Beziehung zwischen Staat, Wirtschaft und Zivilgesellschaft als »neues Feld selbstbestimmter gesellschaftlicher Aktivitäten« ist also nicht auszugehen (Roth/Rucht 1991: 26). Im Fall der mexikanischen Bewegungslandschaft wird mit Zivilgesellschaft eher die kollektive Fähigkeit der BürgerInnen assoziiert, gegenhegemoniale Diskurse politikfähig zu machen (vgl. Kastner 2004: 8), um dominante Strukturen zu substituieren. Soziale Konstruktionen von *citizenship* können somit unterschiedlichen Konzeptualisierungen unterworfen und dennoch pluraler Treffpunkt von lokaler Bewegung und globalem Aktivismus sein. »Most obvious is a potential contradiction between the citizen as ›consumer‹ (with the further assumption of private, individual, rights) and citizenship as ›ownership‹ (with the assumption of a collective and ancestral patrimony)« (Albro 2005: 265). In beiden Fällen ist die

Forderung nach Demokratisierung zentraler Bezugspunkt der Bewegungen. In ihnen entfalten sich alternative Entwürfe für Demokratie. Denn es wird, wie Alvarez/Dagnino/Escobar herausstreichen, im Grunde um die Parameter der Demokratie gestritten – »[...] d.h. um die Grenzen dessen, was als politischer Schauplatz definiert werden soll: seine TeilnehmerInnen, seine Institutionen, seine Prozesse, seine Tagesordnung, sein Umfang« (Alvarez/Dagnino/Escobar 2004:31).

Die Erfolgsbedingungen dieser Bewegung sind in Abhängigkeit von diversen Faktoren zu beleuchten. Ob der Zapatismus erneut als Barometer für eine neue Welle politischer Projekte in Lateinamerika gesehen werden kann, wie dies Aguirre Rojas in den Raum stellt (2005b), wird sich herausstellen. Die Erfolge oder Misserfolge linker Regierungen in Südamerika werden dabei sicher eine Rolle spielen. Aufgrund der Aushöhlung des Rechtsstaates und der Legitimationsverluste der parlamentarischen Demokratie stehen die Zeichen für einen begünstigenden Protestzyklus (Tarrow 1998). Moderne Entwicklungslogiken, neoliberale Globalisierung und die Auswirkungen von bereits skizzierten Modernisierungsschüben sprechen für gesamtgesellschaftliche Spannungsverhältnisse, die Akzeptanz und Unterstützung für derartige Projekte steigern können. Ob eine strategisch geleitete Ressourcenmobilisierung stattfindet und auf mobilisierungsfördernde externe Möglichkeitsstrukturen und Interaktionsdynamiken trifft, bleibt abzuwarten (Rucht/Neidhardt 2001). Die Pforten der politischen Öffnung des internationalen Staatensystems werden wohl für den Kern eines derartigen Projekts geschlossen bleiben. Der Wahlerfolg von Felipe de Jesús Calderón Hinojosa (PAN) bei den Präsidentschaftswahlen des Jahres 2006 lässt trotz der sozialen Instabilität auf die Stabilität der elitären politischen Allianzbildungen schließen. Dadurch sind konstruktive Allianzen mit Regierungsstellen und der Gang durch die staatlichen Institutionen als Methode der Gesellschaftsveränderung nahezu aussichtslos. Diese Tendenz verbindet sich mit der Botschaft der Sexta, worin das historische Versagen der Parteipolitik und der Legitimationsverlust des modernen Nationalstaates deklariert werden. Allianzbildungen innerhalb des dritten Sektors der Zivilgesellschaft verbleiben als (gewünschte oder geduldete) Wege, unterliegen aber selbst mannigfaltigen Sachzwängen und Kompromisslösungen. Ob die seit dem Start der Anderen Kampagne zunehmende Kriminalisierung der politischen Proteste zur Demobilisierung der Netzwerke führt oder eine gesteigerte kollektive Wahrnehmung der Ungerechtigkeiten bewirkt, die den Ansporn für kollektiven Protest steigert, mit einem darauf aufbauenden radikaleren *framing* und entsprechenden Protestformen, wird sich zeigen. Wie wir gesehen haben, bleibt die Andere Kampagne dem friedlichen Weg treu. Gleichzeitig lebt an anderen Ecken der mexikanischen Bewegungslandschaft die marginalisierte, aber durchaus existente »bewaffnete Option« wieder auf (SIPAZ 2007), die durch die *Coordinadora Nacional Guerillera* (die Nationale Guerilla Koordination), den Zusammenschluss von neun mexikanischen Guerillagruppen, vertreten ist (CIEPAC 2007).

Auf globaler oder »intergalaktischer« Ebene können wir von begünstigenden, aber unkonventionellen internationalen ideologischen Gelegenheitsstrukturen sprechen, die dem zivilen Zapatismus solidarischen Rückhalt geben können (Gómez Suárez 2003). Die Eingebundenheit in die globalisierungskritische Bewegung und weltweite Solidaritätsnetzwerke ist diesbezüglich ihre stärkste politische Ressource. Die Erfolgschancen der nationalen Kampagne werden so auch vom internationalen Aktivismus unterstützt oder gehemmt. Herausforderungen in der gegenseitigen Anerkennung liegen auf den ersten Blick in der Gewaltfrage und der Strategie- und Bedürfnisfrage, also »[...] ob der Schwerpunkt des weiteren Engagements eher bei der öffentlichen Aufklärung, der Gremien- und Lobbyarbeit oder den Straßenprotesten liegen soll, mit welchen Institutionen eine Zusammenarbeit geboten ist, ob die Einbindung von Kritikern in die offiziellen Institutionen eine Chance der Einflussnahme oder vielmehr ein Risiko der Zähmung oder gar Spaltung bedeutet, ob die Öffnung zu eher strukturkonservativen Gruppen (Teile der Gewerkschaften und Kirchen, populistische Kritiker der Globalisierung) eine Verwässerung von Positionen mit sich bringt und ob die Gruppen aus den sich entwickelnden Ländern eine führende Rolle bei den globalisierungskritischen Protesten übernehmen sollen« (Rucht 2002: 74). Die Sexta bezieht zu diesen Punkten eindeutig Stellung. Die inklusive und friedliche Ausrichtung der Anderen Kampagne steht für Offenheit und Menschlichkeit, die EZLN betont die Multitude, die Einzigartigkeit jeder Bewegung innerhalb des nationalen und globalen Netzwerkes, das Kennenlernen und die Akzeptanz, auch trotz ihrer Prämisse der Zurückweisung des dominanten politischen Systems. Die Bewegung der ZapatistInnen hat innerhalb dieser globalen Bewegung eine gewaltige Mobilisierungs-, durch ihre Breitenwirkung eine hohe Gestaltungskraft und Vorbildrolle. Gleichzeitig lehnen sie jeden Avantgarde-Anspruch ab und mobilisieren auf Basis von Toleranz, Gleichberechtigung, Inklusion und Teilnahme. Die Herausforderungen, mit denen das weltweite globalisierungskritische Bewegungsnetzwerk zu kämpfen hat, finden sich auch in der Anderen Kampagne wider. Das »gehorchend befehlen« grenzt sich von starker Führerschaft und Vereinnahmung ab, und das »fragend schreiten wir [von links unten] voran« verweist auf den Such- und Berührungscharakter einer Vielfalt von politischen Strategien und Programmen innerhalb des Netzwerkes, deren Verknüpfungspunkt keine zentrale Ideologie, sondern, laut Holloway, der gemeinsame Schrei gegen den Kapitalismus ist, der sich im Wir entfaltet, auf die gemeinsame Suche macht und die menschliche Würde als ethisches Fundament des Handelns erkennt.

7. Soziale Bewegungen und (Gegen-)Öffentlichkeiten in Mexiko

Neue Informations- und Kommunikationstechnologien transformieren die Kommunikations- und Artikulationsprozesse sozialer Bewegungen. Suchen in Europa soziale Bewegungen die Aufmerksamkeit der konventionellen Massenmedien, motivieren Zugangsbeschränkungen in Lateinamerika die Entstehung von breiten subalternen Gegenöffentlichkeiten. Die Aneignung und Konstruktion von multiplen öffentlichen Räumen durch (Alternativ-)Medien, die Entstehung von (virtuellen) Netzwerken wie imaginierten Gemeinschaften und die Auswirkungen auf reale Aktions- und Protestformen werden im Folgenden anhand des zivilen Zapatismus in Mexiko analysiert.

7.1. Soziale Bewegungen und (Gegen-)Öffentlichkeiten

Die dominanten Konzepte innerhalb der Bewegungsforschung nehmen die Auseinandersetzungen zwischen sozialen Bewegungen und staatlichen Autoritäten sowie ihre Beziehung zu makrostrukturellen Prozessen wie Staatenbildung, Industrialisierung, Urbanisierung oder Naturkatastrophen unter die Lupe. Um dieser einseitigen Konzentration Multidimensionalität entgegenzuhalten, betont Rucht, dass soziale Bewegungen innerhalb eines Bezugsrahmens (inter-)agieren (siehe Kapitel 2.5.2.). Massenmedien und Publikum gehören zu den zentralen Bezugsgruppen von sozialen AkteurInnen. Die Öffentlichkeit wird zum umkämpften Terrain und alternative öffentliche Schauplätze entstehen, an denen die Diskurshoheit der dominanten ÖffentlichkeitsakteurInnen herausgefordert und Bevölkerungsmeinungen beeinflusst werden.

7.1.1. Öffentlichkeit, Massenmedien, Publikum und soziale Bewegungen

Neidhardt charakterisiert das Ideal einer »modernen Öffentlichkeit« als frei zugängliches Kommunikationsfeld, als ein »offenes Kommunikationsforum« (Neidhardt 1997: 7).[1] Das »Arena-Modell der Öffentlichkeit« kann als Metapher fungieren,

[1] Neidhardt betont, dass die Kommunikation zwischen SprecherInnen, Medien und Publikum in gesellschaftlichen Realitäten durch politische und ökonomische Interessen strukturiert ist: Die SprecherInnen erkennen den strategischen Stellenwert des Publikums als Elektorat. Die Medien nehmen es als eigene Kundschaft und Kundschaft ihrer WerbepartnerInnen wahr. Im Prozess der öffentlichen Kommunikation verhärten sich aber die Grenzen zwischen den ÖffentlichkeitsakteurInnen. Da stabile Positionspräferenzen von der Marktorientierung bestimmt werden, kommt es zur Segmentierung in politische Teilmärkte. Öffentlich-

um die öffentlichen Meinungsbildungsprozesse zu veranschaulichen. Am Spielfeld tummeln sich ÖffentlichkeitsakteurInnen, sogenannte »SprecherInnen« und »KommunikateurInnen« (v.a. Massenmedien), die zu bestimmten Themen Meinungen von sich geben.[2] Auf den Galerien sitzt das Publikum. Unter bestimmten Bedingungen können sich aus der Kommunikation in den Arenen Fokussierungen auf bestimmte Themen einstellen. Diese Arenenkonsonanz ist die »öffentliche Meinung«: »[...] als herrschende Meinung unter den Öffentlichkeitsakteuren, also denen, die das Publikum wahrnehmen« (Neidhardt 1994: 7).

Bevölkerungsmeinung und öffentliche Meinung sind daher zwei unterschiedliche Größen. Decken sie sich, entsteht im demokratischen System ein Druck auf EntscheidungsträgerInnen. Fallen sie weit auseinander und bleiben politische Korrekturen aus, kann es unter bestimmten Bedingungen zum Entstehen sozialer Bewegungen kommen, »[...] also zu Mobilisierungen von Publikumsgruppen mit dem Ziel, selber Zugang zu den Öffentlichkeitsarenen zu gewinnen, um die öffentliche Meinung, die Bevölkerungsmeinung sowie politische Entscheidungsprozesse zu ihren Gunsten zu beeinflussen« (Neidhardt 1994: 8). Aus öffentlichkeitssoziologischer Perspektive ist also die »Inszenierung öffentlich wahrnehmbarer Proteste« Hauptcharakteristikum sozialer Bewegungen (Neidhardt 1994: 32). Rucht folgert: »Um Gesellschaft zu verändern, müssen staatliche Entscheidungsträger unter Druck gesetzt werden« (Rucht 1994: 347). Dabei ist aber nicht die direkte Konfrontation zwischen sozialen Bewegungen und EntscheidungsträgerInnen, sondern erst ihre öffentliche Resonanz von verändernder Wirkung. Massenmedien spielen in diesem Prozess eine wichtige Rolle. Sie sind der »wichtigste vermittelnde Mechanismus«, ein »Forum der verbalen Auseinandersetzung« zwischen den AkteurInnen, deren Funktion in der Sichtbarmachung von Interaktionen und Auseinandersetzungen verortet werden kann (Rucht 1994: 346).

Aufgrund des Fehlens einer institutionellen Machtbasis ist die Mobilisierung von Unterstützung die Existenzbedingung sozialer Bewegungen (vgl. Raschke 1991: 33). Das Kommunikationsforum »Öffentlichkeit« wird zum entscheidenden strategischen Ansatzpunkt im Spiel um die Beeinflussung der öffentlichen Meinung. In diesem Sinne stellen Protestaktionen den Versuch dar, öffentliche Aufmerksamkeit zu erobern, Zustimmung für ihre Themen auszulösen und die öffentliche

---

keitsakteurInnen sprechen nicht mehr *das* Publikum, sondern bestimmte Zielgruppen im Publikum an. Dem zu Folge erscheint das Kommunikationssystem Öffentlichkeit als wenig produktiv und verliert sich aufgrund der multiplen Abhängigkeiten in kommunikativen Einbahnstraßen und Sackgassen (vgl. Neidhardt 1994: 36-38).

[2] Nach Peters und Neidhardt lassen sich Sprecher wie folgt unterscheiden: *RepräsentantInnen* von Interessensverbänden, *AdvokatInnen* (RepräsentantInnen von marginalisierten sozialen Gruppen), *ExpertInnen* aus Wissenschaft und Wirtschaft, *Intellektuelle* und *KommentatorInnen* (JournalistInnen, die über die Berichterstattung hinaus persönliche Kommentare geben) (vgl. Peters 1994: 57; Neidhardt 1994: 14).

Meinung nachhaltig zu verändern (vgl. Rucht 1994: 348; Neidhardt 1994: 34). Fazit der deutschen Bewegungsforschung: »Bewegungen müssen also Öffentlichkeit suchen, wollen sie auf politische Entscheidungsträger einwirken« (Rucht 1994: 348).

7.1.2. Gegenöffentlichkeiten und soziale Bewegungen

Alvarez/Dagnino/Escobar (2004) erkennen die Notwendigkeit, Bewegungsperspektiven um das *cultural-politics*-Paradigma zu erweitern. Sie betonen, dass Konzepte von politischer Kultur oft auf das dominante politische System fokussiert bleiben (siehe Kapitel 2.6.). Damit wird das Politische unhinterfragt als gegeben anerkannt. Die Diskussion der lateinamerikanischen Demokratien konzentriert sich daher vor allem »[...] auf die Stabilität formaler, repräsentativer politischer Institutionen und Prozesse« (Alvarez/Dagnino/Escobar 2004: 42). Alternative politische Kulturen und Projekte, die in der Praxis sozialer Bewegungen aufgebaut werden, finden in vielen politikwissenschaftlichen Analysen keinen Nährboden und geringe Wertschätzung.

Ähnlich verhält es sich mit dem Kommunikationsfeld »Öffentlichkeit«. Im Zeitalter der Informationsgesellschaft wirkt es verzerrend, nur die Interaktion von sozialen Bewegungen mit »offiziellen öffentlichen Umwelten« darzustellen (Alvarez/Dagnino/Escobar 2004: 47). Wir müssen vielmehr unseren Fokus neu justieren, um auch andere öffentliche Räume zu erfassen, die von sozialen Bewegungen (re-)konstruiert, angeeignet und benutzt werden. Fraser bezeichnet diese alternativen Räume als »subalterne Gegenöffentlichkeiten«. Dabei handelt es sich um »[...] parallele diskursive Schauplätze, in denen Mitglieder untergeordneter sozialer Gruppen Gegendiskurse erfinden und in Umlauf bringen, um so oppositionelle Interpretationen ihrer Identitäten, Interessen und Bedürfnisse zu formulieren« (Fraser 1993: 14; zitiert nach Alvarez/Dagnino/Escobar 2004: 47)

Wie bereits erwähnt, sind dominante Medienwelten von Machtstrukturen, ökonomischen Interessen und multiplen Abhängigkeiten durchtränkt. Ihr Fundament sind »first generation electrical forms of communication« wie Fernsehen und Radio (Rifkin 2007). Die Kommunikationsrevolution der 1990er Jahre lies jedoch eine zweite Generation von Informations- und Kommunikationstechnologien salonfähig werden: PCs, Internet und World Wide Web verkörpern seither das Nervensystem von Globalisierungsprozessen. Sah sich noch Anfang der 1980er Jahre das öffentlich-rechtliche Fernsehen durch die Einführung des Privatfernsehens in ihrer Monopolstellung bedroht, kreisen heutige Prognosen darum, ob das Massenmedium Fernsehen überhaupt überlebensfähig sein wird (und stellvertretend dafür auch andere konventionelle Massenmedien wie etwa Tageszeitungen). Die aus den angeknacksten dominanten Öffentlichkeiten erwachsenen neuen Freiräume ermöglichen es sozialen Bewegungen, Ausgrenzungen zu umgehen und den diskursiven Raum auszuweiten. Die »Vervielfältigung öffentlicher

Schauplätze« muss daher als integraler Bestandteil der Ausdehnung und Vertiefung der Demokratisierung gesehen werden (Alvarez/Dagnino/Escobar 2004: 47).

7.1.3. Öffentlichkeits- und Kommunikationsstrategien sozialer Bewegungen

Neue Informations- und Kommunikationstechnologien transformieren die Kommunikationsprozesse sozialer Bewegungen. Es entstehen neue technologisch-kommunikative Möglichkeiten der individuellen Einflussnahme auf die Konstruktion einer kollektiven Identität und eines kollektiven Handlungszusammenhangs. »Postmoderne« Kommunikationstechnologien erhalten somit als Mobilisierungsressource Bedeutung. Einerseits können sie dabei helfen, »[...] ein großes Netzwerk von Anhängern zusammenzuhalten und gegebenenfalls zu mobilisieren« (Rucht/Neidhardt 2001: 552). Darüber hinaus vereinfachen neue Mediensysteme die Binnenkommunikation von Netzwerken sozialer Bewegungen, was wiederum Auswirkungen auf Reichweite und Durchschlagskraft kollektiver Aktionen haben kann. Gleichzeitig wandeln sich die Kommunikationsstrategien von sozialen Bewegungen in Bezug auf das dominante politische System, das Publikum und konventionelle Medienwelten. Die neuen Informations- und Kommunikationstechnologien können je nach Zweck und Notwendigkeit in diversen Formen zum Einsatz kommen, um mit dominanten politischen Institutionen in Kontakt zu treten, mit dem Publikum zu interagieren oder konventionelle Massenmedien zu beeinflussen bzw. zu umgehen (vgl. Alvarez/Dagnino/Escobar 2004: 49; Escobar 1992: 406). Eine Vielzahl von Aktionsformen mit spezifischem *Framing* für unterschiedliche Phasen, Bewegungen, Zielgruppen, Situationen und Herausforderungen kommen zum Einsatz (vgl. Rucht 1994: 348) und markieren die »Rhetorik sozialer Mobilisierung« (Kitschelt 1999: 156).[3]

7.1.4. Überlegungen zu Mexiko im Speziellen und Lateinamerika im Allgemeinen

Europäische und modernisierungstheoretische AutorInnen neigen zu der eurozentrischen, aber für ihre Verhältnisse folgerichtigen Annahme, dass soziale Bewegungen und Protestaktionen, die nicht die Aufmerksamkeit der Massenmedien auf sich ziehen, keine große Wirksamkeit erzielen werden (vgl. Rucht 1994). Es gehe in westlichen Demokratien gerade darum, die Begrenztheit der Gegenöffentlichkeit zu transzendieren. Gegenöffentliche Schauplätze dienen vielmehr der Kommunikation innerhalb und zwischen sozialen AkteurInnen. In diesem Sinn

---

[3] Der *Framing*-Ansatz in der Bewegungsforschung untersucht die Konstruktion des Deutungsrahmens für die Legitimation des eigenen Handelns (siehe Kapitel 2.5.5.)

ist die Gegenöffentlichkeit ein »Ort der alternativen gesellschaftlichen Verständigung«, dient zur Sozialisierung von BewegungsakteurInnen, scheitert aber als Werkzeug zur Veränderung der »allgemeinen Öffentlichkeit« (Faschingeder/Strickner 2003: 165). Im Bezug auf die globalisierungskritischen Bewegungen resümieren Faschingeder/Strickner: »Die Globalisierungskritik wird sich selbst nicht überleben, wenn sie zuviel Energie auf ihre Gegenöffentlichkeit aufwendet. Gelingt es nicht, die Massenmedien zu erreichen, wird sie sektiererisch« (Faschingeder/Strickner 2003: 165).

Die Fragen, die sich aus dem zuvor Skizzierten für lateinamerikanische Verhältnisse ergeben, lassen sich anhand des Bezugssystems sozialer Bewegungen veranschaulichen. Zahlreiche Faktoren treten hier in veränderter Gestalt auf. Nehmen wir zuallererst das Fundament in der deutschen Bewegungsforschung: das politisch administrative System, den Staat. Um den Kampf um *die* Öffentlichkeit erfolgreich zu bestreiten, bedarf es nach Neidhardt einer wichtigen Voraussetzung. Politische Systeme müssen hinreichend demokratisiert sein, damit die Meinungen der BürgerInnenschaft ernst genommen werden. Sie wird von öffentlichen Meinungsbildungsprozessen als Publikum direkt adressiert und erhält folglich Einfluss als Elektorat. Damit erst erhält Öffentlichkeit ihren politischen Stellenwert (Neidhardt 1994).

Rucht betont, dass in »modernen« Gesellschaften, in denen die soziale Ordnung einer »politisch-rechtlichen Kodifikation« unterworfen ist und das staatliche Gewaltmonopol ihre Aufrechterhaltung garantiert, der Staat Dreh- und Angelpunkt von sozialem Engagement ist. Deswegen ist es nur logisch, wenn politische Öffentlichkeiten und soziale Bewegungen letztlich den Staat als Adressaten ihrer Bemühungen identifizieren (Rucht 1994: 347). Anhand der *cultural politics* sozialer Bewegungen in Mexiko wird aber ersichtlich, dass gerade der Mangel an demokratischer Legitimität staatlicher Institutionen, also der dominanten politischen Kultur mit ihrer in Abhängigkeit stehenden Öffentlichkeit, im Zentrum der Auseinandersetzungen steht. Die Forderung nach einer Demokratisierung der konventionellen Massenmedien kann in diesem Kontext eher als utopischer Traum bzw. analytischer Referenzrahmen verstanden werden und weniger als ernst zu nehmende politische Aspiration (vgl. Faschingeder/Strickner 2003: 165).

Die Handlungsdispositionen und sozialen Prozesse unterliegen in Lateinamerika also weitreichenden Umweltrestriktionen. Durch das Auseinanderklaffen von Bevölkerungsmeinung und vorstrukturierter öffentlicher Meinung bleiben politische Korrekturen aus. Indem der Zugang zum dominanten politischen System, zu unabhängigen Kontrollagenturen, zum öffentlichen Meinungsbildungsprozess und zum Kommunikationsforum Öffentlichkeit weitreichenden Limitierungen unterliegt, bleibt sozialen Bewegungen oft nur der Weg in die Zivilgesellschaft. Dort arbeiten sie am Aufbau alternativer politischer Kulturen wie subalternen Gegenöffentlichkeiten, durch die in letzter Instanz die dominanten Öffentlichkeitsarenen umgangen und Bevölkerungsmeinungen wie politische Prozesse selbst beeinflusst werden. Welche Potenz diese Gegenöffentlichkeiten entfachen können, unterliegt den jeweiligen politischen Möglichkeitsstrukturen (siehe Kapitel 2.5.2.). Der politische Möglichkeitsstrukturen-Ansatz in der Bewegungsforschung untersucht die äußeren Umstände und die soziale Umwelt, welche die Entwicklung von sozialen Bewegungen beeinflussen. Dabei werden die »Umweltrestriktionen von Bewegungsakteuren als Quelle von Handlungsdispositionen und sozialen Prozessen« analysiert (Kitschelt 1999: 148).

Ich unterscheide vier Strategien, wie soziale Bewegungen und Bewegungsparteien in Lateinamerika Öffentlichkeiten generieren, die sich je nach politischen Möglichkeitsstrukturen voneinander unterscheiden, aber derselben Dynamik unterliegen. Erstens kann es zum Aufbau eines medialen Subsystems durch Graswurzelinitiativen kommen, das durch Alternativmedien den Versuch startet, subalterne Gegenöffentlichkeiten aufzubauen und auszudehnen. Zweitens werden – wie in Venezuela – staatlich geförderte und instrumentalisierte Medienwelten und Öffentlichkeiten generiert, die von staatlichen Fernsehsendern (*Vive Tele* in Venezuela) bis zu kontinentalen Medienprojekten (*teleSUR*) reichen (siehe Dietrich 2008). TeleSUR ist ein multistaatlicher TV-Satellitensender, der sich als Kanal für die Integration Lateinamerikas versteht und als mediales Gegengewicht zu den privaten, nordamerikanischen Fernsehstationen CNN und Univisión als auch der britischen BBC konzipiert wurde (siehe URL 16). Tele Vive ist ein staatlicher Fernsehsender, der nach eigenen Angaben die Demokratisierung der audiovisuellen Kommunikation in Venezuela und Lateinamerika vorantreiben will. »En vive, los protagonistas son los miembros de la comunidad, el ciudadano común, los milliones de venezolanos y latinoamericanos invisibles para el imperialismo y sus medios de dominación cultural« (Bei vive sind die ProtagonistInnen Mitglieder der Communities, einfache StaatsbürgerInnen, Millionen von VenezuelanerInnen und LateinamerikanerInnen, die für den Imperialismus und seine Mittel der kulturellen Herrschaft unsichtbar sind; siehe URL 17). Drittens kommt es vor, dass sich soziale Bewegungen im Zuge von Protestzyklen der lokalen, regionalen oder staatlichen Medienmonopole bemächtigen und selbst organisiert weiterführen (wie dies im mexikanischen Bundesstaat Oaxaca bei der sozialen Bewegung »Versammlung der Bevölkerung Oaxacas« (APPO) der Fall war). Eine weitere Öffentlichkeitsstrategie sozialer Bewegungen zielt darauf ab, Bewegungsthemen in konventionellen Massenmedien zu platzieren, worauf vor allem reformistische Bewegungsstränge zurückgreifen.

Bei allen vier Varianten handelt es sich um Öffentlichkeitsstrategien von »machtorientierten Bewegungen« (Rucht 1994: 351). Machtorientierte Bewegungen gehen nach Rucht von instrumentellen Kalkülen und strategischen Überlegungen aus. Die massenmediale Öffentlichkeit wird zum zentralen Hebel, um eigenen Anliegen zur Durchsetzung zu verhelfen. Aufgrund der weitreichenden Umweltrestriktionen geht es in Lateinamerika aber nicht nur darum, auf dominante Öffentlichkeitsstrukturen einzuwirken, sondern auch, sich über den Aufbau von Gegenöffentlichkeiten nachhaltig bemerkbar zu machen. Unterschiedliche Varianten und Diskurse dieser alternativen Kommunikationsstrategien werden durch Möglichkeitsstrukturen bedingt, unterliegen aber der gleichen Dynamik, nämlich, subalterne Gegenöffentlichkeiten öffentliche Dominanz zu verschaffen um die dominante *political culture* zu verändern. Dieser Gedanke soll als analytischer Rahmen verstanden werden, der, befreit von seinem utopischen Mantel, dazu verwendet werden kann, die medialen Anstrengungen sozialer AkteureInnen zu charakterisieren.

In diesem Sinne stellt Rucht (1994) eine für diese Zwecke dienliche Hypothese auf. Er unterscheidet zwischen Öffentlichkeitsstrategien von alten und neuen sozialen Bewegungen. Die Arbeiterbewegung in der zweiten Hälfte des 19. Jahrhunderts bezog sich auf die »Doppelstruktur einer jeweils klassengebundenen bürgerlichen und proletarischen Öffentlichkeit« (Rucht 1994: 349). Die bürgerliche Öffentlichkeit symbolisierte für die ArbeiterInnenbewegung die Öffentlichkeit der Herrschenden, eine fremde, unzugängliche und feindliche Welt. Die Verbreitung von Mechanismen der Ausgrenzung, Verzerrung und Zensur gegen die systemverändernden Bestrebungen der ArbeiterInnenschaft waren typische Herrschaftsinstrumente der damaligen Eliten. Daher lag es nahe, eine breite parteipolitisch geprägte Gegenöffentlichkeit aufzubauen, die eigene Publikationsorgane, Filmproduktionen, Verlage und öffentlichkeitswirksame wie medial inszenierte Großveranstaltungen beinhaltete. Sozialpartnerschaft und Arbeitsfriede brachten in westlichen Ländern seit dem Ende des 2. Weltkrieges zunehmend soziale Sicherheit und politische Stabilität. Durch den steigenden Wohlstand wurden Interessenskonflikte zwischen ArbeitgeberInnen- und ArbeitnehmerInnenverbänden vermehrt am Verhandlungstisch gelöst. Die Konsenspolitik ließ die zwei divergierenden politischen Kulturen zu einer gemeinsam geteilten verschmelzen. Dadurch verblasste auch die ursprüngliche Grenzziehung zwischen der »klassengebundenen bürgerlichen und proletarischen Öffentlichkeit«. Die neuen sozialen Bewegungen traten somit in einer veränderten gesellschaftspolitischen Landschaft auf (siehe Kapitel 2.1.). Die Klassengegensätze waren entschärft, die demokratische Institutionenbildung vorangeschritten und der Rechtsstaat etabliert. Neue soziale Bewegungen prallten aber vom politischen Einflussbereich ab oder wurden in den politischen Mainstream inkorporiert. Sie konnten keine öffentlichen Gegenpole etablieren. Ihr emanzipativer Protest wurde von dominanten ÖffentlichkeitsakteurInnen in den öffentlichen Meinungsbildungsprozess selektiv integriert und erfuhr eine schleichende Depolitisierung. So kam es, dass in den 1980er Jahren die angesprochenen Problemlagen in den Mainstream sickerten und die neuen sozialen Bewegungen zunehmend als gesellschaftliches ›Normalphänomen‹ angesehen wurden (Roth/Rucht 1991: 12). Ihre Wege zur Gesellschaftsveränderung verliefen damit auf der politischen

Makroebene über Massenmedien und die Beeinflussung der öffentlichen Meinung, mit dem Ziel, in letzter Instanz politische EntscheidungsträgerInnen zu erreichen.

Für lateinamerikanische Verhältnisse bekommt Ruchts Hypothese eine neue Aktualität, wenngleich in veränderter Gestalt. Können wir in Venezuela Strategien von parteipolitischen und staatlich geförderten »proletarischen Öffentlichkeiten« erkennen, kämpfen Gegenöffentlichkeiten in anderen lateinamerikanischen Ländern mit weniger produktiven Umweltbedingungen. Das Beispiel Mexiko zeigt uns, wie die durch subalterne Gegenöffentlichkeiten kommunizierten *cultural politics* sozialer Bewegungen jenseits von parteipolitischem Mainstream agieren und neue öffentliche wie diskursive Räume (zurück-)erobern.

7.2. (Alternativ)Medien, Virtuelle Netzwerke und Globalisierung

Digitale Technologien transformieren den Handlungsspielraum und das Protestrepertoir sozialer Bewegungen sowie die öffentlichen Schauplätze, in denen sie sich bewegen und kommunizieren. Neue Medien werden durch das Internet zu massenmedialen Kommunikationsträgern. Interaktion, Multimedialität, Ortsunabhängigkeit und Vernetzung sind Charakteristika des Internets. Es erlaubt dem Einzelnen, in Geschehnisse einzugreifen und an politischen Entscheidungsfindungsprozessen mitzuwirken, die sonst außerhalb seiner Reichweite liegen (Bräuchler 2006: 85). Aber auch vor Ort, also in der »Offline-Ebene« (Bräuchler 2006: 100), erhalten die kostengünstigen digitalen Kommunikationstechnologien eine neue Bedeutung. *Comunicación popular* (populare Kommunikation, Basiskommunikation bzw. Basismedien) und *educación popular* (populare Bildung, Bildung von unten bzw. Bildung als Praxis zur Freiheit)[4] erhalten neue, schnell einsetzbare und einfach zu bedienende Werkzeuge. Damit können qualitativ hochwertige Produktionen mit geringerem Aufwand realisiert werden. Das emanzipatorische Ziel rückt in Reichweite, »[...] den Menschen die Medien in die Hände zu geben« (Rodríguez 1994: 149). Neben der Produktion, kann gleichzeitig auch die Verbreitung und Vermarktung der eigenen Interessen und Themen vereinfacht durchgeführt werden. Laptop und Beamer reichen aus, um Filmvorführungen an öffentlichen Plätzen mit anschließender Diskussion zu veranstalten. Live-Radiosendungen dringen mittels Lautsprecher in Nachtbarschaften. Videoproduktionen mit Bewegungsinhalten wandern durch globale Filmlandschaften, und über das Internet werden die eigenen Anliegen inszeniert und einem weltweiten Publikum zugänglich gemacht.

Zwischen Information und Kommunikation, durch Blogs, Chatrooms, YouTube, Newsletter und Social Networks aller Arten, formieren sich neue transnationale

4 »Die populare Bildung ist eine intentionale erzieherische Erfahrung, die den Subjekten ein Bewusstsein über ihre Situation und die Möglichkeiten, diese zu verändern, näher bringt« (Peppino Barale 1999: 66-67).

Identitäten, Netzwerke und Online-Gemeinschaften. Cyberactivism, Cyberware und Open Source sind Schlagworte dieser politischen Prozesse im WWW. Der Zentralisierung von mächtigen Öffentlichkeiten kann eine »digital democracy« (Lins Ribeiro 1998: 343) entgegengesetzt werden, die im Cyberspace einer globalisierten Welt die cultural politics von kollektiven und individuellen sozialen AkteurInnen verändern.[5] Nach Lins Ribeiro (1998: 328) sind die zwei prägnanten Charakteristika transnationaler Netzwerkarbeit »witnessing at distance« (Distanzbeobachtung) und »activism at distance« (Distanzaktivismus). Lokale soziale Bewegungen verbinden sich über das Internet mit transnationalen und globalen »flows«. Diese Verbindungen bewirken die Entwicklung einer *transnationalen Protestkultur* und führen zur Transnationalisierung lokaler Protestkulturen, die wiederum in wechselseitiger Resonanz stehen. Zugleich fördern sie die Konstitution von »elektronischen Solidaritätslandschaften« (Budka 2004: 40). »Computer networks undoubtedly enhance the capabilities of political activists. They allow virtual coalitions, a swift and inexpensive means of communication with global capillarity, and data availability that multiplies the opportunities for individuals and groups to denounce, articulate, and campaign. The virtual communities that networks create are powerful weapons for generating transnational solidarity on many pressing issues« (Lins Ribeiro 1998: 342-343).

Soziale Bewegungen können »als mobilisierte Netzwerke von Netzwerken« (Neidhardt 1985: 197) betrachtet werden. Castells charakterisiert Netzwerke als offene Strukturen, die sich grenzenlos ausdehnen können, solange die Kommunikation innerhalb des Netzwerkes aufrechterhalten werden kann (vgl. Castells 1996: 470). Daher kommt der Binnenkommunikation innerhalb dieser Netzwerke eine herausragende Bedeutung zu. Globalisierungsprozesse und die Kommunikationsrevolution der 1990er Jahre im Speziellen sind daher auch Voraussetzung für das Entstehen einer weltweit vernetzten globalisierungskritischen Bewegung geworden. Virtuelle Netzwerke und die Explosion ihrer physischen Manifestation seit Mitte der 1990er Jahre, also die Entstehung von Sozialforen und Netzwerktreffen aller Arten, wären ohne diese Kommunikations- und Konstruktionsleistungen nicht denkbar.[6] Speziell das Internet ermöglicht unter diesen Bedingungen die Entstehung von imaginierten virtuellen Gemeinschaften. Bräuchler verweist auf das

---

[5] »Cyberspace is thus the universe a user enters when plugging into a network. There, the user will not only feel within a high-tech virtual world but will also meet other users, norms, worldviews, procedures, and discourses that comprise a cyberculture subdivided into many different subcultures« (Lins Ribeiro 1998: 329).

[6] Die Logik der Netzwerke produziert natürlich auch neue Ungleichheiten, neue Eintrittsbarrieren und Zugangsbeschränkungen. »Transnationale Netzwerke sind keinesfalls hierarchiefreie Gebilde, sondern sie reproduzieren das Spannungsverhältnis zwischen Mächten, Gegenmächten und Herrschaftsverhältnissen unter räumlich und zeitlich entgrenzten Bedingungen« (Boehme/Walk 2002: 19).

»Imaginationsprinzip« als entscheidende Komponente für die im Internet konstituierten sozialen Räume (Bräuchler 2006: 86). Konzeptionell bezieht es sich auf den Begriff *imagined worlds* des indischen Anthropologen Appadurai (1996), der Imagination für die Bedeutung von Örtlichkeit in einer enträumlichten, globalisierten Welt hervorhebt (siehe Kapitel 2.4.). Es entstehen »[...] multiple Welten, die konstituiert werden durch die historisch verankerten Imaginationen von über die Welt verteilten Personen und Gruppen« (Appadurai 1996: 33; zitiert nach Bräuchler 2006: 86). Imaginierte Gemeinschaften sind nicht irreal, sondern implizieren, dass Vergemeinschaftung auf eine andere Weise und auf einer anderen Ebene stattfindet. Die Beziehung zu konkreten Lokalitäten ist aber zumeist gegeben. Im Cyberspace kommt es zu einer Wiederverortung von delokalisierten Ereignissen und deterritorialisierten Gemeinschaften (vgl. Bräuchler 2006: 87).

Die Kultur- und Sozialanthropologie versteht es, durch ihre methodische Spezialität der teilnehmenden Beobachtung einer Online-Erforschung von multiplen globalisierten Räumen ihre Offline-Ebene entgegenzuhalten. Damit entsteht die Möglichkeit, die »interaktiven Entstehungsbedingungen« von Texten und multimedialen Produktionen ins analytische Visier zu nehmen (Wernhart/Zips 2001: 27). Denn hinter den multimedialen Manifestationen subalterner Gegenöffentlichkeiten arbeiten Menschen mit knappen Ressourcen, aufopferndem Engagement und unterschiedlichen persönlichen Erfahrungen, strukturieren soziale Dynamiken die Felder, herrschen Machtverhältnisse und formen politische Möglichkeitsstrukturen Kommunikations- und Öffentlichkeitsstrategien sozialer AkteurInnen.

7.3. Mediale Prozesse in Mexiko: Der zivile Zapatismus

Nationale Kampagnen zur Belebung der mexikanischen Zivilgesellschaft und Versuche landesweite Oppositionsbündnisse zu initiieren, vertiefen seit dem Beginn der zapatistischen Aktivitäten den Demokratisierungsanspruch der EZLN (vgl. Kerkeling 2003: 193-209). Ihre Bemühungen drehen sich um alternative Demokratieentwürfe (vgl. Alvarez/Dagnino/Escobar 2004: 31), denn ohne die Veränderung der dominanten politischen Kultur ist eine nachhaltige Umsetzung der zapatistischen Forderungen nicht durchführbar. Die Sechste Erklärung aus dem Lakandonischen Urwald und die Andere Kampagne, der Aufbau einer nationalen, außerparlamentarischen und antikapitalistischen Bewegung, müssen in diesem Licht gesehen werden. Die Dreiteilung des zapatistischen Aktionsrahmens – in lokal, national und transnational – offenbart auch die unterschiedlichen Kommunikationsstrategien der EZLN (siehe Kapitel 6.). Auf lokaler Ebene sind die Kommunikationsprozesse innerhalb der autonomen Territorien von zentraler Bedeutung. Die Binnenkommunikation zwischen den TeilnehmerInnen und der Aufbau von subalternen Gegenöffentlichkeiten sind strategische Notwendigkeiten der Anderen Kampagne. Die politische Prozession der Anderen Kampagne ist die sichtbare Manifestation einer enormen Kommunikationsleistung, die sich via virtueller subalterner Gegenöffentlichkeiten, gepaart mit logistischen Glanzleistungen, ihren Weg aus dem Schatten medialer Dominanz erkämpft. Auf transnationaler Ebene kümmert sich die »Intergalaktische Kommission« um den internationalen Austausch von sozialen Bewegungen. Sie wird nach dem Rotationsprinzip und momentan von Oberstleutnant Insurgente Moisés geleitet. Bei der intergalaktischen Kommission handelt es sich »[...] um eine Arbeitsgruppe von Kommandanten und Kommandantinnen des CCRI-CG der EZLN, mit zusätzlicher Unterstützung der Sechsten Kommission der EZLN« (CCRI-CG 2005a). Ihr Ziel ist es, gemeinsam mit den *adherentes* (AnhängerInnen) auf der ganzen Welt die Konzeption, Organisation und Realisierung der in der Sexta verlautbarten intergalaktischen Treffen zu unternehmen. Die globale Kommunikation läuft über den Cyberspace, wofür die Webseite URL 18 eingerichtet wurde. Die erste Online-Befragung wurde zwischen 1. Dezember 2005 und 30. Juni 2006 durchgeführt und sollte thematische Vorschläge zum kommenden »Intergalaktischen Treffen« sammeln. In dieser Zeit registrierten sich 2.173 internationale AnhängerInnen der Sexta aus 61 Ländern und 5 Kontinenten auf der Homepage. In Zukunft sollen auf allen fünf Kontinenten »Intergalaktische Kommissionen« gebildet werden, um die transkontinentalen Kommunikations- und Artikulationsprozesse zu verbessern. Neben dem virtuellen Raum steht im Caracol von La Realidad Platz für den direkten Austausch des internationalen Bewegungsnetzwerkes zur Verfügung. Diese transnationale Bewegungsstrategie baut auf den »intergalaktischen« Treffen gegen Kapitalismus und Neoliberalismus auf. Sie läuteten vor zehn Jahren einen »neuen Kommunikations- und Mobilisierungsprozess« lateinamerikanischer und globaler Linker ein (Kerkeling 2003: 201). Das letzte transnationale Treffen fand vom 21. bis 31. Juli 2007 statt: »Segundo Encuentro de los Pueblos Zapatistas con los Pueblos del Mundo« (Das zweite Treffen der zapatistischen Gemeinden mit den Völkern der Welt).

Die von der EZLN eingeleiteten Demokratisierungs- und Mobilisierungsprozesse können als Versuche gedeutet werden, die Aneignung und Vermehrung multipler öffentlicher Räume durch subalterne AkteurInnen zu dynamisieren. Die diesen zugrunde liegenden Kommunikationsprozesse basieren auf vernetzten subalternen Gegenöffentlichkeiten, die sich aufgrund der publizistischen Isolierung durch dominante mexikanische Medien formierten. Kommuniqués, Briefe und Initiativen der EZLN werden in den mexikanischen Medien – mit Ausnahme der Tageszeitung *La Jornada* – kaum veröffentlicht und behandelt. Durch die Unterstützung zahlreicher SolidaritätsaktivistInnen finden sie mit Hilfe des Internets dennoch ihren Weg aus der Zensur, treffen auf interessierte *user* aus allen Kontinenten und lassen nationale wie internationale Kommunikationskanäle wie »Solidaritätslandschaften« entstehen (Budka 2003: 40). Wie Huffschmid betont, handelt es sich bei der EZLN dennoch nicht um eine »Medien- oder

Cyberguerilla«, da ihre Stellungnahmen eher von außen als von der Guerilla selbst veröffentlicht und verbreitet wurden (Huffschmid 2004). Vielmehr sei die EZLN als Diskursguerilla zu bezeichnen, da ihre wesentliche Waffe die Sprachpoesie ihres gesprochenen und geschriebenen Wortes ist. Trotzdem lässt sich erkennen, dass die EZLN, im Zuge der Konsolidierung ihrer eigenen Basis und ihrer Erfolge im Kampf gegen die strukturelle Marginalisierung, die kommunikations- und informationstechnologische Infrastruktur auszubauen versucht: Multimediale Produktionsstätten und Internetanschlüsse in zapatistischen Regierungsorten nehmen zu, der zapatistische Radiosender *Radio Insurgente* verfügt über eine eigene Webseite (URL 19), und eine Webseite für die Andere Kampagne wurde eingerichtet, auf der es heißt: »Está es la bitácocara en línea de la Comisión Sexta del Ejército de la Liberación Nacional« (Das ist der Online-Blog der Kommission *Sexta* der EZLN; URL 20).

7.3.1. Subalterne Medienlandschaften in Mexiko[7]

Die Pionierin im Aufbau elektronischer Netzwerke für NGOs ist die *Association of Progressive Communication* (APC). Sie wurde im Mai 1990 mit dem Ziel gegründet, die Operationen und Entwicklungen von sieben unabhängigen Computernetzwerken (Institute for Global Communications (USA); Greenet (England); Pegasus (Australien); Web (Kanada); Nicarao (Nicaragua); Nordnet (Schweden); Alternex (Brasilien)) zu koordinieren und die Entstehung von weiteren Netzwerke anzukurbeln. Seither haben sich der Vereinigung weitere Netzwerke angeschlossen, darunter 1993 das mexikanische Computernetzwerk LaNeta. »It is the largest global computer networking system dedicated to social and environmental issues and to enhancing the effectiveness, organizational ability, and capacity of NGOs... The APC maintains a multinational political structure that promotes transnational forms of political integration within the cyberspace« (Lins Ribeiro 1998). Budka betont, dass APC und LaNeta die Nutzung elektronischer Kommunikationsmittel durch NGOs in einer Zeit ermöglichten, in der es noch kaum kommerziell günstigen Zugang zum Internet gab. Diese elektronische Infrastruktur wurde auch in der Anfangszeit der zapatistischen Aktivitäten dazu genutzt, Nachrichten der EZLN zu verbreiten (vgl. Budka 2003: 37-38). Ein weiteres Beispiel für digitale Infrastruktur in Mexikos Bewegungslandschaften ist der autonome Server *possible worlds* (URL 21). Er bietet virtuellen Platz und Sicherheit für

[7] Der von mir verwendete Begriff »Medienlandschaften« bezieht sich hier eher zufällig, aber treffend auf den Begriff der »Mediascapes« des indischen Anthropologen Appadurai, der darunter »[...] die Verteilung der elektronischen Fähigkeit zur Produktion und Verbreitung von Informationen (über Zeitungen, Magazine, Fernsehstationen, Filmproduktionen)« versteht, die mittlerweile weltweit für eine wachsende Anzahl von privaten und öffentlichen AkteurInnen verfügbar ist (Appadurai 1996; zitiert nach Budka 2003: 34)

Homepages von sozialen AkteurInnen, die aufgrund ihrer Aktivitäten besonders von Zensur und *Cyber-Counterinsurgency* im Cyberwar betroffen sind.

Die EZLN initiierte 1997 durch die »4. Deklaration aus dem lakandonischen Urwald« die Gründung der FZLN (Zapatistische Front der Nationalen Befreiung). Sie fungierte als politischer Arm und Logistik- wie Koordinationszentrum der EZLN in Mexiko Stadt. Lins Ribeiro bezeichnet die FZLN als »localized global movement«, die dank ihrer Fähigkeiten im Umgang mit Massenmedien, vor allem dem Internet, dazu fähig war »[...] die Forderungen der EZLN zu *deterritorialisieren* und einem viel breiteren Publikum zugänglich zu machen« (Lins Ribeiro 1998: 348).[8] Die erste offizielle Seite der EZLN war URL 23, die den »zapatistische Marsch für die indigene Würde« im Jahr 2001 virtuell begleitete. Wie bereits erwähnt, besitzen mittlerweile der Radiosender der EZLN, *Radio Insurgente* sowie die Andere Kampagne eigene Homepages. Dazu gesellt sich der sukzessive Ausbau medialer Infrastruktur in zapatistischen Territorien, wie die Errichtung des Internetcafes *Cyber Pozole* im zapatistischen Caracol *Resistencia Hacia un nuevo amanecer* (Widerstand für einen Neuen Morgen).

Autonome und freie Radiostationen nehmen einen wichtigen Platz in subalternen Medienlandschaften Mexikos ein. Speziell seit Beginn des neuen Millenniums nimmt ihre Zahl aufgrund der neuen Kommunikationstechnologien zu. So fungierte zum Beispiel das freie studentische Radio *Pacheco* während des Uni-Streik an der UNAM 1999/2000 in Mexiko Stadt als wichtiges Kommunikationsmedium. Heute sendet es online unter dem Namen *Regeneración Radio* (URL 23).

Zahlreiche Internetplattformen liefern die alternative Berichterstattung über soziale Prozesse in Mexiko. Prominenter Vertreter ist *Indymedia* Mexiko, das 1999 in Chiapas seinen Anfang nahm (URL 24). Auch als *Independent Media Center* (IMC) bekannt, umfasst es ein globales Netzwerk von unabhängigen MedienaktivistInnen und JournalistInnen. Indymedia wird zum Graswurzel-Journalismus gezählt, auch partizipativer oder BürgerInnen-Journalismus genannt, der durch das Internet und den damit verbundenen Publikationsmöglichkeiten neues Potenzial entfachte. Die Berichte der fliegenden ReporterInnen von *Narconews* (URL 25), der »Anderen JournalistInnen«, erhielten, gerade während der Anfangszeit der Anderen Kampagne und während der Konflikte in San Salvador Atenco und Oaxaca, besondere Bedeutung. Ein weiteres autonomes Medienzentrum, das subalterne Gegenöffentlichkeiten mit Informationen versorgt, ist *Vientos* (URL 26).

Das Netzwerk RMALC (Mexikanisches Aktionsnetzwerk gegen den Freihandel, URL 27) mit Sitz in Mexiko Stadt und das chiapanekische Forschungszentrum CIEPAC (URL 28) publizieren regelmäßig über soziale, politische und ökonomische

---

[8] Aufgrund der Lancierung der Anderen Kampagne löste sich die FZLN (siehe URL 22) als Organisation auf und gab ihr Mandat der EZLN auf Abruf zurück.

Prozesse in Mexiko und Lateinamerika, vertreiben diese Informationen über Newsletter und verfügen über ein virtuelles Archiv, auf das AktivistInnen weltweit zugreifen können. Sie übernehmen die Funktion, eine intellektuelle Infrastruktur aufzubauen, die fachlich fundierte, aber breit diskutierte Alternativen erarbeitet, um die kritischen und radikalen Teile der Gesellschaft inhaltlich zu stärken (vgl. Faschingeder/Strickner 2003: 163). Da der Zugang und die populare Aufbereitung von Informationen Hauptarbeitsbereich von CIEPAC ist, werden Videos, Bücher, Broschüren und Hörspiele produziert, die im Sinne einer »educación popular« (Peppino Barale 1999: 66) in die Communities gelangen, aber auch über alternative Netzwerke weltweit verbreitet werden. Ein weiteres Hauptaugenmerk von CIEPAC ist es, die Entstehung von Netzwerkprozessen zwischen sozialen AkteurInnen selbst zu unterstützen. Dies geschieht über die Bereitstellung von Infrastruktur, durch logistische Unterstützung, Vernetzung, Wissensvermittlung und Weitergabe von Fachkompetenzen.

Das *Chiapas Media Project* arbeitet daran, indigenen und bäuerlichen Gemeinden Kommunikationstechnologien zugänglich zu machen, um die einseitige und verzerrte Repräsentation durch eigene Produktionen zu umgehen. Ihr Projekt besteht darin, Communities in den Bundesstaaten Chiapas und Guerrero mit Video- und Computer-Equipment auszustatten und die notwendigen Fähigkeiten für Videoproduktionen zu vermitteln. »The Chiapas Media Project is currently distributing 16 indigenous productions worldwide« (URL 29).

In verschiedenen Städten entstehen zapatistisch orientierte und inspirierte Internetcafes, die Solidarität mit den zapatistischen Gemeinden in Chiapas auf vielfältige Weise praktizieren. Gleichzeitig wird damit ein eigener Raum des Widerstandes geschaffen, ein »Handlungs- und Vergemeinschaftungsraum«, ein »physischer Ort von Autonomie«, der Unabhängigkeit bietet, außerhalb des politischen und des Parteiensystems entsteht und ein soziales Experimentierfeld verkörpert (vgl. Blank 2004: 187-190). Durch seine virtuelle Komponente transzendiert er gleichzeitig das Lokale und verortet sich in nationalen wie transnationalen Bewegungslandschaften. So finden wir unter anderen in Mexiko Stadt das Internetcafe *Smaliyel* und in Veracruz das Internetcafe *Caracol Veracruzano*.

Blogs von kleinen *Colectivos* berichten über die zivile zapatistische Bewegung und soziale Prozesse (wie z.B. URL 30). Netzwerke wie die mexikanische Allianz für die Selbstbestimmung der Völker (AMAP), *die* nationale Plattform von zivilgesellschaftlichen Initiativen gegen den Puebla-Panama Plan, COMDA (die Koalition mexikanischer Organisationen für das Recht auf Wasser) oder MAPDER (die mexikanische Bewegung von Staudammprojektbetroffenen und zur Verteidigung der Flüsse) haben Internetauftritte und kommunizieren über Newsgroups (siehe Kapitel 4.7.). Von unwirklichen Bewegungsorten wird live ins Internet gestreamt, und die Deklarationen von Sozialforen zirkulieren fast druckfrisch im WWW. Videobotschaften und aktuelles, multimedial aufbereitetes

Infomaterial wird auf Netzwertreffen vorgeführt und verbreitet. Auch das Videoportal *YouTube* wird genutzt, um Bewegungsthemen mittels Kurzvideos einer weltweiten virtuellen Fernsehgemeinschaft zugänglich zu machen. Die Linke Tageszeitung *La Jornada*, die als einziges konventionelles Massenmedium in Mexiko Bewegungsinhalte konsequent aufbereitet, verfügt neben ihrer linken Publikationsreihe mittlerweile über ein eigenes Internetfernsehportal »La Jornada TV«. Die Magazine *Contrahistorias*, *La Guillotina* oder die bekannte zapatistische Zeitschrift *Rebeldía* (URL 31) sind nur einige der existierenden Printmedien, welche die hier vorgestellte bunte Vielfalt an multimedialer Infrastruktur zur Ausbildung einer breiten subalternen Gegenöffentlichkeit komplettieren, die, aufgrund der rigiden Zugangsbeschränkungen zu den klassischen Massenmedien wie Presse, Hörfunk und Fernsehen, also der dominanten mexikanischen Publizistik, entstanden ist.

8. Resümee

Während das globale Kapital und die nationalstaatlich organisierte internationale Politik die Prämissen der Weltordnung ausverhandeln und die Spielregeln für eine globale politische Kultur bestimmen, entsteht in deren Schatten die »grassroots globalization« oder »globalization from below« (Appadurai 2001: 18). Ihre tragenden Säulen sind soziale Bewegungen, Basisinitiativen, lokal und regional agierende NGOs und transnationale Advocacy Netzwerke. Sie leisten gegen die negativen Auswirkungen der neoliberalen Globalisierung Widerstand, federn die zunehmenden sozialen Ungleichheiten ab, beeinflussen die dominante politische Kultur, initiieren lokale Demokratisierungsprozesse, verorten sich in transnationalen Politikarenen und arbeiten vernetzt an alternativen sozialen Integrations-, Globalisierungs- und Gesellschaftsmodellen. Damit geht ihre Opposition weit über den Widerstand und die Ablehnung der herrschenden Politik hinaus. Sie sind proaktive Gestalter soziopolitischer Realitäten und Motoren der Gesellschaftsveränderung. Sikkink (2002) und Brysk (2000) streichen heraus, dass AkteurInnen der (globalen) Zivilgesellschaft die Fähigkeit besitzen, auf die internationale Politik Einfluss zu nehmen und sie mitzugestalten. Diese »Restrukturierung« der Internationalen Beziehungen (Sikkink 2002) geschieht über die Veränderung der Normenstruktur der globalen Ordnungs- und Strukturpolitik (*global governance*). Ideen und Normen entstehen aus politischen Kämpfen. Netzwerke bilden einen alternativen Rahmen für Bedeutungskonstruktionen, mit denen dominante soziale Codes herausgefordert werden, schaffen das Fundament für die Formierung einer Gemeinschaftsidentität und die Realisierung von kollektiven Aktionen. Soziale Kämpfe drehen sich also um die Definitionsmacht von Bedeutungen. Kultur ist demnach immer politisch, weil die Bedeutungsproduktion in Machtverhältnissen eingebettet liegt (Alvarez/Dagnino/Escobar 2004). Brysk (2000) betont, dass normative Infragestellung und Anfechtung – trotz ihrer Grenzen – politische Institutionen und die dominante politische Kultur transformiert. Die Erosion und Entwicklung von Werten, Symbolen, Gewohnheiten und Diskursen steht im Zentrum dieser Transformation. Neoliberale Globalisierungsprozesse führen diesbezüglich nicht zu Homogenisierung und Uniformierung. Auf gesellschaftliche Fragmentierung, Säkularisierung, Deterritorialisierung, Privatisierung und Individualisierung reagieren soziale Bewegungen weltweit mit alternativen Lebensprojekten. Menschenrechte, Umweltschutz, Autonomie und soziale Gerechtigkeit sind die alles bestimmenden Werte, die zum normativen Referenzrahmen der *cultural politics* von sozialen AkteurInnen geworden sind (Nash 2005a). Neoliberalismus ist das Schlagwort für diese ökologische, ökonomische, soziokulturelle und gesellschaftspolitische Umstrukturierung der Gegenwartsgesellschaften. Herrschaftsverhältnisse scheinen sich aus den Staatsapparaten in die Menschen und ihre zivilgesellschaftlichen Manifestationen zu verlagern (Kastner 2008). Die individuelle und zivilgesellschaftliche Selbstdisziplinierung funktioniert nach dem Panopticon-Prinzip des britischen Philosophen Jeremy Bentham. Die Internalisierung von Ordnungs- und Herrschaftsverhältnisse – also vom soziokulturellen Programm des Neoliberalismus – ist »Bestandteil der Sicherung gesellschaftlicher Machtverhältnisse« (Kastner 2008: 14). Dieser Prozess muss kritisch reflektiert bleiben, da die zunehmende Marktförmigkeit sozialer Prozesse den Kampf um die Vertiefung der Demokratie verzerren kann. Denn vielerorts wird selbst um die Definition dessen gerungen, was das Politische ausmacht. Und wer die Definitionsmacht über »das Politische« ausübt, bestimmt das Beziehungsverhältnis zwischen Staat und Zivilgesellschaft – also die Bedingungen, unter welchen Menschen an Demokratie teilnehmen können (Yashar 2005). Nur die Redefinition dieser Beziehung ist Prämisse für nachhaltige Gesellschaftsveränderung und deswegen Dreh- und Angelpunkt von zivilgesellschaftlichem Engagement. Geschlossene politische Systeme drängen soziale AkteurInnen in die Illegalität und zum Aufbau von gesellschaftspolitischen Alternativen außerhalb der dominanten politischen Kultur eines Landes. Offene politische Systeme ermöglichen die Entwicklung einer lebendigen Zivilgesellschaft und direkte Beteiligung an einem »demokratischen Nationalprojekt« (López y Rivas 2004a: 72). Die Konfiguration der globalisierungskritischen Bewegungslandschaft ermöglicht in beiden Fällen die Vertiefung der Demokratie durch die Erschließung von neuen Politikarenen und die Ausweitung des Protestrepertoires. Durch die Interaktion mit institutioneller Politik entsteht die Notwendigkeit, den Wandel von der Opposition zu politischen EntscheidungsträgerInnen zu meistern. Denn nur durch einen gewissen Pragmatismus lässt sich die eigene Vision erden, die negativen Auswirkungen der neoliberalen Globalisierung dämpfen, die Demokratie vertiefen, Selbstbestimmung fördern und die Zivilgesellschaft entwickeln (vgl. Brysk 2000: 286-287). Internationale NGOs, transnationale Netzwerke, zivilgesellschaftliche Koalitionen und soziale Bewegungen befinden sich in einem Dilemma. Einerseits schaffen sie es, neue Diskursfelder, Ideen und Normen politikfähig zu machen, erweitern die demokratische Verantwortlichkeit des Staates und beeinflussen das internationale Politikgeschehen. Sie üben informelle oder kommunikative Macht aus, die je nach politischen Möglichkeitsstrukturen und Aktionsformen das Ziel verfolgt, Diskurse und Praktiken zu verändern (vgl. Sikkink 2002: 303-306). Neue Themen werden in nationalen und internationalen Politikagenden positioniert, SchlüsselakteurInnen mit Informationen versorgt und neue Normen und Diskurse publiziert sowie in Umlauf gebracht. Oft sind es Opfer der Globalisierung und ProtagonistInnen sozialer Kämpfe, die neue Normen in authentischer Weise auf internationalen Foren artikulieren. Andererseits müssen NetzwerkakteurInnen aufgrund der fehlenden formalen Charakteristika interne Machtasymmetrien und Demokratiedefizite thematisieren und überwinden. »The dilemma that transnational NGOs, networks, and movements face is how to continue to pragmatically pursue their policy agendas at the same time that they work to enhance, to the degree possible, their own internal democratic practices and the representation and accountability of the transnational network sector« (Sikkink 2002: 316).

Der Fokus des Buches liegt auf Netzwerkprozessen von sozialen AkteurInnen in Lateinamerika. Netzwerke sind auf allen Ebenen – der lokalen, nationalen und transnationalen – Voraussetzung zur Mobilisierung. Lokale Netzwerke von Menschen und Communities bilden das Bewegungsmilieu, in dem sich Bedeutungslandschaften entfalten und sich der kollektive Identitätsbildungsprozess einer Bewegung vollzieht. Bedeutungen werden in der alltäglichen Praxis konstruiert, umkämpft, herausgefordert, internalisiert und formen die Identität des Individuums. Die unterschiedlichen individuellen Perspektiven fügen sich durch einen gemeinsamen Verhandlungsprozess zu einer kollektiven Identität. Diese Plattform der Differenz ist Voraussetzung für kollektive Aktionen, die Manifestation von politischen Forderungen, soziokulturelle Innovationen und gesellschaftspolitische Alternativprojekte. Auf translokaler wie nationaler Ebene lassen Netzwerke, Koalitionen und Allianzen zwischen Basisinitiativen, indigenen Communities, sozialen Bewegungen, Gewerkschaften, Kirchen und NGOs einen übergeordneten Identifikationsprozess entlang gemeinsam geteilter Problemlagen, Erfahrungen und Aktionsformen zu. Dieser kann die Formierung von »pluralen popularen Bewegungen« beflügeln und nationale Demokratisierungsprozesse dynamisieren (Albro 2005: 254). Nationale Bewegungen müssen als ein pluralistischer Anerkennungs- und Artikulationsprozess von unterschiedlichen konstituierenden Netzwerken analysiert werden, die zusammen an einem größeren politischen Gebilde teilhaben. Transnationale Sozialforen sind lose Bewegungsnetzwerke, deren Funktion in symbolischen, diskursiven und identitätsstiftenden Politikelementen und weniger in der kollektiven Handlungsfähigkeit liegt. Sie spielen für die Entwicklung einer transnationalen Protestkultur, die Verflechtung zu einer transnationalen Bewegungslandschaft und damit zur regionalen bzw. globalen Integration subalterner Widerstände eine wichtige Rolle. Durch die multiplen Begegnungen von unterschiedlichen sozialen AkteurInnen mit ähnlichen Arbeitsagenden können transnationale Sozialforen gleichzeitig Entstehungsgrundlage für stärker strukturierte und handlungsorientierte AktivistInnennetzwerke sein, die sich entlang geteilter Problematiken, Werten oder Protestmethodiken bilden. Die Erfolge dieser transnationalen Advocacy-Netzwerke wirken wiederum stärkend auf die imaginierte Gemeinschaftsidentität der transnationalen Bewegung zurück. *Political entrepreneurs* und charismatische Führungspersönlichkeiten sind auf allen Ebenen für die Organisations-, Vernetzungs-, Mobilisierungsarbeit von zentraler Bedeutung. Sie verfügen über organisatorische Kompetenzen und persönliche Kontaktnetzwerke, versorgen BewegungsteilnehmerInnen mit kritischen Informationen, unterstützen die Vernetzung von sozialen AkteurInnen und produzieren wie inszenieren mobilisierungsfähige *frames*. BewegungsunternehmerInnen sind personifizierte Schnittstelle zwischen Lokalem und Globalem und eröffnen den Raum zu weltweiten, oft virtuellen, AktivistInnennetzwerken. Durch die Interaktion und Verschachtelung der genannten Ebenen kommt es zum spannungsgeladenen Zusammenspiel unterschiedlicher Politikarenen mit ihren differierenden und komplexen Anforderungen an die sozialen AkteurInnen. Sie sind gefordert, zwischen lokalen, nationalen und transnationalen Interventionsebenen zu switchen, um ihren Anliegen zum Durchbruch zu verhelfen. Die Eingebundenheit in transnationale Bewegungsnetzwerke, die Fähigkeit zum *Scale Jumping* und zur strategischen Verknüpfung der unterschiedlichen Politikarenen sind Voraussetzung für »multilevel claims« (Brysk 2000: 285), die Ausdehnung des Protestrepertoires und die Steigerung der Erfolgschancen.

Die Netzwerkanalyse verlangt es, über die formale Darstellung von Netzwerken als zweidimensionale Verbindungen von Knoten- und Brennpunkten hinauszugehen. Die individuelle Wahrnehmung und Interpretation von Netzwerken, die Verbindung zwischen transnationalen Allianzen und ihren konstituierenden Mitgliedern im jeweiligen Land sowie die Beeinflussung durch Zeit und Regelmäßigkeit auf die Beschaffenheit zivilgesellschaftlicher Initiativen muss berücksichtigt werden (Edelman 2005). Das Buch versucht, diese mannigfaltigen Dynamiken, Ebenen und Dimensionen konzeptionell zu vereinen und verschiedene Perspektiven aus sozialen (Netzwerk-)Prozessen zu extrahieren. So sollen Wahrnehmungsräume in der Bewegungsforschung geöffnet werden. Es gibt eine Vielfalt von Möglichkeiten, sozialen Prozessen zu begegnen und sie darzustellen. Alle haben Relevanz und spiegeln unterschiedliche Herangehensweisen wider. Die Herausforderung besteht darin, die unterschiedlichen Theoriestränge und Aktionsebenen miteinander zu verbinden. Menschenrechtsdiskurse, Paradigmen der Bewegungsforschung, kultur- und sozialanthropologische Werkzeuge sowie politikwissenschaftliche Perspektiven wirken ineinander und charakterisieren die Schnittstellen von Alltagsleben und breiten sozio-politischen Prozessen. Das Buch beleuchtet die Lebenswelt und den Werdegang von AktivistInnen wie BewegungsunternehmerInnen und das *Skale Jumping* von sozialen AkteurInnen. Sozialforen, Netzwerke und nationale Bewegungen werden multi-dimensional betrachtet und Kommunikations- wie Artikulationsprozesse von sozialen AkteurInnen im digitalen Zeitalter unter die Lupe genommen. Das Spannungsverhältnis zwischen lokaler Verwurzelung und Globalisierungsprozessen zieht sich durch das gesamte Buch – also wie Globalisierung Bedeutungen, Strategien und Chancen formt und welchen Einfluss strukturelle Rahmenbedingungen, Geopolitik und der politische Mainstream auf die Möglichkeitsstrukturen der sozialen AkteurInnen haben. Mit dem Fokus auf Formierungs- und Framingprozessen von pluralen popularen Bewegungen, die aufgrund der Verhandlung von Differenz im Inneren der Bewegung und der notwendigen Projektion von Einheit nach außen auf die

Probe gestellt werden, sollen die Perspektiven der BewegungsteilnehmerInnen in den Mittelpunkt der Analyse gerückt und – ganz im Sinne der Kultur- und Sozialanthropologie – der Mensch in der Bewegungsforschung verortet werden. Alle in diesem Buch zu Wort kommenden BewegungsteilnehmerInnen tragen durch ihr Engagement und Commitment zur Veränderung der lokalen, nationalen und transnationalen Normenstrukturen und Politikarenen bei. Mit ihren Aktivitäten formen sie die Umwelt, erschaffen Werte, manifestieren Bedeutungen und beeinflussen Kulturmuster. Sie sind die treibenden Kräfte für eine sozial und ökologisch nachhaltige Globalisierung.

Da indigene soziale Bewegungen zu durchschlagskräftigen politischen Akteurinnen in Lateinamerika avancierten, Einfluss in internationalen Institutionen gewonnen haben, zur Demokratisierung der modernen Nationalstaaten entscheidend beitragen, globale Allianzen mit der globalisierungskritischen Bewegung flechten und aus politik- wie sozialwissenschaftlichen Studien nicht mehr wegzudenken sind, erhalten sie einen speziellen Stellenwert in diesem Buch. Am Beispiel der zapatistischen Befreiungsbewegung wird aufgezeigt, wie eine indigene soziale Bewegung indigenistische Forderungen transzendiert, nationale Demokratisierungsprozesse initiiert und die Zivilgesellschaft belebt. Zwei ineinander fließende Faktoren unterscheidet die EZLN von anderen indigenen Bewegungen in Lateinamerika. Die politische Marginalisierung drängt sie in die Illegalität und zum Aufbau gesellschaftspolitischer Alternativprojekte außerhalb der dominanten politischen Kultur. Zweitens teilt sie nicht das Ziel einer politischen Machtübernahme. Das bringt den Zapatismus und die Andere Kampagne in eine Sonderposition, da sie eine andere Form, Politik zu machen, anstreben und die politische Kultur von Mexiko verändern wollen, ohne die Macht zu übernehmen. Vargas-Hernández (2005) betont, dass indigene soziale Bewegungen nicht durch die gängige Bewegungsforschung in ihrer Komplexität erfasst werden können. In der Tat muss tiefer in die theoretische Werkzeugkiste gegriffen und ein gewisser Eurozentrismus überwunden werden, um indigene soziale Bewegungen verständnisvoller analysieren zu können. Die Paradigmen der Bewegungsforschung sind auf jeden Fall Ausgangspunkt der Analyse von indigenen Bewegungen. Die Perspektive auf strukturelle Spannungen und politische Möglichkeitsstrukturen zu lenken, hilft, geopolitische Einflüsse und ihre Auswirkungen auf die Beweglichkeit und Konsistenz der Bewegung zu berücksichtigen. Mit dem Framingansatz lässt sich die Perspektive des indigenen Aktivismus verdeutlichen und die Entwicklung ihrer normativen Konstruktionen nachzeichnen. Der Ressourcenmobilisierungsansatz dient dazu, strategische wie organisatorische Potenziale zu charakterisieren. Yashar (2005) hat aufgezeigt, wie die historische Veränderung der Beziehung von Staat und Gesellschaft die Politisierung von ethnischer Identität gefördert hat, welchen Einfluss Netzwerke auf das Mobilisierungsvermögen indigener AkteurInnen haben und wie der Grad an politischer

Öffnung des Staates die Entfaltung von indigenen Bewegungen ermöglicht. Indigene Bewegungen kämpfen gegen den liberalen Mythos eines kulturell neutralen Staates und für die Redefinition der Inhalte von *citizenship*, also für die Reformulierung der Beziehung von Staat und Gesellschaft. Ihre politischen Erfolge setzen wesentliche Demokratisierungsimpulse und beeinflussen Konstitutionalismus-, Demokratie- und Ethnizitätsdebatten. Für Entstehung, Entfaltung, Form und Konsistenz der Bewegung ist ihr Netzwerkcharakter ausschlaggebend, die Artikulations- und Allianzprozesse innerhalb wie außerhalb der Bewegung und der einhergehende interkulturelle Transfer, der Austausch von Unterdrückungs- wie Widerstandserfahrungen in translokalen und -nationalen Prozessen. Die ökologische Dimension kann mithilfe der konzeptionellen Verbindung von »environmentalism of the poor« und »indigenous environmentalism« in die Analyse integriert werden (Guha/Martinez-Alier 2000). Die kulturelle Dimension lässt sich mit den konstruktivistischen und diskurstheoretischen Analysemethoden der Kultur- und Sozialanthropologie sowie ihrer Spezialität, der teilnehmenden Beobachtung, einfangen. Sie überwinden eurozentrische wie materialistische Annahmen, ebnen den Weg zu einer mehrdimensionalen Betrachtung von sozialem Protest indigener Bewegungen und helfen, strategische Essentialismen zu dekonstruieren, den Blick auf ethnische Mobilisierungen zu schärfen und die *cultural politics* indigener sozialer Bewegungen zu beleuchten. Der kollektive Identitäts-Ansatz muss somit berücksichtigt und an die vorgefundenen komplexen Realitäten indigener Bewegungen angepasst werden. Dieses Buch betont, dass Imaginationsprozesse auf Netzwerktreffen und Sozialforen herausgefordert werden. Zudem können sie nach Fiske (2006) als Marktplatz verstanden werden, auf dem kulturelle Vorstellungen ge- und verhandelt werden. Innerhalb der Foren und Netzwerke zirkulieren Bedeutungen, die von den einzelnen AkteurInnen unter verschiedenen Voraussetzungen konstruiert und eingebracht werden. Durch die Aufnahme und Zurückweisung von Bedeutungen und die Integration von fremden Erfahrungen in die eigene Lebenswelt, sind sie für soziale Bewegungen Teil der eigenen Identitätsbildungsprozesse und für SozialwissenschaftlerInnen das ideale Terrain, um zu entdecken, wie Menschen ihre Welt durch kollektive Aktionen formen. Als kultureller Marktplatz entsprechen sie Fiskes Charakterisierung von Kultur, die er als aktiven Prozess der Bedeutungsproduktion und -zirkulation innerhalb eines sozialen Systems bezeichnet (vgl. Fiske 2006: 23). Deswegen kann man sich sozialen Bewegungen, diesem »[...] höchst fluiden, kaum dingfest zu machenden Phänomen«, über Netzwerktreffen, Sozialforen und kollektive Aktionen besonders gut annähern (Hellmann 1999: 107).

Appadurai (2001) erkennt in der Systematisierung von politischen, ökonomischen und pädagogischen Errungenschaften der Graswurzelglobalisierung wertvolle Betätigungsfelder für SozialwissenschaftlerInnen. »To take up this sort of study involves, for the social sciences, a serious commitment to the study of globalization from below, its institutions, its horizons, and its vocabularies« (Appadurai 2001: 20). Vergleiche, Darstellungen, Theoretisierungen und die Strukturierung von analytischen Produktionen der »Globalisierung von unten« können dazu beitragen, Definitionsmacht wie Monopolstellung von korporativen AkteurInnen und ihren nationalstaatlichen Verbündeten bei der Formulierung der Normenstruktur der globalen Ordnungs- und Strukturpolitik aufzubrechen. Diese Systematisierung – gepaart mit einem kooperativen Wissenstransfer – dient den AktivistInnen als Rüstzeug, um die Komplexität der Globalisierung für die eigenen Anliegen nutzbar zu machen, die dominanten Diskursfelder am internationalen Bankett mit ausgereiften Argumenten zu destabilisieren und die Politikagenden erfolgreich zu beeinflussen. Die Entstehung einer neuen Architektur der Wissensproduktion wie -verteilung und die Demokratisierung des Informations- wie Wissensflusses über Globalisierung soll in letzter Instanz faire Ausgangsbedingungen für die Mitgestaltung der globalen Ordnungs- und Strukturpolitik schaffen. In diesem Sinne ist das vorliegende Buch geschrieben worden.

Quellen

Bibliographie

Aguirre Rojas, Carlos 2005a: Los tres Méxicos de la historia de México. Una pista crítica para la construcción de una Contrahistoria de México. In: Contrahistoria No.4.: México y América Latina. México.

Aguirre Rojas, Carlos 2005b: Chiapas y los nuevos movimientos antisistémicos de América Latina. Entrevista a Immanuel Wallerstein. In: Contrahistorias No.5.: Chiapas y las nuevas resistencias Latinoamericanas. México.

Albro, Robert 2005: »The water is Ours, Carajo!« Deep Citizenship in Bolivia's Water War. In: Nash, June (eds.): Social Movements. An anthropological reader. Oxford. pp. 249-272.

Altvater, Elmar 2006: Geopolitische Konflikte am Ende des fossilen Energieregimes. In: ÖSFK (Hg.): Die Weltunordnung von Ökonomie und Krieg – Von den gesellschaftlichen Verwerfungen der neoliberalen Globalisierung zu den weltumspannenden politischen Ansätzen jenseits des Casinokapitalismus. Wien.

Alvarez, Sonia E./Dagnino, Evelina/Escobar, Arturo 2004: Kultur und Politik in sozialen Bewegungen Lateinamerikas. In: Kaltmeier, O./Kastner, J./Tuider, E. (Hg.): Neoliberalismus – Autonomie – Widerstand. Soziale Bewegungen in Lateinamerika. Münster. S. 31-60.

Anderson, Benedict 1983: Imagined Communities. Reflections on the Origin and Spread of Nationalism. London.

Appadurai, Arjun 1996: Modernity at Large: Cultural dimensions of globalization. Minneapolis.London.

Appadurai, Arjun 2001: Grassroots Globalization and the Research Imagination. In: Appadurai, Arjun (eds.): Globalization. Durham & London. pp. 1-21.

Appadurai, Arjun 2002: Deep Democracy: Urban Governmentality and the Horizon of Politics. Public Culture 14(1). pp. 21-47.

Arronte Ledesma, Ernesto/Soto Castro, Gustavo/Lewis, Tedford (eds.) 2000: Always near, always far: The armed forces in México. México, D.F.

Aubry, Andrés 2005: Chiapas a Contrapelo. Su historia en perspective sistémica. México.

Azzellini, Dario 2003a: Kolumbien. Versuchslabor für privatisierte Kriegsführung. In: Azzellini, Dario/Kanzleiter, Boris (Hg.): Das Unternehmen Krieg. Paramilitärs, Warlords und Privatarmeen als Akteure der Neuen Kriegsordnung. Berlin. S. 29-53.

Azzellini, Dario 2003b: Paramilitarisierung als soziale Organisierung. Aufstandsbekämpfung in Chiapas. In: Azzellini, Dario/Kanzleiter, Boris (Hg.): Das Unternehmen Krieg. Paramilitärs, Warlords und Privatarmeen als Akteure der Neuen Kriegsordnung. Berlin. S. 71-84.

Azzellini, Dario/Kanzleiter, Boris 2003: Einleitung. Das Unternehmen Krieg. In: Azzellini, Dario/Kanzleiter, Boris (Hg.): Das Unternehmen Krieg. Paramilitärs, Warlords und Privatarmeen als Akteure der Neuen Kriegsordnung. Berlin. S. 7-13.

Blank, Martina 2004: Autonomie und Territorialität: Aspekte eines neuen sozialen Protagonismus im Großraum Buenos Aires. In: Kaltmeier, O./Kastner, J./Tuider, E. (Hg.): Neoliberalismus – Autonomie – Widerstand. Soziale Bewegungen in Lateinamerika. Münster. S. 184-195.

Boehme, Nele/Walk, Heike 2002: Einleitung. Globalisierung von unten: Transnationale

Netzwerke in Aktion. In: Boehme, Nele/Walk, Heike (Hg.): Globaler Widerstand. Münster. S. 9-24.

Bonfil Batalla, Guillermo 1982: Die neuen indianischen Organisationen. In: AG Dritte-Welt-Läden/GEPA (Hg.): Indianer in Lateinamerika. Neues Bewußtsein und Strategien der Befreiung. Wuppertal. S. 17-30.

Bonfil Batalla, Guillermo 1990: México Profundo. Una civilización negada. México.

Brand, Karl-Werner 1989: Zyklen des »middle class radicalism«. Eine international und historisch vergleichende Untersuchung der »neuen sozialen Bewegungen«. München.

Brand, Karl-Werner 1991: Kontinuität und Diskontinuität in den neuen sozialen Bewegungen. In: Neue soziale Bewegungen in der Bundesrepublik Deutschland. Frankfurt am Main. S. 40-54.

Brand/Brunnengräber/Schrader 2000: Global Governance. Alternative zur neoliberalen Globalisierung? Münster.

Bräuchler, Birgit 2006: Konfliktfaktor Internet: Der Molukkenkonflikt geht online. In: Reuter/Neudorfer/Antweiler (Hg.): Strand Bar Internet. Neue Orte der Globalisierung. Münster. S. 84-104.

Brosius, J.P. 1999: Comments to A. Escobar, »After Nature: steps to an anti-essentialist political ecology«. In: Current Anthropology, 40 (1). Chicago.

Brysk, Alison 2000: From Tribal Village to Global Village: Indian Rights and International Relations in Latin America. Stanford.

Budka, Philipp 2004: Indigene Widerstandsbewegungen im Kontext von Globalisierung und Informations- und Kommunikationstechnologien. Das Fallsbeispiel der EZLN in Mexiko. In: JEP vol.XX 1-2004. Wien. S. 33-44.

Carrere, R./Lohman, L. 1996: Pulping the South. Industrial Tree Plantations and the World Paper Economy. London and New Jersey.

Carruthers, D. 1995: The Political Ecology of Indigenous Mexico: Social Mobilization and State Reform. Oregon. USA.

Castells, Manuel 1996: The Rise of the Network Society. The Information Age: Economy, Society and Culture. Oxford.

Castro Soto, Gustavo 2005: No seas Presa de las Represas. México.

COMDA 2006: Taller Popular en Defensa del Agua para Promotores y Promotoras. Unveröffentichtes Skript. México, D.F.

Díaz-Polanco, Héctor 1997: La rebellion Zapatista y la autonomía. México, D.F.

De Certeau, Michel 1984: The Practice of Everyday Life. Berkeley.

De Vos, Jan 2002: Una tierra para sembrar suenos. Historia reciente de la Selva Lacandona 1950-2000. México.

Des Forges, Alison 2002: Kein Zeuge darf überleben. Der Genozid in Ruanda. Hamburg.

Della Porta, D./Diani, M. (eds.) 2006: Social Movements. An Introduction. Second Edition. Oxford.

Díaz Tello, Carlos 1995: La Rebelión de las *Cañadas*. Origen y ascenso del EZLN. México, D.F.

Direkte Solidarität mit Chiapas 1999: Vom Indigenismus zur indigenen Autonomie in Mexiko. Eine ethnologische Annäherung. Zürich.

Doane, Molly 2005: The Resilience of Nationalism in a Global Era: Megaprojects in

Mexico's South. In: Nash, June (Eds.): Social Movements. An anthropological reader. Oxford. pp. 187-202.

Dussel, Enrique 1989: Philosophie der Befreiung. Hamburg.

Dussel, Enrique 1993: Von der Erfindung Lateinamerikas zur Entdeckung des Anderen – Ein Projekt der Transmoderne. Düsseldorf.

Drayton, Bill 2006: The Citizen Sector Transformed. In: Nicholls, Alex (eds.): Social Entrepreneurship. New Models of Sustainable Social Change. Oxford. pp. 45-56.

Edelman, Marc 2001: Social Movements: Changing Paradigms and Forms of Politics. Annual Review of Anthropology 30. Palo Alto. pp. 285-317.

Edelman, Marc 2005: When Networks Don't Work: The Rise and Fall and Rise of Civil Society Initiatives in Central America. In: Nash, June (eds.) 2005: Social Movements. An anthropological reader. Oxford. pp. 29-45.

Elwert, Georg 2002: Sozialanthropologisch erklärte Gewalt. In: Heitmeyer, Wilhelm/Hagan, John (Hg.): Internationales Handbuch der Gewaltforschung. Wiesbaden.

Escárzaga, Fabiola/Guitérrez, Raquel 2005: Introducción. In: Escárzaga, Fabiola/Guitérrez, Raquel (Coordinadoras): Movimiento indígena en América Latina: resistencia y proyecto alternativo. México D.F.

Escobar, Arturo 1992: Culture, Practice and Politics – Anthropology and the study of social movements. In: Critique of Anthropology. Vol. 12(4). London. pp. 395-432.

Escobar, Arturo 2006: Difference and Conflict in the Struggle over Natural Resources: A political ecology framework. In: Harcourt, Wendy (eds.): Conflicts over natural resources. Development. 49(3). pp. 6-13.

Faschingeder, Gerald 2003: Themenverfehlung Kultur? Zur Relevanz der Kulturdebatte in den Entwicklungstheorien. In: Faschingeder, Gerald/Kolland, Franz/Wimmer, Franz (Hg.): Kultur als umkämpftes Terrain. Paradigmenwechsel in der Entwicklungspolitik? Wien. S. 9-32.

Faschingeder/Strickner 2003: (Volks-)Bildung in einer mediatisierten Welt. Wissenskritik, Gegenöffentlichkeit und alternative Vermittlungsformen. In: Faschingeder/Fischer/Jäger/Strickner (Hg.): Bewegung macht Geschichte. Globale Perspektiven für Gesellschaftsveränderung. Wien. S. 156-171.

Featherstone, Mike 1992: Global Culture: An Introduction. In: Featherstone, Mike (eds.): Global Culture: Nationalism, globalization and modernity. London. pp. 1-15.

Ferree, M./Roth, S. 1999: Kollektive Identität und Organisationskulturen. Theorien neuer sozialer Bewegungen aus amerikanischer Perspektive. In: Klein/Legrand/Leif (Hg.): Neue Soziale Bewegungen – Impulse, Bilanzen und Perspektiven. Hamburg. S. 131-144.

Fiske, John 2006: Understanding Popular Culture. London/New York.

Foltin, Robert 2004: Und wir bewegen uns doch. Soziale Bewegungen in Österreich. Wien.

Fraser, Nancy 1993: Rethinking the Public Sphere: A Contribution to the Critique of Actually Existing Democracy. In: Robbins, B. (eds.): The Phantom Public Sphere. Minneapolis.

Gabbert, Wolfgang 2001: Staat, Paramilitärs und dörfliche Konflikte im Hochland von Chiapas, Mexiko. In: Höpken, Wolfgang/Riekenberg, Michael (Hg.): Politische und ethnische Gewalt in Südosteuropa und in Lateinamerika. Köln. S. 131-148.

Gabriel, Leo 1988: Aufstand der Kulturen. Konfliktregion Zentralamerika. Guatemala/El Salvador/Nicaragua/München.

Gabriel, Leo 1994: Die Indianisierung der Volksbewegungen in Lateinamerika. In: Cech, D./Mader, E./Reinberg, S. (Hg.): TIERRA – indigene Völker, Umwelt und Recht. Frankfurt. S. 65-72.

Gabriel, Leo 2004: Multikulturelle Autonomie: Ein Paradigma für partizipative Demokratie in Lateinamerika. In: Journal für Entwicklungspolitik Vol. XX. No. 4. Wien. S. 25-42.

Gaona Tejera, Héctor 2000: Introducción: Antropología y cultura política en México. In: Gaona Tejera, Héctor (coordinador): Antropología Política. Enfoques contemporáneos. México, D.F. pp. 11-36.

Geertz, Clifford 1991: Dichte Beschreibung. Beiträge zum Verstehen kultureller Systeme. Frankfurt am Main.

Gellner, Ernst 1983: Nation and Nationalism. Oxford.

Gerber, Philipp 2003: »Preguntando Caminamos«. Identitätsprozesse der zapatistischen Tzotzil-Bauernfamilien en resistencia. Zürich.

Gerlach, Luther/Hine, Virginia 1970: People, Power, Change: Movements of Social Transformation. Indianapolis.

Giddens, Anthony 1999: Der Dritte Weg. Die Erneuerung der sozialen Demokratie. Frankfurt.

Gingrich, Andre 1999. Erkundungen: Themen der ethnologischen Forschung. Wien/Köln/Weimar.

Gingrich, Andre 2000: Kulturen, Identitäten, Globalisierung: Eine vorläufige Zusammenfassung von theoretisch-methodischen Diskussionsprozessen. Wien.

Gómez Suárez, Agueda 2003: Movilizaciones étnicas y oportunidades políticas en América Latina. In: Nueva Antropología. Revista de Ciencias Sociales. N°. 63. pp. 71-90.

Grünberg, Georg 1982: Einführung. In: AG Dritte-Welt-Läden/ GEPA (Hg.): Indianer in Lateinamerika. Neues Bewußtsein und Strategien der Befreiung. Wuppertal. S. 7-16.

Guha, R. 1989: The Unquiet Woods: Ecological Change and Peasant Resistance in the Himalaya. Berkeley.

Guha, Ramachandra/Martínez-Alier, Joan 2000: The Environmentalism of the Poor and the Global Movements for Environmental Justice. In: Raza, Werner (Hg.): Recht auf Umwelt oder Umwelt ohne Recht? Wien. S. 105-136.

Gupta, Akhil/Ferguson, James 1992: Beyond Culture: Space, Identity and the Politics of Difference. In: Cultural Anthropology. Nr. 7(1). pp. 6-23.

Gupta, Akhil/Ferguson, James (eds.) 1997: Culture, Power, Place: Ethnography at the End of an Era. Durham.

Habermas, Jürgen 1981: Theorie des kommunikativen Handelns. Band 1: Handlungsrationalität und gesellschaftliche Rationalisierung. Frankfurt am Main.

Hall, Stuart 1994: Neue Ethnizitäten. In: Hall, Stuart: Rassismus und kulturelle Identität. Ausgewählte Schriften 2. Hamburg, S. 15-25.

Hall, Stuart 1996: Introduction: Who Needs »Identity«? In: Hall, Stuart/du Gay, Paul (eds.): Questions of Cultural Identity. London. pp. 1-17.

Haller, Dieter 2005: dtv-Atlas Ethnologie. München.

Hannerz, Ulf 1992: The Global Ecumene. In: Ulf Hannerz: Cultural Complexity. Studies in the Social Organization of Meaning. New York. pp. 217-267.

Hannerz, Ulf 1996: Transnational Connections. Culture, People, Places. London.

Harcourt, Wendy 2006: Editorial: Conflict, Ecological Justice and Rights. In: Harcourt,

Wendy (eds.): Conflicts over natural resources. Development, 49(3). pp. 1-6.

Hellmann, Kai-Uwe 1999: Paradigmen der Bewegungsforschung. Eine Fachdisziplin auf dem Weg zur normalen Wissenschaft. In: Klein/Legrand/Leif (Hg.). Neue Soziale Bewegungen – Impulse, Bilanzen und Perspektiven. Opladen. S. 91-113.

Hidalgo Domínguez, Onésimo 2006: Tras los pasos de una guerra inconclusa. Doce años de militarización en Chiapas. México.

Hirsch, Joachim 1998: Vom Sicherheitsstaat zum Nationalen Wettbewerbsstaat. Berlin.

Holloway, John 2006: Die zwei Zeiten der Revolution – Würde, Macht und die Politik der Zapatistas. Wien.

Huffschmid, Anne 2004: Diskursguerilla: Wortergreifung und Widersinn. Die Zapatistas im Spiegel der mexikanischen und internationalen Öffentlichkeit. Heidelberg.

Inglehart, Ronald 1977: The Silent Revolution. Changing Values and Political Styles Among Western Publics. New Jersey.

Jörke, Dirk 2005: Politische Anthropologie. Eine Einführung. Wiesbaden.

Kaller-Dietrich, Martina 2002: Macht über Mägen. Essen machen statt Knappheit verwalten. Haushalten in einem südmexikanischen Dorf. Wien.

Kaller-Dietrich, Martina 2003: Profunde Kulturen und imaginäre Kultur. Eine gewaltsame Beziehung. In: Faschingeder, Gerald/Kolland, Franz/Wimmer, Franz (Hg.): Kultur als umkämpftes Terrain. Paradigmenwechsel in der Entwicklungspolitik? Wien. S. 123-137.

Kaltmeier, O./Kastner, J./Tuider, E. 2004: Cultural Politics im Neoliberalismus. Widerstand und Autonomie Sozialer Bewegungen im Widerstand. In: Kaltmeier, O./Kastner, J./ Tuider, E. (Hg.): Neoliberalismus – Autonomie – Widerstand. Soziale Bewegungen in Lateinamerika. Münster. S. 7-30.

Kastner, Jens 2003: Geschärfte Blicke – Für eine verstärkte Rezeption zapatistischer Politik. In: Kerkeling, Luz: La Lucha Sigue. Münster. S. 259-264.

Kastner, Jens 2004: Zapatismus und Transnationalisierung. Anmerkungen zur Relevanz zapatistischer Politik für die Bewegungsforschung. In: Kaltmeier, O./Kastner, J./ Tuider, E. (Hg.). Neoliberalismus – Autonomie – Widerstand. Soziale Bewegungen in Lateinamerika. Münster. S. 251-275.

Kastner, Jens 2006: Rebellion, Revolte und Revolution überdenken. Kritische Einleitung in die zapatistisch inspirierte Theorie John Holloways. In: Holloway, John: Die zwei Zeiten der Revolution – Würde, Macht und die Politik der Zapatistas. Wien.

Kastner, Jens/Spörr, Elisabeth Bettina 2008: Nicht alles tun. Ziviler/sozialer Ungehorsam und Kunst. In: Kastner/Spörr (Hg.). Nicht alles tun. Münster. S. 9-17.

Keck, E. Margaret/Sikkink, Kathryn 1998: Activists beyond Borders. New York.

Kerkeling, Luz 2003: La Lucha Sigue! EZLN – Ursachen und Entwicklungen des zapatistischen Aufstandes. Münster.

Kitschelt, Herbert 1999: Politische Gelegenheitsstrukturen in Theorien sozialer Bewegungen heute. In: Klein/Legrand/Leif (Hg.). Neue Soziale Bewegungen – Impulse, Bilanzen und Perspektiven. Opladen. S. 144-167.

Klein/Legrand/Leif 1999: Einleitung. In: Klein/Legrand/Leif (Hg.): Neue Soziale Bewegungen – Impulse, Bilanzen und Perspektiven. Opladen. S. 7-15.

Kreiler, Renate 1997: Politisierung von Ethnizität in Afrika. In: Aus Politik und Zeitgeschichte/B9.

Kuper, Adam 1999: Culture: an Anthropologist´s Account. Cambridge and London.

Kuper, Adam 2003: The Return of the Native. In: Current Anthropology. Volume 44(3).

Kuppe, René 1994: Indianische Landrechte und Naturschutzzonen in Venezuela. In: Cech, D./Mader, E./Reinberg, S. (Hg.): TIERRA – indigene Völker, Umwelt und Recht. Frankfurt. S. 87-104.

Kuppe René, 1998: Indianerrechte. Vom Minderheitenschutz zum rechtlichen Pluralismus. In: Kaller-Dietrich, Martina (Hg.): Recht auf Entwicklung? Frankfurt und Wien. S. 121-136.

Kuppe, René 1999: Rechte indigener Völker im Neoliberalismus: Der Zugriff der Bergbau- und Erdölmultis auf Mutter Erde. In: JEP XV/2. Wien. S. 187-206.

Kuppe, René 2004: Diskurse zur Begründung multikultureller Autonomie in Lateinamerika. In: JEP Vol. XX. No. 4. Wien. S. 43-61.

Kymlicka, Will 1995: Multicultural Citizenship. Oxford.

Kymlicka, Will 1999: Multikulturalismus und Demokratie. Über Minderheiten in Staaten und Nationen. Berlin.

La Jornada 2006: Evo Morales asume la presidencia y pone fin al neoliberalismo en Bolivia. In: La Jornada: 23. Enero. México.

Lattas, Andrew 1993: Essentialism, Memory and Resistance; Aboriginality and the Politics of Authenticity. Oceania 63(2). pp. 240-268.

Lins Ribeiro, Gustavo 1998: Cybercultural Politics: Political Activism at a Distance in a Transnational World. In: Alvarez, Sonia E./ Dagnino, Evelina/ Escobar, Arturo (eds.): Cultures of Politics. Politics of Cultures. Re-visioning Latin American Social Movements. Colorado/Oxford. pp. 325-352.

López Bárcenas, Francisco 2002: Legislación y derechos indígenas en México. México D.F.

López y Rivas, Gilberto 2004a: Die Autonomie der Indiovölker in Mexiko. In: JEP Vol. XX. No. 4. Wien. S. 62-73.

López y Rivas, Gilberto 2004b: Autonomías. Democracia o contrainsurgencia. México.

Martínez-Alier 2002: The Environmentalism of the Poor. A study of ecological conflicts and valuation. Northampton.

McCarthy, John/Zald, Mayer 1977: Resource Mobilization and Social Movements: A Partial Theory. In: American Journal of Sociology. Vol. 82, No. 6. S. 1212-1241.

McCully, P. 1996: Silenced Rivers. The Ecology and Politics of Dams. London.

Melucci, Alberto 1989: Nomads of the Present. Social Movements and Individual Needs in Contemporary Society. Philadelphia.

Melucci, Alberto 1995: The Process of Collective Identity. In: Johnston H./Klandermans B. (eds.): Social Movements and Culture. London. S. 41-63.

Melucci, Alberto 1999: Soziale Bewegungen in komplexen Gesellschaften. Die europäische Perspektive. In: Klein/Legrand/Leif (Hg.): Neue Soziale Bewegungen – Impulse, Bilanzen und Perspektiven. Hamburg. S. 114-131.

Michel, Guillermo 2001: Votán Zapata- Filósofo de la esperanza. México.

Michel, Guillermo/Escárzaga, Fabiola 2003: Sobre la Marcha... Análisis sobre el Movimiento zapatista. 1994-2001. México, D.F.

Muñoz Ramírez, Gloria 2003: 20 y 10. El fuego y la palabra. Méxiko.

Münkler, Herfried 2002: Die neuen Kriege. Reinbek.

Narain, Sunita 2007: No choice is our choice. Special contribution to the Human Development Report. In: UNDP: Human Development Report. New York. pp.187.

Nash, June 2005a: Introduction: Social Movements and Global Processes. In: Nash, June (eds.): Social Movements. An anthropological reader. Oxford. pp. 1-26.

Nash, June 2005b: Defying Deterritorialization: Autonomy Movements against Globalization. In: Nash, June (eds.): Social Movements. An anthropological reader. Oxford. pp. 177-186.

Navarro Hernández, Luis/Herrera, Ramón Vera (compiladores) 1998: Acuerdos de San Andrés. México D.F.

Neidhardt, Friedhelm 1985: Einige Ideen zu einer allgemeinen Theorie sozialer Bewegungen. In: Hradil, S. (Hg.): Sozialstruktur im Umbruch. Opladen.

Neidhardt, Friedhelm 1994: Öffentlichkeit, öffentliche Meinung, Soziale Bewegungen. In: Neidhardt, Friedhelm (Hg.): Öffentlichkeit, öffentliche Meinung, soziale Bewegungen. Opladen. S. 7-41.

Nuscheler, Franz/Ziemer, Klaus 1980: Politische Herrschaft in Schwarzafrika. München.

Nuscheler, Franz 2004: Lern- und Arbeitsbuch Entwicklungspolitik. Berlin.

Osterweil, Michael 2005: Place-Based Globalism: Locating woman in the alternative globalization movements. In: Harcourt, W./Escobar, A. (eds.): Woman and the Politics of Place. Bloomfield. pp. 174-189.

ÖFSE 1996: Der Dritte Sektor in der Entwicklungspolitik. Zusammenarbeit zwischen Staat und Nicht- Regierungsorganisationen – NROs. Wien.

ÖSFK 2006 (Hg.): Die Weltunordnung von Ökonomie und Krieg – Von den gesellschaftlichen Verwerfungen der neoliberalen Globalisierung zu den weltumspannenden politischen Ansätzen jenseits des Casinokapitalismus. Wien.

Peppino Barale, Ana María 1999: Radio educativa, popular y comunitaria en América Latina. México.

Peters, Bernhard 1994: Der Sinn von Öffentlichkeit. In: Neidhardt, Friedhelm (Hg.). Öffentlichkeit, öffentliche Meinung, soziale Bewegungen. Kölner Zeitschrift für Soziologie und Sozialpsychologie. Sonderheft 34. Opladen. S. 42-76.

Portantiero, Juan Carlos 2000: Zivilgesellschaft in Lateinamerika: Zwischen Autonomie und Zentralisierung. In: Hengstenberg/Kohut/Maihold (Hg.): Zivilgesellschaft in Lateinamerika. Interessensvertretung und Regierbarkeit. Frankfurt. S. 33-42.

Purkarthofer, Petra 1998: Der politische Diskurs über kulturelle Identität und Autonomie in Chiapas 1994-1996. Wien.

Rajchenberg, Enrique/Fazio, Carlos (Hg.) 2001: Rebellion X. Das Jahr des Streiks an der Universität in Mexiko-Stadt. Münster.

Rappaport, Roy 1993: Distinguished Lecture in General Anthropology: The Anthropology of Trouble. In: American Anthropologist, 95. pp. 295-303.

Raschke, Joachim 1985: Soziale Bewegungen. Ein historisch-systematischer Grundriss. Frankfurt am Main.

Raschke, Joachim 1991: Zum Begriff der sozialen Bewegungen. In: Roth, Roland/Rucht, Dieter (Hg.): Neue soziale Bewegungen in der Bundesrepublik Deutschland. Frankfurt am Main. S. 31-39.

Radke, Frank-Olaf 1995: Demokratische Diskriminierung. Exklusion als Bedürfnis oder nach Bedarf. In: Mittelweg 36, 4.

Robben, Antonius/Nordstrom, Carolyn 1995: The Anthropology and Ethnography of Violence and Sociopolitical Conflict. In: Robben, Antonius/Nordstrom, Carolyn (eds.): Fieldwork under Fire. Contemporary studies of violence and survival. Berkeley. pp. 1-23.

Rogall, H. 2002: Neue Umweltökonomie – Ökologische Ökonomie, Ökonomische und ethische Grundlagen der Nachhaltigkeit, Instrumente zu ihrer Durchsetzung, Opladen.

Rodríguez, Clemencia 1994: A Process of Identity Deconstruction: Latin American Women Producing Video Stories. In: Riano, Pilar (eds.): Woman in Grassroots Communication. Furthering Social Change. London. pp. 121-129.

Roth R./ Rucht, D. 1987: Neue Soziale Bewegungen in der Bundesrepublik Deutschland, Frankfurt.

Roth, R./ Rucht, D. 1991: Die Veralltäglichung des Protests. In: Neue soziale Bewegungen in der Bundesrepublik Deutschland. Frankfurt am Main. S. 11-31.

Rucht, Dieter 1994: Modernisierung und neue soziale Bewegungen. Deutschland, Frankreich und USA im Vergleich. Frankfurt/New York.

Rucht, Dieter 1999: Gesellschaft als Projekt – Projekte in der Gesellschaft. Zur Rolle sozialer Bewegungen. In: Klein/Legrand/Leif (Hg.). Neue Soziale Bewegungen – Impulse, Bilanzen und Perspektiven. Opladen. S. 15-28.

Rucht, Dieter 2002: Rückblicke und Ausblicke auf die globalisierungskritische Bewegung. In: Boehme, Nele/Walk, Heike (Hg.): Globaler Widerstand. Münster. pp. 57-83.

Rucht, Dieter/Neidhardt, Friedhelm 2001: Soziale Bewegungen und kollektive Aktionen. In: Joas, Hans (Hg.): Lehrbuch der Soziologie. Frankfurt am Main. S. 533-557.

Salazar, Luis 2000: Vom Gebrauch und Missbrauch des Begriffs Zivilgesellschaft. In: Hengstenberg/Kohut/Maihold (Hg.): Zivilgesellschaft in Lateinamerika. Interessensvertretung und Regierbarkeit. Frankfurt am Main. S. 23-32.

Schabus, Nicole 2004: Freihandelsabkommen bedrohen indigene Rechte. Indigene Autonomie in den Amerikas oder Freihandel mit indigenen Rechten. In: JEP Vol. XX, No. 4. Wien. S. 89-102.

Scheer, Hermann 2005: Energieautonomie. Eine neue Politik für erneuerbare Energien. München.

Schön, Georg 2007: Kultur- und Sozialanthropologische Bewegungsforschung in Lateinamerika. Unveröffentlichte Diplomarbeit. Wien.

Seibert, Thomas 2003: Die neue Kriegsordnung. Der globale Kapitalismus und seine barbarisierte Rückseite. In: Azzellini, Dario/Kanzleiter, Boris (Hg.): Das Unternehmen Krieg. Paramilitärs, Warlords und Privatarmeen als Akteure der Neuen Kriegsordnung. Berlin. S. 13-28.

Sikkink, Kathryn 2002: Restructuring World Politics: The Limits and Asymmetries of Soft Power. In: Khagram, Sanjeev/Riker, James/Sikkink, Kathryn (eds.): Restructuring World Politics. Transnational Social Movements, Networks, and Norms. Minnesota.

Snow, David/Benford, Robert 1988: Ideology, Frame Resonance, and Participant Mobilization. In: Klandermans, Bert (eds.): International Social Movements Research. Vol. 1. pp. 197-217.

Snow, David/Benford, Robert 1992: Master Frames and Cycles of Protest. In: Morris, Aldon/Mueller, Carol (eds.): Frontiers in Social Movements Theory. New Haven/ London. pp. 133-155.

Stagl, Justin 1998: Politikethnologie. In: Fischer, Hans (Hg.): Ethnologie. Einführung und Überblick. Berlin. S. 197-220.

Stavenhagen, Rudolfo 2001: La cuestión étnica. México, D. F.

Stephen, Lynn 2005: Gender, Citizenship and the Politics of Identity. In: Nash, June (eds.): Social Movements. An anthropological reader. Oxford. pp. 66-77.

Sinclair, Minor 1995: Introduction. In: Sinclair, Minor (eds.): The New Politics of Survival: Grassroots Movements in Central America. New York. pp. 1-24.

Sylvain, Renée 2005: »Land, Water, and Truth«: San Identity and Global Indigenism. In: Nash, June (eds.): Social Movements. An anthropological reader. Oxford. pp. 216-234.

Tarrow, Sidney 2005: Power in Movement. Social Movements and contentious politics. Cambridge.

Taylor, Charles 1997: Multikulturalismus und die Politik der Anerkennung. (deutsche Ausgabe des amerikanischen Originals von 1992) Frankfurt a. M.

Thaler, Barbara 2004: Biopiraterie und Indigener Widerstand. Mit Beispielen aus Mexiko. Frankfurt am Main.

Tetzlaff/Peters/Wegemund 1991: Politisierte Ethnizität – eine unterschätzte Realität im nachkolonialen Afrika. In: Afrika Spectrum, 26.

Tetzlaff, Rainer 1993: Staatswerdung im Sudan. Ein Bürgerkriegsstaat zwischen Demokratie, ethnischen Konflikten und Islamisierung. Münster-Hamburg.

Tully, James 2004: Strange Multiplicity. Constitutionalism in an age of diversity. Cambridge.

Valera, Roberto 2000: Cultura política. In: Gaona Tejera, Héctor (coordinador): Antropología Política. Enfoques contemporáneos. México, D.F. pp. 37-54.

Vargas-Hernández, José Guadalupe 2005: Movimientos Sociales para el Reconocimiento de los Movimientos Indígenas y la Ecología Politíca Indígena. Ra Ximhai. Vol. 1. Número 3, pp. 453-470.

Villarroel Cifuentes, Ricardo 2006: Environmental Conflicts and the Plundering of Resources in Latin America. In: Harcourt, Wendy (eds.): Conflicts over natural resources. Development, 49(3). pp. 32-38.

Wallerstein, Immanuel 1998: Das moderne Weltsystem II – Der Merkantilismus. Europa zwischen 1600 und 1750. Wien.

Wallerstein, Immanuel 2005a: Cinco Comentarios sobre la situación reciente de América Latina. In: Contrahistorias No.4: México y America Latina. México.

Wallerstein, Immanuel 2005b: Los Zapatistas: la segunda etapa. In: Contrahistorias No.5: Chiapas y las nuevas resistencias Latinoamericanas. México.

Wallerstein, Immanuel 2005c: La crisis estrucutral del Capitalismo. México.

Warren, Kay 1998a: Indigenous Movements as a Challenge to the Unified Social Movement Paradigm for Guatemala. In: Alvarez, Sonia/Dagnino, Evelina/Escobar, Arturo (eds.): Culture of Politics – Politics of Cultures. Revisioning Latin American Social Movements. Colorado. pp. 165-195.

Warren, Kay B. 1998b: Indigenous Movements and their Critics. Princton.

Welge, Martin/Al-Laham, Andreas 1999: Strategisches Management. Grundlagen – Prozess – Implementierung, Wiesbaden.

Wernhart, Karl 2001: Ethnos – Identität – Globalisierung. In: Werhnart, Karl/Zips, Werner

(Hg.): Ethnohistorie. Rekonstruktion und Kulturkritik. Eine Einführung. Wien. S. 81-98.

Wernhart, Karl/Zips, Werner 2001: Einführung in die theoretischen und methodologischen Grundlagen der Ethnohistorie. In: Werhnart, Karl/Zips, Werner (Hg.): Ethnohistorie. Rekonstruktion und Kulturkritik. Eine Einführung. Wien. S. 13-40.

Wolf, Otto 2003: Transnationale soziale Bewegungen und ihre zivilgesellschaftlichen Vermittlungsformen, Voraussetzungen und Entfaltungsmöglichkeiten. In: Faschingeder/Fischer/Jäger/Strickner (Hg.): Bewegung macht Geschichte. Globale Perspektiven für Gesellschaftsveränderung. Wien. S. 105-120.

Yashar, Deborah 2005: Contesting Citizenship in Latin America. The Rise of Indigenous Movements and the Postliberal Challange. Cambridge.

Zips, Werner 2001a: Vom Wilderer zum Hasen. Zur Rezeption der Postmoderne in der Ethnohistorie. In: Werhnart, Karl/Zips, Werner (Hg.): Ethnohistorie. Rekonstruktion und Kulturkritik. Eine Einführung. Wien. S. 195-206.

Zips, Werner 2001b: Entprovinzialisierung der Moderne. Überlegungen zur globalen Entfaltung der Diskurstheorie in der Ethnohistorie. In: Werhnart, Karl/Zips, Werner (Hg.): Ethnohistorie. Rekonstruktion und Kulturkritik. Eine Einführung. Wien. S. 207-220.

Zips, Werner 2001c: »The Good, the Bad, and the Ugly«. Habitus, Feld, Kapital (im Feld) des jamaikanischen Reggae. In: Werhnart, Karl/Zips, Werner (Hg.): Ethnohistorie. Rekonstruktion und Kulturkritik. Eine Einführung. Wien S. 221-238.

Zips, Werner 2002: Theorie einer gerechten Praxis oder: Die Macht ist wie ein Ei. Wien.

Zibechi, Raúl 2005: Espacios, territorios y regiones: la creatividad social de los nuevos movimientos sociales en América Latina. In: Contrahistorias No.5: Chiapas y las nuevas resistencias Latinoamericanas. Argentina.

Dokumente und Artikel aus dem Internet

Abschlusserklärung/III. Gipfel der Völker 2005:

http://www.cumbredelospueblos.org/article.php3?id_article=124.

Abschlusserklärung/IV. Mesoamerikanische Sozialforum 2006:

http://www.rmalc.org.mx/eventos/foro_mesoamericano/declaracion_final.php.

Castro Soto, Gustavo 2002a: La disputa por el gas y el petroleo en el marco del ALCA. Boletín »Chiapas al Día«, No. 315. www.ciepac.org.

Castro Soto, Gustavo 2002b: La Estrategia para el control eléctrico del PPP. Boletín »Chiapas al Día«, No. 307. www.ciepac.org.

Castro Soto, Gustavo 2002c: Que es el ALCA? Campana de Consulta Popular Continental. Boletín »Chiapas al Día«, No. 321. www.ciepac.org.

Castro Soto, Gustavo 2005a: La Lucha contra el ALCA. Boletín »Chiapas al Día«, No. 464. www.ciepac.org.

Castro Soto, Gustavo 2005b:»La Derrota del ALCA«, Boletín »Chiapas al Día«, No.484. www.ciepac.org.

Castro Soto, Gustavo 2005c: Masacre en la Presa Chixoy – La Resistencia en Guatemala. Boletín »Chiapas al Día«, No. 475. www.ciepac.org.

Castro Soto, Gustavo 2005d: Impacto y Consecuencias de las Represas I & II. Boletín

»Chiapas al Día«, No. 456 & 458. www.ciepac.org.

Castro Soto, Gustavo 2005e: El Encuentro Latinoamerica contra las Represas. Boletín »Chiapas al Día«, No. 483. www.ciepac.org.

Castro Soto, Gustavo 2005f: El Movimiento Social en Mesoamerica contra las Represas, por el Agua y los Ríos. Boletín »Chiapas al Día«, No. 486. www.ciepac.org.

Castro Soto, Gustavo 2005g: El Andamiaje para la Privatización del Agua hacia el IV Foro Mundial del Agua I & II. Boletínes »Chiapas al Día«, No. 488 und 487. www.ciepac.org.

Castro Soto, Gustavo 2006: El Processo de Integración Económica en el Continente Americano. Boletín »Chiapas al Día«, No. 491. www.ciepac.org.

CCRI-CG 1996: Detrás de nosotros estamos ustedes. Mexiko.

CCRI-CG 2005a: Communiqué der EZLN vom 20. Juni 2005. Mexiko. Indymedia Deutschland. http://de.indymedia.org.

CCRI-CG 2005b: Die sechste Erklärung aus dem Lakandonischen Regenwald. Mexiko. Indymedia Deutschland. http://de.indymedia.org.

CCRI-CG 2005c: Communiqué der EZLN vom 13. Juli 2005. Indymedia Deutschland. http://de.indymedia.org.

CIEPAC 2007: Análisis de la situación actual en México y en Chiapas. Boletín »Chiapas al Día«, No. 537. www.ciepac.org.

Clausing, Peter 2001: Biopiraterie – eine neue Bedrohung für indigene Rechte und Kultur in Mexiko. Chiapas98 Nr. 24. http://www.chiapas98.de.

Chixoy 2005: Declaración del la III. Reunión de La Red Latinoamericana contra Represas y por los Ríos, sus Comunidades y el Agua REDLAR. www.chixoy.org.

Darlington, Susan 1998: The ordination of a tree: The Buddhist ecology movement in Thailand. In: Ethnology 37 (1), 1-15. http://ccbs.ntu.edu.tw/FULLTEXT/JR-ADM/susan.htm.

Flörsheimer, Michael 2002: Bewegungsforschung. Analyse, Kritik, Weiterentwicklung. http://www.copyriot.com/bewegt/bewegforschung.html.

Frente Zapatista de Liberación Nacional (coordinador) 1998: Fuerte es su corazón. Los municipios rebeldes zapatistas. http://www.nodo50.org.

Hernández Navarro, Luis 2007: Die Rückkehr der Anderen Kampagne. Mexiko. Narco News. http://www.narconews.com.

Hofstetter, Peppo 2006: Wasser marsch – aber nicht für alle. punkt.um – Infodienst für Umwelt und Nachhaltigkeit.

ILO- Konvention 169: http://www.ilo.org.

Libert Amico, Antonio/Schön, Georg 2006: Las Jornadas en Defensa del Agua. Primera Parte: El Foro Internacional en Defensa del Agua y la Lucha contra el modelo neoliberal. Boletín »Chiapas al Día« Nr. 506. www.ciepac.org.

Marcos, Subcommandante 2005: Die (unmögliche) Geometrie? der Macht in Mexiko. Indymedia Deutschland. http://de.indymedia.org.

Marcos, Subcommandante 2006b: Die Zapatisten und die Andere Kampagne: die Fußgänger der Geschichte. Teil II. Die Wege der Anderen Kampagne. Mexiko. Narco News. http://www.narconews.com.

Marcos, Subcommandante 2007: Weder Zentrum noch Peripherie. Teil VII. Das Rot Fühlen. Der Kalender und die Geografie des Krieges. Chiapas98.de. www.chiapas98.de.

Martínez-Cobo, José 1986: Study of the Problem of Discrimination Against Indigenous Populations, U.N.Doc.E/CN.4/Sub.2/1986/7/Add.4.

Memoria del V. Foro Mesoamericano 2004: Mesa de trabajo No. 6: El Sujeto Político Mesoamericano – El nuevo sujeto político. In: Memoria del V. Foro Mesoamericano, de 19 a. 21 Julio de 2004, San Salvador, El Salvador. www.foromesoamericano.org.

Pickard, Miguel 2005a: Entre Fuegos Cruzados: Los Migrantes Mesoamericanos en su Travesía hacia el Norte. Boletín »Chiapas al Día«, No. 454. www.ciepac.org.

Pickard, Miguel 2005b: El TLCAN Plus tambien llamado ASPAN: El Futuro que las Elites Preven para Mexico, Canada y Estados Unidos I & II. Boletín »Chiapas al Día«, No. 470 und 471. www.ciepac.org.

Pickard, Miguel 2006: Tiempos de migrantes en Estados Unidos: tiempos de Kafka. Boletín »Chiapas al Día«, No. 500. www.ciepac.org.

Pineda, Enrique 2006: Mitos y demonios que hay que exorcizar. La »otra campaña« y el camino electoral. Boletín »Chiapas al Día«, No. 504. www.ciepac.org.

Rifkin, Jeremy 2007: Leading the Way to the Third Industrial Revolution: A New Energy Agenda for the European Union in the 21th Century – the Next Phase of European Integration.

Schön, Georg 2006a: La Lucha Contra la Privatizacion del Agua en México – la Primera Asamblea Nacional en Defensa de la Tierra y el Agua y en Contra de su Privatizacion y el boicot al IV Foro Mundial de Agua I & II. Boletín »Chiapas al Día«, No. 496 und 497. www.ciepac.org.

Sergi, Vittorio/Tari, Marcello 2006: Die Revolution hat bereits begonnen. Ein Gespräch mit John Holloway und Antonio Negri. Ak – Zeitung für linke Debatte und Praxis Nr. 504. 17.3.2006. http://www.akweb.de.

SIPAZ 2005: México – Entre Pre Campanas Electorales y »La Otra Campana« Zapatista. SIPAZ Informe. Octubre 2005. www.sipaz.org.

SIPAZ 2007: Mexiko: Ein Jahr nach den Wahlen 2006. Vol. XII nº 2. www.sipaz.org.

UN Draft Declaration on the Rights of Indigenous Peoples: http://www.iwgia.org/sw248.asp.

Wilson, Japhy 2008: La Nueva Fase del Plan Puebla Panamá en Chiapas. Boletín »Chiapas al Día«, No. 560, 561 und 562. www.ciepac.org.

Zibechi, Raúl 2004: A Panorama of Social Movements in South America. Dangerous Liaisons: Center-Left Governments & the Grassroots. Americas Program, Interhemispheric Resource Center (IRS).www.americaspolicy.org.

Zimmering, Raina. 2006. »Von unten und von links«. Die Zapatistas – Konstrukteure einer alternativen Gesellschaft? In: rls Standpukte 4/2006. http://www.rosalux.de.

Homepages

URL 1: www.ciepac.org

URL 2: www.dams.org

URL 3: www.irn.org

URL 4: www.rivernet.org

URL 5: www.chixoy.org

URL 6: www.stoppgatts.at

URL 7: www.attac.at

URL 8: www.unesco.org/water

URL 9: www.canadians.org

URL 10: www.blueplanetproject.net

URL 11: www.comda.org.mx

URL 12: www.tragua.com

URL 13: www.sipakapanosevende.org

URL 14: www.ciepac.org/agendasocial

URL 15: http://cciodh.pangea.org

URL 16: www.telesurtv.net

URL 17: www.vive.gob.ve

URL 18: www.zeztainternazional.ezln.org.mx

URL 19: www.radioinsurgente.org

URL 20: http://enlacezapatista.ezln.org.mx

URL 21: www.possibleworlds.org

URL 22: www.fzln.org.mx

URL 23: http://ezlnaldf.org

URL 23: *www.regeneracionradio.org*

URL 24: http://chiapas.indymedia.org

URL 25: www.narconews.com

URL 26: www.vientos.info

URL 27: www.rmalc.org.mx

URL 28: www.ciepac.org

URL 29: www.promediosmexico.org

URL 30: http://zapateando.wordpress.com

URL 31: www.revistarebeldia.org

Interviews

Alverde, Ricardo 2005: Interview mit Ricardo Alverde, Funktionär des Lateinamerikanischen Wassertribunals, Costa Rica, am 14.12.2005 während des VI. Mesoamerikanischen Sozialforums in San José, Costa Rica.

Cárdenas, César 2006: Interview mit César Cárdenas, Repräsentant der sozialen Bewegung *Mi Cometa*, Guayaquil, Ekuador, am 14.03.2006 während des Internationalen Forums zur Verteidigung des Wassers (FIDA) in Mexiko Stadt.

Chávez, Ulises 2006: Interview mit Ulises Chávez, Anhänger der mexikanischen Allianz gegen den Puebla-Panama-Plan (AMAP), am 20.05.2006 in Mexiko Stadt.

Coreas, Deysi/ Orellana Estela 2005: Interview mit Ana Deysi Coreas und Alma Estela Orellana, Repräsentantinnen von MIBERLIM – Microempresa Berlinesa Ambiente Limpio – Mujeres Ambientalistas, Usulután, El Salvador, am 13.12.2005 während des VI. Mesoamerikanischen Sozialforums in San José, Costa Rica.

Di Nicola, Renato 2006: Interview mit Renato Di Nicola, Mit-Initiator des *Abruzzo Social Forum* in Italien, am 14.03.2006 während des Internationalen Forums zur Verteidigung des Wassers (FIDA) in Mexiko Stadt.

Hernandez Flores, Felipe 2005: Interview mit Felipe Flores Hernandez, Sprecher der Anti-Staudammbewegung CECOP, am 19.10.2005 während des Lateinamerikanischen Treffens von Staudammprojektbetroffenen (REDLAR) in Cubulco, Guatemala.

Hidalgo Domínguez, Onesimo 2006: Interview mit Onesimo Hidalgo Domínguez, ehemaliger Mitarbeiter von CIEPAC, am 03.05.2006 in San Christóbal de las Casas, Chiapas, Mexiko.

Martínez, Feliciano 2005: Interview mit Feliciano Martínez, Presidente Junta Directiva Nacional Red COMAL – Red de Comercialización Comunitaria Alternativa (Netzwerk der alternativen kommunalen Kommerzialisierung), Honduras, am 13.12.2005 während des VI. Mesoamerikanischen Sozialforums in San José, Costa Rica.

Navarro, Ricardo 2006: Interview mit Ricardo Navarro, Leiter von Friends of the Earth El Salvador, am 15.03.2006 während des Internationalen Forums zur Verteidigung des Wassers (FIDA) in Mexiko Stadt.

Orrego, Juan Pablo 2005: Interview mit Juan Pablo Orrego, Anthropologe, Biologe und Mitarbeiter der NGO EcosPatagonia, Chile, am 20.10.2005 während des Lateinamerikanischen Treffens von Staudammprojektbetroffenen (REDLAR) in Cubulco, Guatemala.

Pickard, Miguel 2006: Interview mit Miguel Pickard, Mitarbeiter von CIEPAC, am 02.05.2006 in San Christóbal de las Casas, Chiapas, Mexiko.

Soza, Carlos 2006: Interview mit Carlos Soza, Generalsekretär des staatlichen Wasser- und Kanalisationsunternehmen OSE und Mitglied der Nationalen Kommission zur Verteidigung des Wassers und des Lebens in Uruguay, am 14.03.2006 während des Internationalen Forums zur Verteidigung des Wassers (FIDA) in Mexiko Stadt.

Mitschnitte

Barlow, Maude 2006: Aufzeichnung und Transkription des Eröffnungsvortrags von Maude Barlow, kanadische Bürgerrechtsaktivistin, Vorsitzende des »Council of Canadians«, Mitbegründerin des »Blue Planet Projects«, am 17.03.2006 während des Internationalen Forums zur Verteidigung des Wassers (FIDA) in Mexiko Stadt.

Mugante, Javier 2006: Aufzeichnung und Transkription der Rede von Javier Mugante, Direktor des Lateinamerikanischen Wassertribunals, Costa Rica, am 21.02.2006 während der »1. Nationalen Versammlung zur Verteidigung der Erde und des Wassers« in Mexiko Stadt.

Olivera, Oscar 2006: Aufzeichnung und Transkription des Eröffnungsvortrags von Oscar Olivera, internationaler Wasseraktivist und Sprachrohr der *Coordinadora*, Bolivien, am 17.03.2006 während des Internationalen Forums zur Verteidigung des Wassers (FIDA) in Mexiko Stadt.

Suástegiu, Antonio Marco 2006: Aufzeichnung und Transkription der Rede von Marco Antonio Suástegiu, Sprecher der Anti-Staudammbewegung CECOP, am 18.03.2006 während des Treffens der mexikanischen Anti-Staudammbewegung (MAPDER) in Mexiko Stadt.